教育部哲学社会科学发展报告建设（培育）项目

朱益明等◎著

中国高中阶段教育发展报告

2018

华东师范大学出版社

项目承担单位：

华东师范大学教育学系、普通高中教育研究所

教育部人文社科重点研究基地华东师范大学基础教育改革与发展研究所

项目主持人：

朱益明（华东师范大学教育学系教授，基础教育改革与发展研究所研究员）

霍益萍（华东师范大学教育学系教授，普通高中教育研究所所长）

本报告各章撰写人员：

第一章　朱益明、赵冬冬（华东师范大学教育学系）

第二章　李　颖（辽宁教育学院）

第三章　娄元元（云南大学继续教育学院）

第四章　宁本涛、兰誉铮（华东师范大学教育学系）

第五章　王为杰（华东师范大学教育信息技术学系）

　　　　徐　影（上海市松江区卫生人才培训中心）

第六章　王瑞德（上海市教育科学研究院）

第七章　张丹宁、杨光富（华东师范大学教育学系）

第八章　周志杰、杨光富（华东师范大学教育学系）

第九章　郑太年（华东师范大学比较教育研究所）

致谢

特别感谢下列机构的支持和贡献！

国家教育部社会科学司

国家教育部基础教育司

华东师范大学人文与社会科学研究院

辽宁省教育厅

云南省教育厅，安宁市与武定县教育局

北京师范大学第二附属中学

黑龙江省齐齐哈尔中学

浙江省温州市第十四高级中学

浙江省诸暨市牌头中学

目录

第一章
全国高中阶段教育普及攻坚进展

本章要点

2017 年 3 月,教育部等四部门联合印发《高中阶段教育普及攻坚计划(2017—2020 年)》,全面部署我国高中阶段教育普及的目标、要求和步骤,具有里程碑意义。之后,全国相关省市区纷纷颁布了省级普及攻坚计划,确保 2020 年高中阶段毛入学率达到 90% 以上。

各地实施普及攻坚计划面临的共同任务是:实现普通高中与职业高中之间的合理结构,并在招生规模上体现;关注新形势下高中办学条件满足高中教育教学改革与考试招生制度改革的需要;高中教育经费投入更有保障且机制更加健全;高中教育育人方式不断创新与教育质量不断提高等。

各地实施普及攻坚计划的主要措施有:努力提升教育资源供给;进一步完善经费投入机制;扎实落实扶困助学政策;大力推进教师队伍建设改革;积极推动学校特色发展;稳步改进考试招生制度与管理办法;扩大教育信息化覆盖面。

普及攻坚需要强有力的保障。在改革工作中,需要强有力的制度保障:落实政府教育责任;确立部门间合作分工;强化教育督导评估;营造良好普及氛围。

2010 年,《国家中长期教育改革与发展规划纲要(2010—2020 年)》明确了"加快普及高中阶段教育"的任务,这是全面普及九年义务教育之后,党中央、国务院做出的普及更高阶段、更高层次教育的又一重大战略决策。2017 年 3 月,教育部出台《高中阶段教育普及攻坚计划(2017—2020 年)》,明确指出"普及高中阶段教育是巩固义务教育普及成果、完善现代职业教育体系、增强高等教育发展后劲的重大举措,是适应我国经济结构转型升级、提高劳动力受教育年限的迫切需要,是进一步提升国民整体素质、建设人力资源强国的基础工程"。

2017 年 11 月,习近平总书记在党的十九大报告中指出,中国特色社会主义进入了新时代,我国社会主要矛盾已经转化为人民日益增长的美好生活需要和不平衡不充分的发展之间的矛盾。社会主要矛盾的变化对教育提出新的期待和要求,加大优质教育资源供给、满足人民不断提升的受教育的迫切需要是重中之重。

当前,高质量地普及九年义务教育需要做到持续性发展,人民群众对更多、更好、更优质教育的渴望也愈加强烈。伴随着我国高等教育大众化与普及化进程的加快,迫切要求高中阶段的教育改革充分发挥其在基础教育和高等教育之间的衔接作用。在我国经济转型与产业调整的背景下,国家的振兴和民族的复兴需要培养更多的创新创业型人才,以实现大众创业、万众创新,为高中阶段教育普及提供大有作为的机遇,也为高中阶段教育普及提供良好的外部环境和条件。

一、高中阶段教育发展与普及历程

1. 高中阶段教育发展的演变

自 1949 年中华人民共和国成立,我国教育事业发展始终受到党和国家的高度重视。随着社会主义建设事业全面发展,国家先后制定了一系列建设和发展中学教育的方针政策。

(1) 中等教育到高中阶段教育

中学教育(或者中等教育)往往是相对于小学教育(初等教育)与大学教育(高等教育)而言,主要是指初中教育与高中教育,且高中教育一般指普通高中教育。

1951 年 3 月第一次全国中等教育会议提出,普通中学的宗旨和培养目标是使青年一代在智育、德育、体育、美育等各方面获得全面发展,使他们成为新民主主义社会自觉的、积极的成员。此后,我国普通中学教育经历了在改革、发展和提高中前进的曲折之路。

直至 1978 年我国改革开放,尤其是国家提出普及九年义务教育以后,才实现了普通高中与初中的相对分离,并将普通高中教育与传统的中等职业教育(包括中等职业学校、中等专业学校和技工学校等)统归于高中教育,由此产生了影响中等教育发展的内部结构问题。在改革开放之前的一段时间内,我国大量普通中学盲目发展,中等专业学校、职业技术学校大量减少,造成中等教育结构单一化,不能满足社会主义现代化建设需要。

1978 年全国教育工作会议提出了改革中等教育结构的要求。1980 年 10 月,国务院批转了教育部和劳动总局《关于中等教育结构改革的报告》,贯彻落实了中央提出的中等教育结构"调整、改革、整顿、提高"八字方针。

1980—1981 年,在教育部的指导下,各地压缩普通高中,强化初中,调整学校布局,使教学力量相对集中,办学条件有所改善,教育质量相应提高。在调整普通中学的同时,发展农业中学、职业中学、职业学校。

据统计,1981 年全国普通高中学校数比 1977 年减少了 40 456 所,普通高中学生数减少了 1 085.0 万人,全国普通高中学生数为 715.0 万人。当年全国初中毕业生升入普通高中的比例为 28.0%,普通高中毕业生升入大学的比例为 5.0%左右。同期,中等专业学校学生数增加 55.3%,达到了 106.9 万人;技工学校学生数增加到 77.0 万人,比 1977 年增长 175.7%;农业中学及其他职业学校在校生总数达到 37.5 万人(不含初中生)。全国各类职业(技术)学校在校生总数达到 211.4 万人,占高中阶段在校生总数的 22.8%。[1]

1985 年 5 月,中共中央、国务院在北京召开改革开放以来的第一次全国教育工作会议,随后出台《中共中央关于教育体制改革的决定》,标志着中国教育改革与发展进

---

[1] 中国教育年鉴编辑部编.中国教育年鉴 1949—1981[M].北京:中国大百科全书出版社,1984:153 - 174.

入一个新时期。1986年我国义务教育法颁布,各级政府将教育发展重点全部转移到普及义务教育上,在某种程度上降低了对高中教育发展的关注和重视。

(2) 积极发展高中阶段教育

20世纪90年代是整个中国教育发展与改革取得显著进展的重要时期,是中国实现基本九年义务教育的攻坚期,是中国高等教育迈入跨越式发展的启动期,同样也是我国高中阶段教育取得大发展的起步期。

中共中央、国务院1993年2月印发《中国教育改革和发展纲要》,1994年下发"国务院关于《中国教育改革和发展纲要》的实施意见",全面阐述了中国教育改革与发展的目标:

到本世纪末,全民受教育水平有明显提高;城乡劳动者的职前、职后教育有较大发展;各类专门人才的拥有量基本满足现代化建设的需要;形成具有中国特色的、面向21世纪的社会主义教育体系的基本框架。再经过几十年的努力,建立起比较成熟和完善的社会主义教育体系,实现教育的现代化。

其中,在高中教育改革与发展上,提出的具体要求是:

大城市市区和有条件的沿海经济发展程度较高地区要在普及九年义务教育的基础上,积极普及高中阶段教育(包括普通高中和高中阶段的职业教育)。普通高中可根据各地的需要和可能适量发展,到2000年普通高中在校生要达到850.0万人左右,每个县要面向全县重点办好一两所中学。全国重点建设1 000所左右实验性、示范性的高中。

1996年国家教委印发《全国教育事业"九五"计划和2010年发展规划》,对"八五"计划的执行情况进行了总结,其中将高中教育总结为:中等职业教育进一步发展,高中阶段教育结构过分单一的状况明显改善。1995年,全国各类普通中等职业学校(指中等专业学校、技工学校和职业高中)在校生达到939.3万人,比1990年增长55.3%,年递增率9.2%。普通高中在校生713.2万人,比1990年减少4.1万人。各类职业学校在校生占整个高中阶段在校生的比重从1990年的45.7%提高到56.8%。

为此,"九五"计划在发展目标上规定了我国教育事业发展总目标。尽管计划中并未明确提及高中阶段教育,但在具体目标中对高中教育发展规模做出了规定,其中提出：

积极发展职业教育,适当扩大普通高中教育规模。全国高中阶段各类在校生达到
2 125.0 万人,年递增率为 5.2%。大城市和沿海经济发达地区努力普及高中阶段教
育。普通高中随着高等教育规模的扩大适度发展,达到 850.0 万人左右,比 1995 年增
加 13.8 万人,年递增率为 3.6%。职业教育以初中后为重点,实行小学后、初中后和高
中后三级分流。高中阶段各类职业学校在校生达到 1 275.0 万人左右,比 1995 年增加
335.7 万人,年递增率为 6.3%。全国各类高中阶段职业学校在校生占整个高中阶段在
校生的比重提高到 60.0% 左右。

1999 年,《教育部关于积极推进高中阶段教育事业发展的若干意见》提出了七条
建议,其中前两条体现了高中教育发展的主要思路：

① 各地教育行政部门要在确保实现"两基"目标和巩固提高的基础上,重视发展
高中阶段教育事业,积极发展包括普通教育和职业教育在内的高中阶段教育。城市和
经济发达的地区要有步骤地普及高中阶段教育,已经基本普及高中阶段教育的地方,
要优化教育结构和教育资源配置,进一步提高教育质量和办学效益。

② 积极发展高中阶段教育要处理好改革、发展与稳定的关系,速度、规模与质量、
效益的关系,高中阶段教育的发展与质量、效益的关系,近期发展与长远发展的关系以
及普通高中教育发展与中等职业教育发展的关系。要处理好与"普九"的关系,高中阶
段教育的发展要有利于促进"普九"目标的实现和巩固提高,要与初中发展规模相
适应。

正是上述一系列国家教育规划与文件,促进了我国普通高中教育在该时期的有序
发展,并为新世纪普通高中教育的普及奠定了良好基础。

2. 普及高中阶段教育的产生

进入 21 世纪,我国基础教育发展已经取得了辉煌成就,主要表现为：基本普及九
年义务教育和基本扫除青壮年文盲的目标初步实现,素质教育全面推进。

(1) 大力发展高中阶段教育

2001 年 5 月,《国务院关于基础教育改革与发展的决定》出台,提出要坚持基础教
育优先发展的战略要求,提出"十五"期间高中阶段入学率达到 60.0% 左右。为此,文

件中提出：

大力发展高中阶段教育,促进高中阶段教育协调发展。有步骤地在大中城市和经济发达地区普及高中阶段教育。挖掘现有学校潜力并鼓励有条件的地区实行完全中学的高、初中分离,扩大高中规模。鼓励社会力量采取多种形式发展高中阶段教育。保持普通高中与中等职业学校的合理比例,促进协调发展。鼓励发展普通教育与职业教育沟通的高级中学。支持已经普及九年义务教育的中西部农村地区发展高中阶段教育。

扩大各种形式的高中阶段教育和初中后职业培训在校生的规模,有步骤地在大中城市和经济发达地区普及高中阶段教育,努力争取使高中阶段的毛入学率提高到60%左右,大中城市和经济发达地区的初中毕业生基本能够升入高中阶段的各类学校。促进高中阶段教育协调发展,使中等教育结构更趋合理,切合地方经济和社会发展的实际需要。

(2) 加快普及高中阶段教育

2007 年,《国家教育事业发展"十一五"规划纲要》出台,高中教育"十一五"发展的主要目标为：高中阶段教育普及程度明显提高,在校生规模达到 4 510 万人,毛入学率达到 80%左右,中等职业教育与普通高中规模基本相当。文件强调要"城乡、区域教育更加协调",实现欠发达地区与全国教育平均水平的差距逐步缩小,高中阶段教育规模稳步扩大;中等发达地区教育发展水平明显提高,高中阶段教育毛入学率达到 80%左右;发达地区高中阶段教育毛入学率均达到 85%以上。

2010 年,《国家中长期教育改革和发展规划纲要(2010—2020 年)》出台。这是一个对中国教育改革与发展具有里程碑意义的文件,它在一定意义上标志着中国教育发展的转型,是中国教育面向现代化的宣言。文件序言中的第一段就是：

百年大计,教育为本。教育是民族振兴、社会进步的基石,是提高国民素质、促进人的全面发展的根本途径,寄托着亿万家庭对美好生活的期盼。强国必先强教。优先发展教育、提高教育现代化水平,对实现全面建设小康社会奋斗目标、建设富强民主文明和谐的社会主义现代化国家具有决定性意义。

就高中阶段教育而言,这个文件首次把"高中阶段教育"作为一个独立的条目来全面论述,充分突出了高中阶段教育发展的重要地位。文件提出,2020年全国高中阶段教育毛入学率达到90％。其中,第五章专门阐述了高中阶段教育改革与发展的三大任务:

第一,加快普及高中阶段教育。高中阶段教育是学生个性形成、自主发展的关键时期,对提高国民素质和培养创新人才具有特殊意义。注重培养学生自主学习、自强自立和适应社会的能力,克服应试教育倾向。到2020年,普及高中阶段教育,满足初中毕业生接受高中阶段教育需求。

根据经济社会发展需要,合理确定普通高中和中等职业学校招生比例,今后一个时期总体保持普通高中和中等职业学校招生规模大体相当。加大对中西部贫困地区高中阶段教育的扶持力度。

第二,全面提高普通高中学生综合素质。深入推进课程改革,全面落实课程方案,保证学生全面完成国家规定的文理等各门课程的学习。创造条件开设丰富多彩的选修课,为学生提供更多选择,促进学生全面而有个性的发展。逐步消除大班额现象。积极开展研究性学习、社区服务和社会实践。建立科学的教育质量评价体系,全面实施高中学业水平考试和综合素质评价。建立学生发展指导制度,加强对学生的理想、心理、学业等多方面指导。

第三,推动普通高中多样化发展。促进办学体制多样化,扩大优质资源。推进培养模式多样化,满足不同潜质学生的发展需要。探索发现和培养创新人才的途径。鼓励普通高中办出特色。鼓励有条件的普通高中根据需要适当增加职业教育的教学内容。探索综合高中发展模式。采取多种方式,为在校生和未升学毕业生提供职业教育。

在国家教育改革与发展的专门文件中,首次如此详细地论述高中阶段教育改革与发展的要求。这些具体内容对促进我国普通高中教育的科学发展、全面发展和可持续发展产生了重要影响。

2012年出台的《国家教育事业发展第十二个五年规划》提出"更新教育观念,坚持改革创新,抓好工作落实,提升基础能力,促进协调发展,服务国家战略"的基本思路,提出"十二五"期间高中教育的目标为:基本普及高中阶段教育,毛入学率达到87％。

同时,提出要研制普通高中质量标准体系,开展普通高中多样化、特色化发展试验,建立创新人才培养基地,探索西部欠发达地区普及高中阶段教育的措施和办法。

2017年出台的《国家教育事业发展"十三五"规划》提出,推进教育改革发展,实现更高质量、更加公平、更有效率、更可持续的发展;要全面深化教育改革,着力提高教育质量,着力优化教育结构,着力促进教育公平,加快推进教育现代化。为此,规划再次重申普及高中阶段教育,要求在2020年全国高中阶段毛入学率达到90%。

2017年10月,党的十九大召开,习近平总书记在大会报告中提出"普及高中阶段教育,努力让每个孩子都能享有公平而有质量的教育",而且要求"健全学生资助制度,使绝大多数城乡新增劳动力接受高中阶段教育、更多接受高等教育"。

3. 高中阶段教育的普及攻坚

"十三五"时期是全面建成小康社会的决胜阶段。《中华人民共和国国民经济和社会发展第十三个五年规划纲要》指出,"我国发展仍处于可以大有作为的重要战略机遇期,也面临诸多矛盾叠加、风险隐患增多的严峻挑战",今后五年国家经济社会发展要实现"经济保持中高速增长"、"创新驱动发展成效显著"、"发展协调性明显增强"、"人民生活水平和质量普遍提高"、"国民素质和社会文明程度显著提高"和"生态环境质量总体改善"[1]等七大目标。

党的十九大报告指出,"建设教育强国是中华民族伟大复兴的基础工程,必须把教育事业放在优先位置,深化教育改革,加快教育现代化,办好人民满意的教育";强调"推动城乡义务教育一体化发展,高度重视农村义务教育,办好学前教育、特殊教育和网络教育,普及高中阶段教育,努力让每个孩子都能享有公平而有质量的教育"。

为此,必须紧紧抓住加快普及高中阶段教育的政策良机,加大推进普及高中阶段教育进程的力度。

(1)我国教育现代化战略需求

教育现代化是我国实现两个一百年奋斗目标的重要保障之一。当前,国际经济格局正在发生新的深刻变化,发达国家与新兴经济体国家的力量此消彼长,新兴经济体

---

[1] 人民网.中华人民共和国国民经济和社会发展第十三个五年规划纲要[EB/OL]. 2019 - 03 - 04. http://politics.people.com.cn/n1/2016/0317/c1001 - 28207929.html.

国家在世界经济中的地位将进一步提升。中国作为全球第二大经济体和世界经济增长的重要引擎,将面临着前所未有的机遇和挑战。对此,中国教育必须为国家强大作出应有的贡献。

面对这种迅速变化的外部环境,需要建立更有质量、更加公平的教育体系,需要为每个人提供符合其需要的学习机会、学习空间和学习支持,促进全民享有终身学习机会也是世界各国的普遍教育愿景。普及高中阶段教育,正是为了满足这种教育与学习的需求与愿望。

当前我国实现了义务教育的高质量普及,同时,高等教育进入了大众化发展的快车道,人民群众对教育有着更多更好的期望。因此,普及高中阶段教育将不仅有助于确保普及义务教育的成果,而且有助于加快我国高等教育由大众化向普及化发展的进程。高中阶段教育的普及是高等教育普及化的前提,而高等教育普及才是教育现代化的标志。

(2)人力资源水平提升之需要

高中阶段教育是国家教育体系中的重要环节,具有承上启下的作用。普及高中阶段教育,不仅可以使高质量普及九年义务教育的成果得到支持和"释放",即为初中毕业生提供升学通道;而且也能够发挥为高等教育大众化、普及化发展提供基础性"蓄水"的作用。普及高中阶段教育是整个国家教育发展的需要,是支持国家教育体系协调发展的关键领域之一。

随着创新驱动的经济发展战略、以人为本和社会和谐发展理念的深入普及,国际机构与世界各国高度关注教育在促进经济发展、改变社会、改善人们生活方面的重要作用。努力提供有质量的公平教育与服务,更是一批新兴国家和力争尽早跨越"中等收入陷阱"国家的重大政策选项。

随着知识经济和信息技术的快速发展,各行各业对劳动者的要求日益提高。国家在"十三五"规划中也明确提出,到2020年全国劳动者人口的平均受教育年限要提高到10.8年。很显然,这需要高中教育发挥作用。全面普及高中阶段教育,将有助于为国家经济社会转型奠定坚实的人力资源基础。

正如《国家中长期教育改革与发展规划纲要(2010—2020年)》所提出的:高中阶

段教育"对提高国民素质和培养创新人才具有特殊意义",普及高中阶段教育不仅是实现国家提高劳动适龄人口平均受教育年限的关键因素,也是创新型国家建设、创新型人才成长与培养的重要阵地。不论是普通高中教育,还是中等职业教育,都是创新型人才成长成才的关键。在"大众创新、万众创业"的背景下,普及高中阶段教育对国家提升人力资源质量与实现经济转型发展,具有非常重要的现实意义。

当前,我国高中及以上文化程度人口比重低,成为人力资源提升的"瓶颈"。据统计,2015 年我国 25 岁及以上人口中具有高中及以上受教育水平的不足 30%,而 2009 年 OECD 国家 25—64 岁人口中此比例平均为 74%。普及高中阶段教育是提高国民素质和社会文明程度的基础工程,是为全面建成小康社会提供充足人力资源的重要保障,也是我国实现教育现代化的基本任务。从各地实际出发,尽快提高高中教育普及水平,缩小各地普及水平差异,是当前我国各级政府面临的重要任务。

在满足人民群众对教育的需求的同时,普及高中阶段教育不仅是国家教育协调发展的需要,也是提升国家人力资源水平与实现经济转型的需要。双重的社会需求,凸显出了普及高中阶段教育在国家发展过程中的重要性。

(3) 全体国民素养提升之需要

提高全体国民素养,是国家现代化的主要内容之一。当前,全纳、公平、有质量的教育和终身学习,是世界教育发展与改革的主要特点。在全民教育运动之后,从《马斯喀特共识》、《仁川宣言》到《2030 教育行动框架》,国际机构及世界各国逐步达成了新的共同的教育愿景:每一个人都应有获得全纳、公平、有质量的教育和终身学习的机会。提升全体国民的教育水平,是国家发展的重要依托。

中国教育现代化要确保每一个人都获得坚实的知识基础,发展创造性思维、批评性思维以及合作意识,培养其好奇心、勇气以及坚韧性。在这种要求下,必须为完成义务教育的年轻人提供更多的正规教育机会和渠道,普及高中阶段教育成为了首要的选择。

高中阶段是学生价值观形成、个性发展和特长发展的关键期,高中阶段教育在培养学生世界观、价值观和人生观方面具有非常重要的作用,在培育与践行社会主义核心价值观上,高中阶段教育任务更重大。

(4) 城镇化建设与发展之需求

推进"以人为核心"的城镇化发展,不仅包括公共资源配置变化与社会治理方式的转变,而且还涉及产业结构调整、生产方式改变、生产效率提升等等,尤其涉及人们生活方式与生活观念的转变。所以,提高农业人口的受教育水平将是整个城镇化建设中的关键要素。城镇化发展必须要有高素质的居民,例如,围绕农业现代化处理好发达国家出现过的农业副业化、农村空心化和农民老龄化问题,如何切实提高农业从业人员和农村转移人员的整体素质,也成为人力资源开发和教育发展的迫切任务。又如,城镇化建设中,需要创新社会治理方式,需要广大群众的共同参与;城镇化建设中需要有生态发展理念为指导,需要保护生态环境的可持续发展,这同样需要每个居民有足够的生态意识和自觉保护环境的行为。

无论是普通高中还是职业高中,这些学校在城镇化建设中都扮演着重要的作用,他们不仅要服务于城镇化建设,也要发展成为城镇化建设的学习中心、科学中心、文化中心和思想中心。

二、高中阶段教育普及攻坚的要求

1. 政策文件与基本原则

2017 年 3 月,教育部、国家发展改革委员会、财政部和人力资源社会保障部联合印发《高中阶段教育普及攻坚计划(2017—2020 年)》,全面说明了我国高中教育普及攻坚的目标、原则、措施和保障体系等,由此全面开启我国高中阶段教育普及攻坚战。计划中提出的攻坚目标是:

到 2020 年,全国普及高中阶段教育,适应初中毕业生接受良好高中阶段教育的需求。全国、各省(区、市)毛入学率均达到 90% 以上,中西部贫困地区毛入学率显著提升;普通高中与中等职业教育结构更加合理,招生规模大体相当;学校办学条件明显改善,满足教育教学基本需要;经费投入机制更加健全,生均拨款制度全面建立;教育质量明显提升,办学特色更加鲜明,吸引力进一步增强。

截至 2018 年底，全国至少有 23 个省市区为了落实国家《高中阶段教育普及攻坚计划（2017—2020）》而制定了各自有关高中阶段教育普及与发展的政策文件（见表 1.1）。

表 1.1　全国省级高中阶段教育普及攻坚计划清单（截至 2018 年底）

地区	省市区	政 策 名 称	颁布时间	颁 布 单 位
东部	辽宁省	辽宁省高中阶段教育普及攻坚计划实施方案（2017—2020 年）	2017 年 12 月	省教育厅；省发展和改革委员会；省财政厅；省人力资源和社会保障厅
	海南省	海南省高中阶段教育普及攻坚实施方案（2017—2020 年）	2017 年 12 月	省教育厅；省发展和改革委员会；省财政厅；省人力资源和社会保障厅；省机构编制委员会办公室
	江苏省	江苏省高质量普及高中阶段教育攻坚计划（2018—2020 年）	2018 年 4 月	省教育厅；省发展和改革委员会；省财政厅；省人力资源和社会保障厅
	浙江省	浙江省高中阶段教育高水平发展攻坚计划（2018—2020 年）	2018 年 5 月	省教育厅；省发展和改革委员会；省财政厅；省人力资源和社会保障厅
	山东省	山东省人民政府办公厅关于加强高中阶段教育改革发展的意见	2018 年 3 月	山东省人民政府办公厅
	河北省	河北省高中阶段教育攻坚计划（2017—2020 年）实施方案	2018 年 6 月	省教育厅；省发展和改革委员会；省财政厅；省人力资源和社会保障厅
中部	河南省	河南省高中阶段教育普及攻坚计划（2017—2020 年）	2017 年 10 月	省教育厅；省发展和改革委员会；省财政厅；省人力资源和社会保障厅
	安徽省	安徽省高中阶段教育普及攻坚计划（2017—2020 年）	2018 年 3 月	省教育厅；省发展和改革委员会；省财政厅；省人力资源和社会保障厅
	湖北省	湖北省高中阶段教育普及攻坚计划（2018—2020 年）	2018 年 7 月	省教育厅；省发展和改革委员会；省财政厅；省人力资源和社会保障厅

地区	省市区	政策名称	颁布时间	颁布单位
中部	江西省	江西省高中阶段教育普及攻坚计划	2018年7月	省教育厅;省发展和改革委员会;省财政厅;省人力资源和社会保障厅
	山西省	山西省高中阶段教育普及提升计划(2017—2020年)	2017年9月	省教育厅;省发展和改革委员会;省财政厅;省人力资源和社会保障厅
	吉林省	吉林省高中阶段教育普及攻坚计划(2017—2020年)	2018年8月	省教育厅;省发展和改革委员会;省财政厅;省人力资源和社会保障厅
西部	陕西省	陕西省高中阶段教育普及攻坚计划(2017—2020年)实施方案	2017年12月	省教育厅;省发展和改革委员会;省财政厅;省人力资源和社会保障厅
	四川省	四川省高中阶段教育普及攻坚计划(2017—2020年)	2018年1月	省教育厅;省发展和改革委员会;省财政厅;省人力资源和社会保障厅
	内蒙古自治区	内蒙古自治区高中阶段教育普及攻坚计划实施方案	2018年7月	区教育厅;区发展改革委员会;区财政厅;区人力资源和社会保障厅
	甘肃省	甘肃省高中阶段教育普及攻坚计划(2017—2020年)	2018年1月	省教育厅;省发展和改革委员会;省财政厅;省人力资源和社会保障厅
	贵州省	贵州省高中阶段教育普及攻坚计划实施方案(2018—2020年)	2018年5月	省教育厅;省发展和改革委员会;省财政厅;省人力资源社会保障厅
	青海省	青海省高中阶段教育普及攻坚计划实施方案(2017—2020年)	2018年6月	省教育厅;省发展和改革委员会;省财政厅;省人力资源和社会保障厅
	宁夏回族自治区	宁夏普及高中阶段教育实施方案(2018—2020年)	2018年2月	区教育厅;区发展和改革委员会;区财政厅;区人力资源和社会保障厅

地区	省市区	政 策 名 称	颁布时间	颁 布 单 位
西部	云南省	云南省高中阶段教育普及攻坚行动计划(2018—2020年)	2017年12月	省教育厅;省发展和改革委员会;省财政厅;省人力资源和社会保障厅
	广西壮族自治区	广西壮族自治区高中阶段教育普及攻坚计划(2017—2020年)	2017年7月	区教育厅;区发展和改革委员会;区财政厅;区人力资源和社会保障厅
	西藏自治区	西藏自治区高中阶段教育普及攻坚计划实施方案(2017—2020年)	2018年4月	区教育厅;区发展和改革委员会;区财政厅;区人力资源和社会保障厅
	新疆维吾尔自治区	新疆维吾尔自治区高中阶段教育普及攻坚计划(2018—2020年)	2018年8月	区教育厅;区发展和改革委员会;区财政厅;区人力资源和社会保障厅

教育部等四部门联合发布的《高中阶段教育普及攻坚计划(2017—2020年)》中,明确了实施攻坚计划的四大原则,并在各地高中阶段教育普及攻坚计划与行动中得到了贯彻:

第一,坚持政府主导,统筹发展。

普及高中阶段教育是继2011年我国全面普及九年义务教育之后,党中央、国务院做出的普及更高阶段、更高层次教育的重大战略决策,普及目标的实现必须由政府主导。教育对于政府而言,是一种责任、一种供给、一种服务,普及高中阶段教育并非就是义务教育普及发展的直接延续,本质应看成国家为个体获得更多教育资源提供的一种可选择的方式。

普及高中教育,必须体现政府的责任,尤其是地方政府举办基础教育的法律责任,要动员社会各方面力量参与,但其中也需要各级政府的组织、协调与指导,形成政府主导下的普及高中阶段教育的合力。很显然,攻坚计划由教育部门、发展与改革部门、财政部门、人力资源和社会保障部门等多部门联合发布,已经显示了政府的主导作用。

第二,坚持科学规划,精准发力。

在全面推进高中阶段教育普及的过程中,必须坚持以人民为中心的发展理念。新时代我国社会主要矛盾已经转化为人民日益增长的美好生活需要和不平衡不充分的发展之间的矛盾,这种矛盾变化向教育发展提出了新课题、新期待和新要求,人民群众对于教育的期待已经超越了机会获得的范畴。优质教育资源的不断壮大和供给,才是满足人民不断提升的受教育愿望的关键所在。

当前,高质量地普及九年义务教育需要做到持续性发展,人民群众接受更多、更好、更优质教育的愿望愈加强烈。普及高中阶段任务需要综合考虑规模、结构、质量和条件保障等多方面要素,尤其是要关注高中阶段教育学习者的当下需求与发展愿望,要找准实践中的突出问题与薄弱环节,集中力量保基本、补短板、促公平。为此,普及攻坚必须有科学的规划,聚焦目标区域与关注困难人群,全面科学地规划实施途径、内容与方式。

第三,坚持协调发展,分类指导。

在实施高中阶段教育普及攻坚计划的过程中,必须注意处理好普通高中与职业高中之间的关系。中等职业教育是高中教育的关键构成,当前,在我国经济转型与产业调整的背景下,需要培养更多的职业技术型人才。高中阶段教育迫切需要牢固确立职业教育在人才培养体系中的重要位置,巩固提高中等职业教育发展水平。实现普通高中教育和中等职业教育协调发展,是普及高中阶段的重要方面。

区域差异同样是影响高中阶段教育普及攻坚的难题。鉴于区域社会经济发展的情况,我国东中西部不同地区、不同省市区之间,高中阶段教育发展现状存在着显著的差异和差距。各地实施高中普及攻坚计划,必须立足本地实际,因地制宜地实施攻坚工作,不同地区之间可以相互支持、相互学习,但是在工作中不能照抄照搬、直接移植和简单模仿。攻坚计划的检查与评估,也必须有针对性、差别性。

第四,坚持制度建设,注重长效。

普及高中阶段教育是一项复杂系统的工程,不可能仅凭一时的、人为的努力就实现攻坚任务。实施高中阶段教育普及攻坚计划,涉及与义务教育和高等教育等的衔接,涉及教育经费投入、高质量教师队伍供给、高中课程与教学改革等方面,需要各种相关政策与制度,保障高中阶段教育普及的系统化展开。在普及高中阶段教育过程中,需要立足当前,目光长远,着力破解体制障碍,构建长效机制,完善治理体系,确保高中阶段教育健康、可持续发展。

2. 普及攻坚计划的主要目标

2017年全国高中阶段教育毛入学率达到88.3％,比2012年提高3.3个百分点;初中毕业生升学率达到94.9％,比2012年提高6.9个百分点。这些数据显示,越来越多的适龄青少年能够接受高中阶段教育,高中阶段教育普及水平已超过世界中上等收入国家的平均水平。各省市区结合地方实际,使高中阶段教育具体目标与国家普及攻坚计划保持一致,主要体现在五个方面:

(1) 2020年高中阶段教育毛入学率达到90.0％(以上)。

2010年出台的《国家中长期教育改革与发展规划纲要(2010—2020年)》明确提出,2020年全国高中阶段教育毛入学率要达到90.0％。鉴于我国教育发展的区域差距,全国高中阶段教育毛入学率达到90.0％与每个省市区都达到90.0％,并不是一个含义,这与提升教育公平要求之间还有差距。普及攻坚就在于能让每个人有接受高中教育的机会。每个地区高中阶段教育入学率达到90.0％,意味着普及发展更需要关注那些发展水平偏低的区域和人群,意味着高中阶段教育在区域上的整体发展和全国各地的共同发展。

为此,教育部明确提出,高中阶段教育普及要以中西部贫困地区、民族地区、边远地区和革命老区等教育基础薄弱、普及程度较低的地区为攻坚重点,实现到2020年全国、各省市区毛入学率均达到90.0％的总体目标。其实,在国家实施高中阶段教育普及攻坚计划的同时,各省市区也注意到了高中阶段教育的普及发展问题。在各省市区教育事业发展"十三五"规划中,都提出了高中阶段教育毛入学率在2020年达到或者超过90.0％的发展目标(见表1.2)。需要指出的是,有些省市区在普及攻坚文件中,对2017年的毛入学率水平及2020年的发展目标进行了修正。

表 1.2　全国 31 省市区 2020 年高中阶段教育毛入学率发展目标

东部地区	毛入学率(%)		中部地区	毛入学率(%)		西部地区	毛入学率(%)	
	2015	2020		2015	2020		2015	2020
江苏	99.1	99.0以上	湖北	96.2	98.0	陕西	96.4	98.0
北京	99.0	超过90.0	吉林	95.0	95.0	内蒙古	93.4	95.0
辽宁	99.0	100	黑龙江	95.0	95.0	重庆	93.1	97.0
上海	98.0	99.0	山西	93.4	95.0	甘肃	92.0	95.0
山东	97.4	98.0	安徽	92.0	92.0以上	宁夏	91.0	95.0
天津	96.9	98.0	河南	90.3	92.0	四川	89.2	90.0
浙江	95.9	98.0	湖南	90.0	93.0	新疆	88.6	90.0
广东	95.7	95.0以上	江西	87.0	92.0	广西	87.3	90.0
福建	94.1	96.0				贵州	86.1	90.0
河北	90.5	92.0				云南	80.1	90.0
海南	88.3	90.0以上				青海	80.0	90.0
						西藏	74.5	90.0

(数据来源：各省市区教育事业发展"十三五"规划文件)

　　国家高中阶段教育攻坚计划的提出,使各地进一步认识到全面普及高中阶段教育的迫切性和方向性,进一步明确本地区高中阶段教育普及的重点和任务。例如,海南省高中阶段普及攻坚计划中提出,海口、三亚、文昌、琼海和洋浦经济开发区等市(区)高中阶段教育毛入学率达到 95.0% 以上,儋州、万宁、澄迈、保亭、陵水等市县达到 93.0% 以上,东方、定安、屯昌、临高、乐东、昌江等市县达到 92.0% 以上,五指山、琼中、白沙等市县达到 90.0% 以上。宁夏回族自治区也提出,2018 年银川市所辖县(市、区)普及高中阶段教教育,全区高中阶段教育毛入学率达到 91.0% 以上,2019 年全区高中阶段教育毛入学率达到 92.0% 以上;2020 年,固原市所辖县(区)、吴忠市红寺堡区、同心县、中卫市、海原县普及高中阶段教育,全区高中阶段教育毛入学率达到 93.0% 以上。还有,安徽省提出,国家集中连片特困地区毛入学率不低于 90.0%。四川省提到,贫困地区、民族地区、边远地区、革命老区毛入学率显著提升。

（2）普通高中与中等职业教育结构更加合理。

目前，中等职业教育发展仍面临着生源不足、招生困难和规模下降的趋势，导致普通高中与职业高中的比例关系，尤其是两者之间的均衡关系受到了影响。

2016 年 6 月，国务院颁布的《国务院关于加快发展现代职业教育的决定》明确指出："中等职业教育作为公共服务体系的组成部分，在发展现代职业教育和普及高中阶段教育中具有基础性作用。"因此要"总体保持中等职业学校和普通高中招生规模大体相当"，"巩固提高中等职业教育发展水平"。

2016 年 9 月，教育部印发了《关于进一步推进高中阶段学校考试招生制度改革的指导意见》(简称《意见》)，指出要进一步推进高中阶段学校考试招生制度改革，为高中阶段教育改革，尤其是高中阶段教育普及任务的完成奠定政策基础。其中，《意见》指出："按照普职招生规模大体相当的要求，切实做好中等职业学校招收初中毕业生工作，鼓励和引导动手能力强、职业倾向明显的学生接受职业教育，为培养高素质技术技能人才奠定基础。积极创造条件，使有意愿的初中毕业生都能进入中等职业学校学习。"

2017 年 4 月，教育部发布《关于做好 2017 年高中阶段学校招生工作的通知》，要求普通高中与中等职业教育招生规模大体相当，确保教育公平，合理分流，让更多的孩子有学上。与此同时，做好高中阶段教育普及，除了要保障教育公平、做好攻坚，关键还要促进"普通高中、普通中专、成人中专、职业高中、技工学校"均衡有质量的发展，以便为所有初中毕业生提供更多的升学和职业选择机会，使得高中阶段教育适应经济社会对人才的多元化需要，为国家培养各个方面所需要的适合性人才。毕竟，只有普及好高中阶段教育，才能完善现代职业教育体系，引导社会树立多样化的成才观。

总之，保持普职结构合理，保障普通教育与职业教育之间平衡，在各地高中阶段教育普及攻坚政策文件中都得到了体现。

（3）改善学校办学条件，满足人才培养需要。

正如《关于进一步推进高中阶段学校考试招生制度改革的指导意见》里指出的，为普及高中阶段教育，深化招生制度改革是必要的。具体来讲，招生方面要"完善招生计划编制办法，按照普及高中阶段教育的要求，根据区域内学校布局、适宜的学校规模和班额以及普职招生规模大体相当的原则核定招生计划并严格执行。健全招生管理工作规定,规范学校招生行为,进一步明确招生范围、招生规模等基本要求,严禁违规跨区域和擅自提前招生,防止恶性竞争,维护正常的招生秩序"。考试招生制度改革势必也对高中教育办学提出了挑战。

普及高中阶段教育,有助于促进学生全面而有个性的发展,有助于为学生全面终身发展奠基,因而高中课程改革与教学方式转变是必然的。就考试招生而言,将更加着重考查学生的综合素质和能力,更需要学校为学生的个性化学习、兴趣和潜能的培育、特长优势与创新精神形成和实践能力发展等创造条件。改善与改进办学条件是高中阶段教育普及攻坚的任务之一,要从教育现代化的高度,认真落实高中阶段教育普及中的办学条件要求。

(4)健全高中教育经费投入机制,提高教育保障水平。

据统计,"十二五"以来中央财政投入 350 多亿元,支持我国教育欠发达地区扩大教育规模,改善办学条件,提高教育质量。同时,还有其他一些政策,比如说教育扶贫、省份的对口协作、职业教育的协同行动、家庭经济困难学生的资助等等。通过中央财政的支持,还有地方财政和学校的努力,近年来这些地区的高中教育取得了快速发展,学校办学面貌、普及程度和教育质量都发生了显著变化。

当前,我国中西部民族地区、集中连片特殊困难地区、国家级贫困县等贫困地区还存在巨大的办学资源缺口。2014 年统计数据表明,约有 54% 的普通高中和 45% 的中职学校教师配置不达标;88% 的普通高中和 50% 的中职学校生均教学仪器设备值不足 3 000 元;86% 的普通高中和 46% 的中职学校每百名学生教学用计算机台数不足 15 台。[1]

这次普及攻坚计划的制定除教育部(厅)外,发展与改革委员会、财政部(厅)、人力资源和社会保障部(厅)等相关部门也参与其中。教育部与 10 个中西部高中阶段教育普及攻坚任务艰巨省区签订了备忘录,共同致力于这些省区的普及攻坚工作,其中涵盖了经费方面的支持。

---

① 杜晓利.打赢高中阶段教育普及攻坚战[N]. 中国教育报,2017 - 04 - 07(003).

（5）提高高中教育普及质量。

高中阶段教育普及，必须坚持满足初中毕业生接受公平、优质、多样的高中阶段教育的需求。如何应对适龄青少年的高中入学问题，如何增强高中阶段教育吸引力，是不可忽视的重要课题。目前还普遍存在的"应试教学"，在一定程度上影响了初中毕业生的升学意愿，是高中教育普及的重大障碍。

新时代，我国高中教育人才培养模式正在发生转变，高中教育尤其是普通高中教育已经从传统精英教育转向了普及化、大众化教育，高中教育人才培养目标与育人方式必须发生相应转变，需要用以学生为中心的发展思想来审视当前我国高中教育质量。所以，提高高中教育质量，需要超越"升学率"思维，不能只关注高中为高校输送了多少学生，而要关注学生个性发展和全体学生发展实现了多少。提高高中教育质量，一方面要推动高中学校多样化发展，增强普通高中的选择性和适宜性；另一方面，还要扎实发展好中等职业学校，提升每个学生的发展能力（包括就业能力）。提高教育质量需要加强普通教育和职业教育的结合。

对于高中学校而言，聚焦育人方式转变的课程与教学改革、教师教育教学能力建设、促进学生社会主义核心价值观的形成，应该是提高高中教育质量的关键所在。这些要求在各地攻坚计划与行动中都有体现，值得肯定。

3. 目标人群与工作要求

根据教育部关于高中阶段教育普及攻坚要求和部署，结合已经出台的高中阶段教育普及攻坚计划或者 23 个省区的相关文件，高中阶段教育普及攻坚重点主要在于三个方面。

（1）重点区域

贫困地区、民族地区、边远地区、革命老区等教育基础薄弱、普及程度较低的地区，特别是集中连片特殊困难地区的高中阶段教育普及问题，将是普及攻坚的重点对象。这些地区普及率低、办学条件困难、教育经费供给不力，教师队伍建设也急需加强。

江苏省提出，"加大对苏北地区特别是苏北农村地区高中阶段教育扶持力度，突出资源建设、经费保障、师资队伍、教学改革等重点难点和薄弱环节，集中资源和力量突破，补齐短板，建强弱项，逐步缩小区域差距，带动全省高中阶段教育整体平衡充分发展,高质量普及高中阶段教育"。

河北省提出,关注省内"国家和省级重点扶贫开发县、民族自治县等教育基础薄弱、普及程度较低的县"。

湖北省提出,普及攻坚的重点是本省的贫困地区、民族地区、边远山区、农业人口大县等教育基础薄弱、普及程度较低的地区。

青海省提到,青南地区通过异地办学、改扩建一批普通高中和职业学校,扩大高中阶段办学资源,高中阶段毛入学率达到全省平均水平;东部地区通过新建学校,完善配套设施,增加学位,消除大班大校。

（2）重点人群

主要是家庭经济困难学生、残疾学生、进城务工人员随迁子女等特殊群体的高中入学问题。他们大多因贫困、残障、流动等因素导致辍学和不能升高中。要真正提高高中阶段教育普及程度,必须对这些重点人群予以充分的关注和关照。

部分省区提出,完善国家助学金认定程序和资助方式,根据实际动态调整资助标准,鼓励支持企事业单位、社会团体和个人设立奖助学金。

陕西省提出,继续落实国家中等职业教育学生免除学费政策,落实全省中职学校生均经费政策,对建档立卡贫困家庭学生一次性补助3 000元。各地每年一次性给残疾学生补助200元交通费,对于家庭地处偏僻、路途较远的残疾学生,可根据财力情况,适当增加交通费补助。

甘肃省提出,建立家庭经济困难学生资助制度,对普通高中在校生家庭困难学生予以每人每年2 000元的资助。

（3）内涵与质量

高中阶段教育的普及攻坚,不仅需要入学率的数量保证,而且也需要有质量的教育供给。在保障更多个体接受高中教育的同时,必须注重提升高中教育质量,必须确保高中教育结构的内部协调,必须确保每个高中生学有所获、学有所用、学有愉悦。

一些高中阶段教育毛入学率较高的东部地区,如辽宁省、江苏省、浙江省、山东省、河北省等,也纷纷出台了相关的政策文件。其中,《江苏省高质量普及高中阶段教育攻坚计划（2018—2020年）》直接提出"高质量普及";《浙江省高中阶段教育高水平发展攻坚计划(2018—2020年)》和《河北省高中阶段教育高水平发展攻坚计划(2017—2020年)实施方案》都直接提出"高水平发展";山东省则出台《关于加强高中阶段教育改革发展的意见》,聚焦"改革";辽宁省出台的《辽宁省高中阶段教育普及攻坚计划实施方案(2017—2020年)》,事实上也是以高中阶段教育发展内涵和质量提升为主线的。

中西部省区的攻坚计划中,也都注意到提高高中教育质量和丰富高中阶段教育发展内涵的要求和任务。2017年4月24日,教育部在四川成都召开"全国高中阶段教育普及攻坚工作会议",教育部长陈宝生同志在会议上明确了实施高中阶段教育普及攻坚战的工作要求"六抓":

其一,抓理念创新。在素质教育轨道上推进普及攻坚,树立科学教育质量观,着力增强高中阶段教育的多样性、选择性、创新性,不把老师变成分数统计师,不把学生当成流水线产品。

其二,抓资源配置。国家层面继续实施好教育基础薄弱县普通高中建设、普通高中改造计划、现代职业教育质量提升计划等三个重大工程;地方层面要在办学条件、经费、编制等保障条件上做"加法",在减少超大规模学校上做"减法",在明确责任、健全机制上做"乘法",在消除普通高中大班额上做"除法";学校层面要充分发挥存量资源效用,在用政策、抓落实、调结构、提质量上下功夫。

其三,抓结构优化。优化布局结构,有效利用高中教育资源,方便学生在县域内就学;优化普职结构,提高中等职业教育招生比例,切实落实普职大体相当的要求;优化办学结构,积极扶持民办教育,促进公办民办共同发展。

其四,抓质量提升。重点改革普通高中教育人才培养模式,推进学校教育质量综合评价改革,建立学习困难及有特殊需要的学生帮扶机制;重点增强中等职业教育专业吸引力,积极实行普职融通。

其五,抓条件保障。完善经费投入机制,抓紧建立生均经费拨款制度,完善和落实学生资助政策,加强教师队伍建设。

其六,抓加强管理。规范学校招生行为和办学行为,切实维护正常的招生秩序和良好的教育生态;切实抓好攻坚计划的组织实施,落实责任,明确分工,加强督导,加大宣传,确保攻坚计划各项目标任务进规划、进预算、进编制方案、进责任清单①。

三、高中阶段教育普及攻坚措施

根据教育部和各省市区有关"高中阶段教育普及攻坚"的政策文件与实施方案,可以发现,当前中国推进高中阶段教育普及攻坚的措施集中在以下七个方面。

1. 扩大教育资源供给

当前,国家已经扩大实施教育基础薄弱县普通高中建设项目,支持改扩建一批普通高中教学设施和学生生活类校舍,继续实施普通高中改造计划,支持中西部省市区贫困地区教学生活设施不能满足基本需求、尚未达到国家基本办学条件标准的普通高中学校改扩建校舍、配置图书和教学仪器以及体育运动场等附属设施建设,辅以实施现代职业教育质量提升计划,在支持和优化学校结构布局的基础上改善中等职业学校基本办学条件,满足有中职入学需要学生的教育资源需求。

安徽省在普及攻坚计划中,以实施国家教育基础薄弱县普通高中建设项目和国家普通高中改造计划为抓手,集中力量支持国家集中连片特困地区、国家和省级扶贫工作重点县、皖北地区等高中阶段学校建设。在推进学校项目建设方面,组织国家扩大实施教育基础薄弱县普通高中建设项目,支持改扩建一批普通高中教学设施和学生生活类校舍。

青海省在普及攻坚计划中,注重调整结构,盘活资源,有效增加西宁、海东城区高中学位资源。省级统筹改善薄弱普通高中办学条件专项和教育基础薄弱县普通高中建设项目,提升全省普通高中办学水平。同时将班额、学校规模、校舍面积做了相应的精简。

江西省明确要求,扩大中等职业教育资源,实施中等职业教育质量提升"123工程",办好一批高水平中等职业学校,改善中等职业学校基本办学条件。湖北省也要求全省重点建设120所左右中职学校,每个市(州)重点建设2到3所有较强影响力的中

---

① 教育部.全面实施普及攻坚计划 努力办好公平优质多样的高中阶段教育[EB/OL]. 2018 - 08 - 24. http://www.moe.gov.cn/jyb_xwfb/gzdt_gzdt/moe_1485/201704/t20170424_303167.html.

等职业学校(含技工学校,下同),每个县(市、区)集中力量办好一所中等职业学校。而且,省级统筹筹措资金,在优化布局的基础上改善中等职业学校基本办学条件,建设一批高水平实训基地,加强高中阶段特殊教育学校建设,加快发展以职业教育为主的残疾人高中阶段教育。

2. 完善经费投入机制

目前,全国已经有25个省市区制定了普通高中生均公用经费最低拨款标准,进一步健全高中阶段教育经费投入机制。2018年1月,教育部与国务院扶贫办联合印发了《深度贫困地区教育脱贫攻坚实施方案(2018—2020年)》,把"三区三州"尚未普及高中阶段教育的地区作为攻坚重中之重,优先支持扩大教育资源,改善办学条件,保障贫困家庭学生接受高中阶段教育的机会①,其中,高中减免学费是重要举措。

四川省宜宾市从2018年春季学期开始,市内的32所普通高中(其中28所公办,4所民办)将免除8万余名宜宾籍学生的学费。学费免除标准为:省级示范校(含省一级、省二级)学费460元/学期;市级示范校学费340元/学期;一般高中学费280元/学期。市属学校和贫困县学校所免学费由市财政全额承担,贫困县脱贫一年巩固期按贫困县标准计算;非贫困县所免学费由市、县财政按5∶5比例分担。学费免除能为家庭减轻负担,尤其是贫困家庭。现阶段,根据国家政策,每年按在校生比例的30%给予减免学费的专项资助,获得资助的学生约2.43万人。

陕西省的攻坚计划中提到:"全省公办普通高中学生免收学费,在民办普通高中就读的学生按照公办同类学校学费标准减免收费。为家庭经济困难高中生提供国家助学金,助学金标准平均每生每年2 000元,平均资助面按全省在校学生人数的30%确定。"

青海省也要求要落实面向六州和西宁、海东两市贫困家庭的十五年免费教育政策,适时提高普通高中生均公用经费补助标准,落实以财政投入为主、其他渠道筹措经费为辅的普通高中投入机制。

广西壮族自治区的物价部门联合教育、财政等部门按照"分类分级定价"的原则,

---

① 教育部.教育部对十三届全国人大一次会议第6770号建议的答复[EB/OL]. 2018 - 09 - 19. http://www.moe.gov.cn/jyb_xxgk/xxgk_jyta/jyta_jijiaosi/201812/t20181229_365451.html.

研究制定普通高中收费定价成本监审指导办法,指导各地合理调整普通高中学校收费标准,保障学校经费正常运转。

内蒙古自治区确定公办普通高中年生均公用经费基准定额为800元。其中,各地区现行公用经费拨款水平高于自治区确定的基准定额的要确保水平不降低,鼓励各地区结合实际提高拨款标准。另外,公办普通高中生均基准定额资金按照分担比例由各级财政足额纳入年度预算予以保障,自治区本级与各盟市按3∶7、5∶5、7∶3比例分担,具体各盟市分担比例按年度人均财力情况确定并适时进行调整。

新疆维吾尔自治区制定《新疆维吾尔自治区高中阶段免费教育实施办法》,对普通高中学生、实施全日制中等学历教育的中等职业学校学生(含技工院校全日制在校生)免学费、教材费、住宿费。其中,普通高中免学费年生均1 200元,免教材费年生均670元;中等职业学校免学费年生均2 000元,免教材费年生均300元,免住宿费年生均600元。民办学校按照当地同类公办学校免费教育标准,高出公办学校免费教育标准部分由学生家庭负担;低于公办学校免费教育标准的,按照民办学校实际标准予以补助。同时,自治区教育资金投入重点向农村倾斜,向南疆四地州倾斜。

3. 落实扶困助学政策

因学致贫而导致辍学或者不入学是高中阶段教育普及程度低的原因之一,如何让学生不因经济问题而影响高中入学,是高中阶段教育普及攻坚的难题之一。

据统计,截至2016年年底,我国农村仍有4 300多万未脱贫人口,这些贫困地区大部分是自然条件差、经济基础弱、贫困程度深的民族地区和集中连片特困地区。根据教育部相关统计,我国高中阶段学生资助体系中,普通高中家庭经济困难学生资助覆盖面达到在校生的20%,西部地区达到30%,助学金标准由年生均1 500元提高到2 000元。从2016年秋季学期起,国家又免除了普通高中建档立卡等家庭经济困难学生的学杂费。中职教育资助政策已覆盖超过90%的学生,有19个省市区实现了中职学生免学费政策全覆盖,中职助学金覆盖近40%的学生,助学金标准从1 500元提高到2 000元[①]。

---

① 教育部.教育部对十三届全国人大一次会议第6770号建议的答复[EB/OL]. 2018 - 09 - 19. http://www.moe.gov.cn/jyb_xxgk/xxgk_jyta/jyta_jijiaosi/201812/t20181229_365451.html.

教育部明确指出,要继续实施高中阶段学校家庭经济困难学生国家资助政策,逐步分类推进中等职业教育免除学杂费,提高中等职业教育国家助学金资助标准,落实好普通高中建档立卡等家庭经济困难学生(含非建档立卡的家庭经济困难残疾学生、农村低保家庭学生、农村特困救助供养学生)免除学杂费政策,积极推进家庭经济困难的残疾学生的免费教育,鼓励企事业单位、社会团体和个人设立奖助学金。这些要求为各地方政府实施普及攻坚明确了方向。

纵观各地普及攻坚计划及其行动,这些要求在各地得到了落实。安徽省明确指出,要建立合理成本分担机制,建立健全生均拨款制度。完善学费动态调整机制,保障学校正常运转。积极化解普通高中债务。完善和落实学生资助政策,不让一名学生因家庭经济困难而失学。

青海省明确要求继续实施《三江源地区"1+9+3"教育经费保障补偿机制实施办法》、《三江源地区异地办学奖补机制实施办法》、《关于完善城乡义务教育经费保障机制和实行15年免费教育的实施意见》等政策,免除普通高中家庭经济困难学生学杂费,免费提供教科书,补助国家助学金,落实好中等职业学校免学费和国家助学金政策。河南省则要求普通高中学校要从事业收入中提取4%—6%的经费,用于设立校内奖学金和特殊困难补助。

新疆维吾尔自治区对普通高中学生、实施全日制中等学历教育的中等职业学校学生(含技工院校全日制在校生)中的家庭经济困难学生补助助学金,助学金每年生均2 000元。为确保政策落地,自治区开展专项检查监督,确保资金到位,不让学生因家庭贫困辍学。

云南省教育厅全面落实《建档立卡贫困户学生精准资助实施方案》,实现建档立卡贫困户学生"上学有补助",无论是在普通高中还是中等职业学校就学,一律在免除学费的同时向每生每年提供5 000元资助。

4. 加强教师队伍建设

教育大计,教师为本,有好的教师,才有好的教育。提高教师地位,维护教师权益,改善教师待遇,使教师成为受人尊重的职业。普及高中阶段教育的关键点是要注重提高西部贫困地区教师的工资待遇,保障教师队伍的稳定性。近年来,国家出台了一系列相关政策,鼓励高校毕业生到西部贫困地区工作,实施对贫困地区乡村教师的补助政策。

安徽省注重深化教师管理体制改革,推进"无校籍管理"改革和校长教师交流,加强县域内教师统筹调配力度,全面实施高中阶段学校教师专业标准、校长任职资格标准,建立普通高中校长、教师专业发展支持服务体系。继续实施"职业院校教师素质提高计划",加大中等职业学校教师培养培训力度。

江西省加强县域内教师统筹调配力度,探索建立校际教师共享机制,盘活用好教师资源,通过多种方式吸引优秀毕业生到贫困地区任教。在省培计划及市、县培训中继续安排多种方式高中阶段教师培训,并向教育基础薄弱地区倾斜。

海南省健全师资队伍培训常态机制,加强高中阶段研训队伍建设,建立和完善追求品质、体现特色的名校长、名教师培养体系,培养一批名校长、名教师和专业(学科)带头人。实施中等职业教育教师素质提升计划,加大扶持骨干专业在职教师培训,多渠道选聘中等职业学校专兼职教师,力争到2020年中等职业学校"双师型"教师占比达到60%以上。

辽宁省实施"中小学名优教师校长成长计划",促进优秀人才可持续发展,切实发挥名优校长队伍的示范引领作用。同时,实施"职业院校教师素质提高计划",依托高等学校、职业院校和企业,建设职业教育教师培养培训基地,以职业技能培训为重点,逐步解决"双师型"教师不足问题。

浙江省重视教师职前教育,完善省内师范院校的专业和课程设置,确保师范教育与深化高中课程改革紧密接轨,探索实施大学毕业生尤其是非师范类专业毕业生入职后的1—2年见习培训制度。改进中等职业学校教师招聘办法,支持学校招聘"双证"人员和能工巧匠。

江苏省按照城乡统一编制标准核定教职工编制,根据学校实际情况及时补充配齐教师,特别是短缺学科教师。依照教职工与学生1:11的比例,核定中等职业学校事业编制,以政府购买服务方式,加大中等职业学校"双师型"和"一体化"教师培养力度。

5.推动学校特色发展

推动高中阶段教育普及发展,对于应对国际竞争和未来挑战,对于进一步提升国民整体素质、建设人力资源强国,对于促进教育持续健康发展,满足人民群众对多样化、高质量教育的迫切需求,都具有重要意义。高中阶段教育的普及和发展需要形成布局结构合理、学校特色多样、条件保障有力的高中教育体系。当前,推动高中多样化发展,缩小普通高中教育城乡、学校差距,营造良好的中学教育生态,是普及攻坚的主要任务之一。

江西省实施普通高中特色发展工程,重点推动 100 所普通高中探索培养模式和管理方式改革,激发学校办学活力,适应学生学习和发展需要,促进学校差异化、多样化发展,整体提升人才培养水平。

青海省立足自身资源不足的现实,积极推进教育信息化与教学的深度融合应用,开展远程教育和网上学习,为高中学校和教师提供更多优质教育教学资源,促进资源共享,坚持试点推进省内民族地区部分学校和成都七中网校进行信息技术条件下的"名校课堂"工作。

辽宁省出台《辽宁省普通高中实施分层走班教学的指导意见》,按照分层走班教学需求,调整师资、设施设备等资源配置。加强学科课程基地建设,建设以学科为单位、以课程为核心的协同工作体,加强教育教学管理、建设课程共享资源、开展骨干教师培训、推动课堂教学改革,从而推动高中阶段教育的多样化发展。

内蒙古自治区在实践中注重完善自治区示范性普通高中管理,加强县域特色高中建设,充分利用校内外教育资源拓展学校课程的深度和广度,以教学模式和相关学科为依托创建学校特色。同时注重探索多样化办学模式,强调建立学生发展指导制度,满足学生个性化学习需要。

广西壮族自治区积极鼓励社会力量兴办高中,积极开展公办学校联合办学、委托管理等试点,重点培育发展一批具有体音美、科技创新、优秀传统文化等办学特色的普通高中。

6. 改进招生管理办法

教育部"攻坚计划"中明确强调,高中阶段教育普及工作要健全教育、人力资源和社会保障等相关部门招生工作协调机制,建立中等职业学校和普通高中统一招生平台,切实落实普职大体相当的要求。

目前,浙江省进一步推进高中阶段学校考试招生制度改革,落实优质示范高中学校按不低于60%的计划比例向所在区域初中学校分配招生名额的规定,规范特长生招生。同时,探索建立分类型、可选择的"初升高"考试招生制度,为学生选择升入普通高中或中等职业学校创造良好条件。畅通普通高中学校与中等职业学校之间的学分互认和学生互转通道,为学生的学习成长提供更多的选择。

辽宁省实行优质普通高中学校将不低于70%的招生名额合理分配到区域内初中的办法,招生名额适当向区域内农村学校倾斜。加大优质中等职业学校招收贫困地区学生的比例,进一步落实和完善进城务工人员随迁子女在当地参加高中阶段学校考试招生的政策措施。

甘肃省制定了《甘肃省推进高中阶段学校招生制度改革的实施意见》,努力建立更加综合、全面、多样、多元的,使学、考、找有机衔接的招生录取制度。进一步落实和完善进城务工人员随迁子女在当地参加高中阶段学校考试招生的政策措施。严禁公办普通高中违规跨区域、超计划招生,规范招生秩序。依法加强对民办普通高中和中职学校的招生管理。

广西壮族自治区建立中等职业学校和普通高中统一招生平台,原则上按照6∶4的比例有序引导初中毕业生到普通高中和中等职业学校就读;公办高中学校招生名额合理分配到区域内公办初中或者受国家委托承担义务教育任务的民办初中;完善和落实进城务工人员随迁子女在当地参加中考的政策;支持高中阶段学校招收残疾学生等等。

7. 推进高中信息化

教育部印发的《教育信息化十年发展规划(2011—2020年)》中提出:"到2020年,基本实现所有地区和各级各类学校宽带网络的全面覆盖,教育管理信息化水平显著提高,信息技术与教育融合发展的水平显著提升。"高中阶段教育普及攻坚实践中,必须考虑高中教育信息化建设,依托信息化促进现代化实施,是高中阶段教育普及发展的必要选择。

海南省在普及攻坚中,努力提升高中阶段教育信息化建设水平。首先,提出在"全国教育装备综合改革试验区"和"全国教育信息化试点省"建设的基础上,进一步提高高中阶段学校信息基础设施、教学资源、软件工具等方面的配置水平。到 2020 年,全面建成信息化教学环境,网络教研、备课、教学、互动、评价成为常规教学形态。其次,构建高中阶段教育资源公共服务体系,提供基础应用资源及环境,探索同步课堂、网络直播、翻转课堂等新型教学模式,充分利用信息化手段促进优质资源共享。再次,以应用为导向,推进高中阶段学校智慧校园平台建设,发挥教育大数据作用,以信息化手段构建学校、社会、家长、教师多方共同参与的育人环境,提升高中阶段学校的信息化管理水平。建设高考综合改革信息化平台,为普通高中学生选课、学校课程编排、生涯规划教育、学生综合素质评价记录和学校教育教学管理等提供高效的技术支持,加强学校教育教学活动的监督和管理。最后,加强顶层设计,推动中职学校教学、实训信息化环境建设,以信息技术支撑产教融合、工学结合、校企合作,以信息技术提升学校教学及管理水平,推动信息技术全面融入中职教育。

江西省明确提出,高中阶段教育普及工作要充分利用信息化手段,促进优质教育资源共享,满足个性化学习需要,借助信息技术建立省域内优质学校对口帮扶贫困地区薄弱学校的机制,缩小学校之间的差距。

四、高中阶段教育普及攻坚的保障

高中阶段教育普及工作不但需要明确的行动举措,还需要相应的保障机制,二者协调才可能助力高中阶段教育普及任务与目标按期达成。

1. 落实政府教育责任

落实各级政府发展高中阶段教育的责任,是当前我国高中阶段教育普及攻坚中首先必须面对的制度问题。按照我国教育法律的规定,高中阶段教育由地方人民政府负责,即举办和管理高中阶段教育是地方政府(包括省级政府、地市级政府以及县级政府)的任务。鉴于我国中央与地方的关系,以及不同政府部门之间的职责,长期以来,高中阶段教育发展的政府责任与部门责任其实并非很清楚,这在一定程度上也导致了高中教育发展出现问题,尤其是资源供给和经费保障方面。

教育部等四部委联合发布的普及攻坚计划,体现了不同政府部门尤其是教育部门与非教育部门之间的协调和联合；各省区的教育厅、发展和改革委员会、财政厅、人力资源和社会保障厅等在普及高中教育中也是密切合作的。在实施攻坚计划过程中，教育部与中西部10省区签订高中阶段教育普及攻坚合作备忘录，充分体现了中央与省级政府在实施攻坚中的责任分工。

浙江省在普及攻坚过程中强调，各市、县(市、区)要将高中阶段教育高质量发展作为高水平全面建成小康社会的重要任务，落实"政府负责、分级管理、以县为主"的高中阶段教育管理体制，强化"分级管理、地方为主、政府统筹、社会参与"的职业教育管理体制，加强统筹规划，制定实施方案，细化政策措施，确保各项目标任务落到实处。

安徽省将普及高中阶段教育作为考核地方政府教育工作实绩的重要内容，建立问责机制。根据普及方案要求，各市要以县(区)为单位对普及高中阶段教育情况进行评估验收，结果向社会公布。省教育督导委员会办公室将以市为单位适时开展专项督查，对各市、县(区)普及高中阶段教育情况进行评估认定。

青海省要求地方政府结合国家和省级攻坚计划，研究制定符合本地特点的普及高中阶段教育攻坚计划，并将其作为推进基本公共服务均等化、提高国民整体素质的重要举措予以保障。逐级签订攻坚计划目标责任书，把攻坚计划目标任务和政策措施落实情况纳入年度考核指标中，将结果作为考核各级政府履行教育发展职责的重要依据。

2. 明确部门合作分工

高中阶段教育普及目标的实现离不开各相关教育部门的专业分工合作。就此，《高中阶段教育普及攻坚计划(2017—2020年)》中专门提出，"教育部门要积极研究完善相关政策措施，加强组织协调、过程指导和督导检查。发展改革部门要把普及高中阶段教育作为当地经济社会发展规划的重要内容，支持学校建设。财政部门要健全经费投入机制，支持改善办学条件。人力资源和社会保障部门要推进技工学校发展，并会同教育部门按照有关规定完善和落实高中阶段学校教师补充、工资待遇等方面的支持政策"。

从各地普及攻坚文件的制定者来看，地方教育厅、财政厅、发展和改革委员会、人力资源和社会保障厅四部门参与其中、相互合作，共同为高中阶段教育普及任务的完成作出本部门的贡献。

青海省积极建立由党政主要领导牵头,教育、财政、发改、人社、编办等相关部门主要领导为成员的高中阶段教育普及攻坚领导小组,各成员单位各负其责、密切配合、协同联动,形成工作合力。海南省机构编制委员会办公室也是海南高中阶段教育普及攻坚实施方案制定的参与者之一。西藏自治区明确要求自治区、各地(市)要分别建立联席会议制,统筹协调高中阶段教育普及工作,确保工作扎实推进,有序开展。湖北省住房和城乡建设部门将高中阶段学校建设作为公共服务设施的重要内容及规划的强制性内容纳入城乡规划中,加强建设工程质量安全监管。省级物价部门要按照"成本分担、分类分级定价"的原则,及时调整高中阶段学校收费标准,保障高中阶段学校正常运转。

3. 实施教育督导评估

督导和评估是检查教育改革过程和结果的重要手段。教育督导与教育评估也是检查高中阶段教育普及攻坚计划落实情况的方式之一。各地在实施普及攻坚计划中,都将教育督导和评估置于重要位置。

山西省把各地普及高中阶段教育纳入对市县党政领导履行教育工作主体责任督导的考核内容中,结合"双高双普"等工作对各地普及高中阶段教育情况进行督导评估,及时向社会公布评估结果。

海南省着重强调,省政府教育督导部门要加强对普及高中阶段教育的督导检查,督导评估结果将作为考核政府履行教育工作职责的依据。评估督导聚焦三个方面的工作:首先,颁布评估验收指标。省政府教育督导部门要从组织领导、普及程度、教育经费、办学条件、师资队伍、教育管理等方面制定一级指标,设置若干个二级指标、三级指标,形成《海南省普及高中阶段教育督导评估验收指标体系》。其次,开展市县自评。市县政府要积极开展普及高中阶段教育工作,对照《海南省普及高中阶段教育督导评估验收指标体系》进行自评。经自评认为达标的,形成自评报告,并在市县政府门户网站上公示 5 个工作日,公示无异议后,报省政府教育督导室进行评估验收。最后,省级评估验收。省政府教育督导部门积极开展过程性督导,在 2021 年各市县政府完成自评的基础上,启动省级实地督导评估和验收。

四川省也把普及高中阶段教育作为考核地方政府教育工作实绩的重要内容,建立问责机制。研究制定《四川省高中阶段教育普及攻坚计划专项督导评估办法》，从2018年起，省政府教育督导委员会、教育厅对各市（州），以及各市（州）对县（市、区）的高中阶段教育普及情况进行督查。

4. 营造良好普及氛围

办好人民满意的教育，需要尊重社会和人民群众对于教育的意见与建议，社会舆论对于教育改革与发展的影响十分关键，为此，各地在高中阶段教育普及攻坚过程中，要注重营造良好的社会氛围。

青海省要求各地在实施普及高中阶段教育攻坚计划过程中，要充分利用广播、电视、报纸、网络等多种媒体，紧抓"职业教育活动周"和职业学校学生技能大赛等重要时间、节点，向社会公开高中阶段教育发展情况，广泛宣传实施攻坚计划的重要意义，充分发挥新闻媒体的舆论引导作用，深入解读各项惠民政策措施，动员社会各界关心和支持普及高中阶段教育工作，引导学生和家长树立多样化的成才观，形成良好的舆论氛围。

贵州省要求建立健全教育新闻发布制度和宣传联络协调沟通机制，加强对外宣传力度，加强舆论引导，营造全社会关心支持教育发展、重视促进教育改革的社会风气。同时，支持广播、电视、报刊、网络等媒体开办专门的教育节目、栏目和版面，开展教育理论宣传和教育知识普及活动。充分发挥新闻宣传的先导和服务作用，围绕教育改革发展的方针政策、重大部署和新进展、新成就，通过传统媒体和新媒体开展全方位、多角度、立体化的宣传工作。

总之，高中阶段是一个人从少年时期向青年时期成长与成才转型的关键期，高中阶段教育普及是我国在义务教育阶段教育普及任务实现的基础上，提出的另外一项人才培养体系改革的战略规划。普及高中阶段教育不仅是社会经济发展的外部需求，也是教育系统本身扩展的内在需要。一方面，随着我国国民人均收入水平逐步步入中等收入国家行列，国民经济的传统产业向中高端产业转型升级逐步实现，对劳动力受教育程度的要求从初中程度提高到高中程度是社会发展的趋势，普及高中阶段教育是提高国民综合素质，将国内体量庞大的人口资本转化为人力资本的必然选择。另一方面，随着社会物质生活的丰富，人们愈发追求高品质的精神生活，越来越重视教育的作用。其中,高等教育大众化的实现,驱动着对高中阶段教育普及化的追求,接受优质高等教育需要高中阶段教育优化结构、提质增效,让所有适龄人口得到受教育的机会。纵观教育事业的整体,高中阶段教育确实已经成为了影响教育全局发展的关键性领域,高中阶段教育普及是新时代中国教育改革攻坚的新任务和新目标,需要各级、各地政府与教育部门协作,明确攻坚要求、践履攻坚举措、构建攻坚保障,为完成高中阶段教育普及攻坚任务和目标携手奋进,力争开创新时代中国高中教育改革与发展的新局面。

第二章
辽宁省高中阶段教育普及攻坚实践

本章要点

辽宁省是我国教育发展比较好的地区之一,高中阶段教育的发展也不例外。辽宁省仍然高度重视高中阶段教育的普及攻坚,扎实推进高中教育科学发展。2017 年,辽宁省高中阶段毛入学率已经达到 99％,高中阶段教育初现多样化发展态势。

▶ 实施以问题为导向的顶层设计。出台了包括《辽宁省高中阶段教育普及攻坚计划的实施意见(2017—2020 年)》在内的一系列政策文件,制定高中阶段教育普及攻坚行动方案,明确普及攻坚的具体要求。

▶ 明确普及攻坚的行动措施。调整优化普通高中和职业院校结构布局;实施示范性普通高中建设、特色普通高中建设和一般普通高中质量提升工程;提升职业教育内涵建设水平;深化课程和课堂改革,全面推进高中阶段教育教学改革。

▶ 重视机制体制改革与创新。努力建构公办、民办、公办与民办结合、中外合资、股份制等多种体制并行的办学机制;实施"普通高中＋职业高中"综合改革;完善教育经费投入机制,精准资助家庭经济困难学生;实施增值评价,启动"综合素质评价试点工作"。

自 2010 年《国家中长期教育改革与发展规划纲要(2010—2020 年)》提出"加快普及高中阶段教育"任务以后,辽宁省立足实际,创新体制机制,采取一系列政策、措施,大力推进高中阶段教育普及,高中阶段教育获得了长足的发展。

2017 年,辽宁省高中阶段教育入学率达到 99.0%;普通高中与职业高中呈现协调发展新态势,建设了省级示范性普通高中 138 所、特色普通高中实验学校 50 所、国家示范性中高等职业院校 46 所;教育公平取得新进展,普通高中生均经费提高到 2 200元,省示范性普通高中(省重点高中)指标到校比例达到 80.0% 以上,1.6 万普通高中家庭贫困学生免学费;深化教育改革迈出新步伐,高中学业水平考试和综合素质评价工作不断推进,课程改革深入发展,学生发展指导制度、选课制、走班制、分层教学等全面实施。此外,普通高中、中职、高职、本科教育有效衔接,公办教育和民办教育深度合作,各类型高中学校百花齐放,人才成长的"立交桥"初步建立。

表 2.1 2010—2017 年辽宁省高中阶段教育发展统计

年份	普通高中学校数(所)	中等职业学校数(所)	普通高中在校生数(万人)	中等职业学校在校生数(万人)	毛入学率
2010	419	339	71.5	42.8	92.6%
2011	422	484	71.3	51.1	95.5%
2012	417	463	69.6	48.4	97.8%
2013	416	457	68.1	43.5	98.0%
2014	415	440	65.3	41.6	99.3%
2015	412	434	63.5	39.0	99.0%
2016	412	399	62.5	39.1	99.0%
2017	418	396	63.0	37.7	99.0%

数据来自《辽宁省教育统计年鉴》。本章中其余相关数据如无特别说明,均来自《辽宁省教育统计年鉴》。

本章将系统地介绍 2010 年以后辽宁省全面推进高中阶段教育普及攻坚的实践探索与改革举措的情况,并就高中阶段教育普及攻坚的成效及其发展方向开展讨论。

一、实施问题导向的顶层设计

推动高中阶段教育的普及发展,是中国梦的教育篇,对于应对国际竞争和未来挑战,对于进一步提升国民整体素质、建设人力资源强省,对于促进教育持续健康发展,满足人民群众对多样化、高质量教育的迫切需求,都具有重要意义。为此,辽宁省在全面普及高中阶段教育的过程中,注重以问题为导向的顶层设计,切实做好全面普及高中阶段教育规划。

1. 正视面临问题

自党的十八大以后,辽宁省实施全面普及高中阶段教育工作,高度注重问题导向的发展战略,高度重视辽宁省高中阶段教育发展实践中存在着的一些突出问题和薄弱环节。

(1)普通高中与中等职业教育之间的比例关系

实现普通教育与职业教育之间协调发展,是普及高中阶段教育的关键所在。国家提出普通高中学校与中等职业学校人数大体相当的发展要求,一段时间以来,辽宁省努力实现这个要求,但是鉴于辽宁省社会经济发展和教育发展的实际情况,中等职业教育发展处于相当不利的定位。在全面普及高中阶段教育的实践中,必须处置好普通高中教育与中等职业教育发展的比例关系。

(2)中等职业教育人才培养与供给水平

发展中等职业教育,不仅是数量的供给,更需要质量的保障。一直以来,中等职业教育的人才培养数量、结构和质量还不能完全适应辽宁省经济建设和社会发展需要;中等职业学校人才培养的目标、规格和方案与区域经济发展、产业升级以及行业企业实际需求间尚未建立有效的对接机制;企业参与中等职业学校办学和人才培养全过程的积极性和主动性不高。只有高质量的中等职业教育,才是普及高中教育中所需要的教育,才是人民满意的教育。

(3)办学体制相对单一与管理的相对僵化

与全国其他省市区高中教育发展相类似,在高中教育领域,普遍存在办学形式相对单一与办学管理模式相对僵化的问题。传统的公立学校占绝大多数,中外合作办学、委托办学、股份制等民办学校数量很少,存在比较明显的学校等级制度(重点与非重点等)。

同时,高中学校尤其是普通高中学校缺少办学自主权,在教师聘用、课程设置、经费使用、教学改革、招生录取等方面受制于政府行政部门的各种限制,影响学校办学的积极性和主动性,办学活力不足,高中多元化发展面临诸多制度性限制。

(4)部分学校办学条件薄弱难以满足教学需求

受制于整个辽宁省经济发展的影响,辽宁省高中学校的办学条件不理想始终是一个问题。目前的统计数据显示,辽宁省的 14 个地级市中部分城市的省示范性高中校均规模过大,其中校均规模在 3 000 人以上的有 6 个城市;生均校舍建筑面积没有达到规定标准的有 9 个城市;生机比未达到省规定标准 6∶1 的城市有 10 个,有的城市生机比甚至达到 20.2∶1。至于那些未评上示范性高中的学校,其办学条件的情况可想而知。①

(5)教师数量不足与整体素质有待提升

随着高考改革和高中课程改革的全面实施,辽宁省普通高中普遍存在教师结构性缺编问题,音乐、体育、美术、信息技术、通用技术等学科师资配备不足;同时,教师队伍整体年龄偏大,又由于体制原因而造成新教师补充渠道不畅通,部分高中还存在一定数量的临时聘任教师,中等职业教育"双师型"教师更是短缺。此外,还存在一些优秀教师"外流"的情况。

2. 制定政策文件

辽宁省委省政府将高中阶段教育的普及攻坚作为实现辽宁振兴和教育现代化的基础工程,将高中阶段教育普及攻坚作为进一步提升本省国民整体素质、劳动力竞争能力、建设人力资源强省的重要举措,在教育发展战略上予以高度重视。

2010 年,辽宁省发布的《辽宁中长期教育改革与发展规划纲要(2010—2020 年)》中,提出了高中阶段教育普及攻坚的目标和任务,"到 2020 年高中阶段教育在校生达

---

① 数据来源于辽宁省教育厅 2015 年普通高中多样化发展专题调研组。

到 103.6 万人,毛入学率达到 100%",并提出普及攻坚的重点任务主要为"推进高中阶段教育协调发展;根据经济社会发展需要,合理确定普通高中和中等职业学校招生比例,今后一个时期总体保持普通高中和中等职业学校招生规模大体相当"和"创新普通高中发展模式;吸引国内外资源参与举办普通高中;推进普通高中标准化建设;积极发展科技、艺术、体育、外语等特色高中;鼓励普通高中发展特色学科;支持高中与高校开展多种形式合作办学,培养特色创新人才;鼓励有条件的普通高中根据需要适当增加职业教育的教学内容;探索综合高中发展模式"。

2017 年颁发的《辽宁省教育事业发展"十三五"规划》再一次将高中阶段普及攻坚作为重要的任务,提出一系列措施推进普及攻坚工作,主要为"职普协调发展;规范普通高中办学行为,科学控制普通高中校均规模和学校班额;探索综合高中、特色高中等多种模式,促进学校特色发展,为学生提供更多选择机会;加强普通高中课程建设管理,指导构建多元课程体系,鼓励学校开发特色课程,打造优势学科,开设多样优质的选修课程,充分发挥课程在人才培养中的核心作用,满足学生自主选择和差异需求;完善学生发展指导制度,加强对学生心理、学业、生涯规划等方面的指导,帮助学生确定职业目标,制定个人发展规划;积极推进选课制、走班制、分层教学;推动合作探索式学习,倡导任务驱动学习,提高分析解决问题的能力;技术技能人才实现系统化培养,职业院校毕业生就业创业能力稳步提高;积极推进职业教育教学制度、教学内容、教学方法和手段等方面改革,推行教学、学习、实训相融合的各种教育教学活动;积极推行校企联合招生、联合培养、一体化育人的现代学徒制;坚持校企合作、工学结合,加强基础能力建设,促进产教融合深入发展"。

2017 年 12 月出台的《中共辽宁省委关于高举习近平新时代中国特色社会主义思想伟大旗帜深入学习贯彻党的十九大精神加快辽宁老工业基地振兴的实施意见》中再次明确提出,到 2020 年,在辽宁省要在与全国同步实现全面建成小康社会的基础上,再用十年左右时间,实现全面振兴,成为全国重要的"一带五基地",再创辽宁辉煌。2035 年,基本实现现代化。要实现这一奋斗目标,人才是关键,迫切需要建立接受过高中阶段教育的劳动力和人才储备体系。

总之,省委省政府始终认为,高中阶段教育是整个国民教育体系中的重要环节,是创新人才成长和高素质技术技能型人才培养的关键期。要通过普及高中阶段教育,更好地发挥其在提升国民整体素质和培养拔尖创新人才等方面的重要作用,为实现现代化,建设人力资源强省奠定坚实的基础。

为此,辽宁省制定了《辽宁省高中阶段教育普及攻坚计划的实施意见(2017—2020年)》,强调继续加大政府投入,推出有针对性的措施,努力提升高中阶段教育人才培养质量,为国家未来长远发展积蓄潜力。

3. 实施专项计划

辽宁省对攻坚计划进行了系统设计,于2017年10月颁发《辽宁省高中阶段教育普及攻坚计划的实施意见(2017—2020年)》,其中明确提出普及攻坚的基本原则、主要目标、主要任务和组织实施的具体要求。

该文件中提出,辽宁省实施高中阶段教育普及攻坚的主要目标是:

到2020年,我省高中阶段教育毛入学率达到100%以上。普通高中和中等职业教育协调发展,扩大普通高中优质教育资源,建设30所左右省级特色高中,遴选40所左右教育教学改革典型学校,有效控制普通高中校均规模和学校班额,学校规模一般控制在3 000人以下,班额控制在50人左右;优化中等职业学校布局结构,提高规模效益,增强中等职业学校办学实力。高中阶段教育经费投入机制更加健全。打造一支高素质专业化的高中阶段教师队伍。教育质量明显提升,普通高中办学特色更加鲜明,为学生提供优质、多样的教育选择;中等职业教育吸引力进一步增强,建成高水平中等职业学校30所左右、高水平特色专业(群)80个。形成布局结构合理、资源配置优化、教学质量提高、办学特色鲜明、适应初中毕业生接受良好高中阶段教育需求的新格局。

为了保证目标实现,文件中提出的8项任务是:优化布局结构,改善办学条件,健全经费投入机制,完善扶困助学政策,加强教师队伍建设,促进普通高中优质多样化发展,提高中等职业教育吸引力,改进招生管理办法。在这些任务中,明确了各自具体内容和发展要求,以求切实推进高中阶段教育普及攻坚的质量和效果。

在实施普及攻坚计划中,辽宁省从加强组织领导、明确各部门分工、加强督导评估和营造良好氛围的组织实施要求等方面予以了强调,以此确保这一攻坚计划的全面而有效的落实。

二、推进普及攻坚的行动举措

在促进高中阶段教育普及攻坚的过程中,辽宁省各级政府及教育行政部门科学统筹高中阶段教育的发展规模、结构、质量和效益,以"稳定规模、优化结构、突出特色、提高质量"为基本思路,围绕"普通高中与职业教育相协调"的发展目标,坚持"优质、多样"的改革方向,推进高中阶段教育,使高中阶段教育逐步走向高水平内涵发展、高标准均衡发展、高质量多元发展的新阶段。

1. 着力优化教育结构

一直以来,辽宁省将优化教育体系结构,扩大高中阶段教育规模作为重要的任务,采取了一系列措施,有步骤地推进普及高中阶段教育。

(1)优化普通高中结构布局

早在 2001 年辽宁省平均每百万人口中在校生数仅为 109 人,在全国排在第 18 位。[①] 普通高中成为制约教育发展的瓶颈,在这种情况下,辽宁省确定了扩大普通高中招生规模、普及高中阶段教育的政策,提出了"政府统筹、盘活资源、创新体制、扩大规模、示范带动、均衡发展"的高中发展思路,并出台了《辽宁省教育厅关于建设示范性普通高中的意见(试行)》。十七年来,辽宁省通过创新机制体制、优化普通高中结构布局,不断扩大优质教育资源。目前,辽宁省省级示范性普通高中已达到 150 所。

为了进一步促进高中阶段教育发展,辽宁省在优化普通高中学校结构布局方面采取了以下措施:

第一,重视农村普通高中建设。

2003 年,全省教育工作会提出加强农村普通高中建设,针对全省原有普通高中规模不大,办学条件较差的实际情况,各地区积极整合农村普通高中资源,通过撤并、新建等方式,扩大农村普通高中规模,改善办学条件,使农村普通高中校均规模达到了1 700 人以上。自 2004 年以来,全省共投入资金 32.3 亿元,使 111 所农村普通高中基

---

① 周浩波主编.示范性普通高中创建录[M].沈阳:辽海出版社,2003.

本实现了标准化建设目标。① 如朝阳市积极推行普通高中城镇化,到 2008 年全部撤消了位于农村乡镇的普通高中。

第二,加强优质普通高中建设。

为解决优质普通高中资源不足的状况,从 2002 年起,辽宁省提供优惠政策,鼓励多种形式办学,开始实施优质普通高中建设工程。

一是引导优质的省级示范性普通高中,以资产置换异地建新校,改造、兼并薄弱学校,进行资源重组,扩大优质资源。例如百年老校沈阳市第五中学,原有的校舍面积制约了学校发展,沈阳市政府和大东区政府筹集 1.1 亿元,在减免相关费用的前提下,学校就地增加建设用地 3.2 万平方米,新建了教学楼、综合楼等,学校规模扩大,办学实力增强。

二是高起点、高标准新建一批优质普通高中。对于社会声誉较高的学校,依托其母校在办学理念、办学模式、科学管理、优秀师资等方面的优势,以名校带新校,高起点、高标准建设一批新学校。如东北育才学校,通过兴办分校,成为了占地面积大、校舍设施足、学生容量多、教育设施先进、师资力量雄厚、教育管理一流的示范性高中。

三是以点代面,建设省级示范性高中,带动高中教育的发展。按照《辽宁省教育厅关于建设示范性普通高中的意见(试行)》的要求,各地区科学规划、加大投入,硬件从实,软件从严,高标准建设省级示范性普通高中,并发挥省级示范性普通高中的示范和辐射作用,带动了其他普通高中的建设和发展。

第三,实施普通高中标准化建设。

2017 年辽宁省出台了《普通高中装备 53 个装备标准》,指导各地区按照装备标准配齐配足学校的设备设施,改善办学条件,促进普通高中装备建设标准化、规范化、科学化。沈阳、大连等市实施了普通高中标准化建设工作,目前,大部分普通高中实现了标准化。

(2) 优化职业院校结构布局

为深化高中教育供给侧结构性改革,优化教育资源配置,提高办学效益和质量,省

---

① 魏小鹏主编.改革开放 30 年的辽宁教育[M].沈阳:辽宁民族出版社,2008.

政府高度重视职业院校布局结构优化调整工作。

2017年,辽宁省政府印发《关于调整省政府有关部门(单位)所属学校管理体制的通知》(辽政[2017]14号),对省政府有关部门(单位)所属学校管理体制进行调整。此次调整共涉及11所普通中等专业学校,一种类型是中职学校并入当地相关高职学校,暂时保留中职建制,如辽宁省劳动经济学校并入辽宁装备制造职业技术学院、辽宁省农业经济学校并入辽宁石化职业技术学院、辽宁省机电工程学校并入辽宁建筑职业学院。一种类型是撤销中职建制,如辽宁省艺术学校并入辽宁文化艺术职工大学,辽宁省广播电视学校、辽宁省新闻出版学校组建辽宁省新闻出版广电传媒培训中心,并入辽宁广播电视台,辽宁省人民医院附属卫生学校、辽宁省农业技术学校、辽宁省体育学校、辽宁省大连体育学校这4所学校在校生毕业后撤销中职学校建制。还有一种类型是整体划转,辽宁省对外贸易学校整体划转到大连市政府管理。

为进一步整合中职教育资源,优化布局结构,教育厅召开全省中等职业教育工作推进会,下发了《关于加快推进中等职业学校布局结构调整工作的通知》,指导各市加快推进中等职业学校结构布局调整。

十八大以来,全省整合、撤并一批散、小、低、差学校和僵尸学校,中等职业学校由2012年的463所调整到2017年的396所(其中,技工学校108所)。针对职业学校分散、专业重复、主管部门多等问题,沈阳市政府对全市职教资源进行规划整合。将31所中职学校上收并重组为10所,盘活闲余资源重点建设6所万人规模职业学校,有8所学校入选国家发展改革示范校,形成了对接当地支柱产业的办学格局。

辽宁省教育厅、省发改委、省财政厅、省人社厅、省农经委五部门联合印发了《关于推进县级职教中心转型发展的意见》(辽教发[2017]84号),指导各市科学定位新时期县级职教中心发展方向,提升县级职教中心为当地经济发展服务的能力。省教育厅召开全省县级职教中心改革发展经验交流会议,总结经验与做法,研究面临的新形势、新问题、新目标,进一步强调要加强专业建设的市级统筹规划,更好地整合资源,提升服务区域经济能力。

2. 加大实施三大工程

为促进不同层次、不同类型普通高中协调发展,加快普及高中阶段教育进程,辽宁省一方面加大托底力度,补齐短板,强化内涵建设,缩小普通高中之间的差距,整体提升普通高中办学水平。另一方面加强优质高中建设,以教育教学典型经验为引领,发挥辐射作用,推出一批办学质量高的优质高中。

为此,辽宁省出台了《关于推进特色普通高中建设的意见》、《辽宁省教育厅辽宁省财政厅关于实施一般普通高中质量提升项目的通知》、《辽宁省普通高中评选教育教学改革典型学校的通知》等一系列的政策文件,启动了省示范性高中建设工程、特色普通高中建设工程、一般普通高中质量提升工程,各层次普通高中办学条件、特色建设、课程建设、教师队伍等方面都得到发展,办学质量和水平有了一定程度的提升。

(1)示范性普通高中建设工程

加强省示范性普通高中建设,推动优质教育资源的持续发展,是辽宁省普通高中多样化发展的基础与根基。为此,辽宁在加强示范性高中学校建设中采取了以下措施。

第一,加大投入,改善学校办学条件。

辽宁省政府要求各地区政府、教育行政部门高度重视省级示范性高中的发展,要在办学条件改善和基础设施建设等方面加大投入。据不完全统计,2015年,全省总计投入22 737.6万元,改善学校办学条件,更新学校的实验室以及仪器等。同时,积极想办法通过置换、重建等方式解决学校办学条件薄弱的问题。如,政府通过布局调整将朝阳市建平县建平高中迁至方永刚中学,解决学校的体育馆和债务问题。鞍山市台安县高级中学通过异地新建的方式解决学校占地不达标的问题。

第二,动态管理,推动省示范性高中良好运行。

辽宁省从2001年开始进行省级示范性高中的建设工作,按照硬件从实、软件从严的原则,用了近20年的时间,高起点、高标准地建设了150所省级示范性高中,并从2012年开始实施省示范性高中动态管理机制,即省教育厅组织专家组按照《辽宁省示范性普通高中评估标准》分期分批对省级示范性普通高中进行复检工作,对于复检不合格学校限期整改,如整改不合格,予以撤销省级示范性高中的称号,已撤销了2所省级示范高中称号。

这种动态管理机制激发了学校改革的热情,不仅重视学校的硬件建设,更关注学校在软件上下的功夫和努力的程度,推动学校在内涵发展、文化建设、管理方式等方面改革与创新,使学校获得了持续进步,并带动、引领更多的普通高中通过软件、硬件建设实现办学水平和质量的提高,逐步形成一个具有先进办学理念、鲜明办学特色和高质量办学成果的"优质高中示范群体",省级示范性高中带动一般高中发展,推动普通高中整体的发展。

第三,典型引领,带动示范性高中整体发展。

为发挥典型的引领示范作用,2015年,辽宁省启动普通高中教育教学改革典型学校评选工作,下发了《辽宁省教育厅办公室关于评选普通高中教育教学改革典型学校的通知》(辽教办发[2015]61号),规定了评选项目类别及评选工作的要求,即用3年的时间,评选出35所"辽宁省普通高中教育教学改革典型学校",现已评选出34所在教育教学模式改革、课程建设、学生综合素质评价以及信息化建设方面的教育教学改革典型学校。

这些学校的改革成果具有代表性和示范性,值得其他学校借鉴和学习。辽宁省也以典型学校为龙头,引领全省普通高中教育教学改革的健康发展,全面提升普通高中教育质量和办学水平。

到2018年,辽宁省已有省级示范性普通高中150所,占全省普通高中总数的35.9%,有60%以上的学生在省级示范性高中就读,优质教育的覆盖率已达到较高的水平。

(2) 特色普通高中建设工程

辽宁省政府和教育行政部门对特色高中建设非常重视,高站位做好顶层设计,有规划、有投入、有政策、有步骤地推进特色普通高中建设工作。辽宁省从2011年起实施特色普通高中建设工程,出台了《辽宁省教育厅关于加强特色普通高中建设工作的意见》(辽教发[2011]102号)以及《辽宁省特色普通高中评估细则》,"以评促建",以评估指导为抓手,开展辽宁省特色普通高中创建工作,并以特色普通高中建设为突破口,整体推动普通高中的发展。

第一,省级要求与目标明确。

《辽宁省教育厅关于加强特色普通高中建设工作的意见》中提出,计划用5年的时间,建设 50 所外语、科技、艺术、体育等特色普通高中。并明确了学校特色建设的载体与路径,即办学体制机制多样化、办学模式多样化、培养模式多样化、学校课程多样化、资源开发多样化、评价方式多样化等,核心是选择性、多元性的课程,着力点是培养模式的创新,进而实现全体学生的全面发展。

2011 年 5 月,辽宁省启动特色普通高中建设工程,并下发了《辽宁省特色普通高中实验学校指导评估细则》等配套文件,组建专家组对于各市申报的特色高中实验学校进行实地指导评估,共评选 50 所省级特色普通高中实验学校。通过实地指导评估,激发了各地区各学校创新发展的动力,促进了人才培养方式的改革,推动了全省普通高中优质化、特色化、多样化发展。

为保障特色普通高中建设,辽宁省设立了特色高中发展专项经费,对于评选上的特色普通高中实验学校每所学校给予 100 万元的奖励,至今,总计投入 5 000 万元。同时,督促各地区政府、教育行政部门投入配套资金,共同支持特色高中的建设工作。

第二,各地方积极行动与创新。

辽宁省各城市结合当地情况与需求,统筹规划,合理布局本区域特色普通高中发展类型,推动普通高中教育与职业教育的融合,推进培养模式多样化,全面探索区域普通高中多样化发展的模式与路径。

本溪市本溪县政府举全县之力建设本溪县高级中学,从 2012 年起每年向高中投入 100 余万元用于特色学校的创建,2013 年又增加投入 900 万余元用于修建学校体育场馆和体育教学设备。沈阳市政府投入 500 多万元用于朝鲜族高中艺术特色建设和教师的培训。大连市开发区政府三年来投入了 3 200 多万元用于开发区八中的基础设施建设。海城市投入了 1 600 多万元为海城高中建成了艺体馆。沈阳市铁西区政府为四中投入了 4 300 多万元,为学校建设了 9 970 多平米的多功能体育馆教学楼,三年来投入 1 000 多万元用来装饰装修功能教室。

朝阳市教育局制定了《朝阳市加快发展普通高中优质特色发展行动计划(2012—2015 年)》,提出科学布局,让全市 21 所学校各有所长,逐步形成各自的发展优势。丹东市教育局将特色高中建设总体规划分成三个阶段推进实施。大连市教育局对特色普通高中建设认识到位,起步早,全市普通高中在培养目标上,艺术、体育、人文百花齐放;在人才培养模式上,自主、分层、体验多样发展;在办学形式上,国内、国际、公办、民办多方融合。

此外,各地区教育行政部门对于特色高中建设能够给予政策、教师资源、财力上的支持,主要表现为:在招生政策上扩大特色高中招收特长学生的自主权,允许学校从特色建设出发,降低录取分数线,招收一定比例的艺术、体育特长学生。如,阜新市教育局允许学校每年招艺术特长生100人。盘锦市二高中、兴城二高中、营口二高中也是这样的情况。沈阳市教育局给予东北育才悲鸿美术学校招聘专业类教师自主权,学校可以直接到中央美院等重点学校招聘教师。

各地区行政部门通过举办专题讲座、研讨、论坛、观摩、经验交流等形式,提升校长及教师对学校特色发展的认识和实践能力。沈阳市教育局在2013年组织部分校长分别到北京和上海进行培训。朝阳市组织校长外出学习,参观考察了北京市的11所中学。大连市教育局组织召开了高中发展研讨会、举办学校特色建设与课程建设现场会等,增强特色建设的感性认识,明确高中教育改革发展的方向。这些政策、措施调动了学校及教师的主动性,为学校特色化建设给予了充分保障。

第三,各学校多维度探索特色发展。

在省市政府的重视下,辽宁省各普通高中能够立足校情、师情、生情挖掘优势,以学校文化建设为统领,以学校课程建设为核心,以师资队伍建设为重点,以学科教学改革为突破口,积极进行科技、外语、艺术、体育等特色高中的实践探索,并采取了多样化的实施路径,在多维度展开,主要表现如下:

社团活动课程化。活动是学生张扬个性、发展特长的载体。大部分学校将学校的价值追求与学校活动有机融合,开展了系列主题活动。如,社会考察、社团活动、校园诗会、艺术节、科技节、文化节、体育节等活动,既培养了学生的个性特长,又推进了学校特色的发展。尤为突出的是,部分学校能将学生社团活动纳入课程体系,常态化、普及化、制度化实施,为学生提供了展示发展的平台。总体来看,各学校的社团活动有制度、有计划,种类丰富,参与面广,活动频繁,效果良好。如,朝阳市朝阳第一高级中学的社团要求高一、高二学生全员参加,并出台了《社团管理办法》《社团活动考核评比细则》等,成立36个社团。沈阳四中引导学生成立了46个社团,涉及文化、艺术、体育等多个领域。

课堂教学模式化。课堂是学校特色建设的主渠道,大部分学校将特色与学科教学相融合,以课堂教学为依托,关注学生、关注学习,关注学生认知的规律,深化特色,凝练特色,实现从教到学范式的转变,并通过多样化的教学模式实现所追求的个性化教育,进而达到发展学生个性的目标。如,大连一中基于学科、学情特点构建了"分层次、分类型"的英语课堂教学模式,设计了从高一到高三不同学段的教学目标,体现了科学性和针对性。丹东二中创建了激活思维,激发灵性的灵动课堂。大连八中尊重学生发展,构建了"一核双五"的生本化高效课堂教学模式。

教师培训多样化。教师是学校特色建设的关键。各普通高中能够从办学特色出发,开展多样化的培训,提升特色教师队伍的素质。一是立足校本,采取读书益智、专业引领、骨干辐射、团队研修等措施促进教师专业成长。如,朝阳一中从学校体育特色出发,挖掘教师潜能,开发出了一系列丰富多彩、喜闻乐见的体育课程,如体育游戏课、复合训练法等。二是整合优质资源,与名校联合,组建名师工作室,引进特级教师和骨干教师,外聘教师等。如,盘锦市第二高级中学在资金困难的情况下,每年提供近 10 万元支持美术教师外出考察和培训,提供 30 余万元外聘美术教师来校任教。三是打造具有学校特色的教师培训模式。如,凤城一中以文化为引领,以课改为抓手,以课题为促进,以成果为激励,实施"一三五八"工程,以多种形式促进教师专业化发展。大连八中以"一报一单一平台"为研修载体,构建了"三课联动、四台互动"的校本研修模式,倾力打造具有人文素养、具备实施人文教育能力的特色教师队伍。

(3)一般普通高中质量提升工程

由于各种原因,2014 年辽宁省仍存在着 185 所办学条件困难、生源素质不高、教师队伍薄弱、教育质量较低的一般普通高中。一般普通高中是普通高中整体发展的"短板",不仅直接影响着普通高中教育的质量和社会对教育的满意度,而且严重制约了全省普通高中优质、特色发展的进程,必须给予更多的关注和扶持。

基于此,辽宁省以一般普通高中质量提升项目为抓手,以"扶弱变强,整体提升"为指导,坚持"统筹规划、分类管理、滚动推进"的基本原则,提升一般高中办学质量和水平,促进普通高中优质、特色、多样化发展。

第一，分步骤推进项目实施。

2014年7月下发了《辽宁省教育厅　辽宁省财政厅关于实施一般普通高中质量提升项目的通知》(辽教发[2014]106号)，计划用3至5年的努力，对全省一般普通高中的办学条件进行一轮标准化改造和配置，改进一般普通高中的发展生态，助推学校的内涵发展，力争在2020年前培植出一批改革氛围浓厚、特色比较鲜明、质量得到社会认可的新优质高中。

参与该项目的学校的办学条件改善工作分四个阶段进行。第一阶段，从2014年6月至2014年9月，省教育厅组织专家组对全省上报的一般普通高中进行遴选，根据学校的自身情况，需要改善的办学条件、设备设施、教师队伍情况、发展远景等进行严格审核，最终确定了2014年扶持的48所一般高中，并按照学校的实际需要确定了扶持项目与资金。

第二阶段，从2014年10月至2014年12月，省教育厅联合省财政厅拨付一般高中专项经费，并于2014年年底前，将一般高中扶持专项资金5 800万元经各市财政拨付给相关学校。

第三阶段，从2015年1月至2015年9月，各地区采取招标采购的方式，配备学校的教育教学设备实施，改善了学校的办学条件。

第四阶段，从2015年9月至2015年10月，省教育厅组织专家组对一般普通高中专项资金拨付使用、队伍建设和办学内涵提升等方面进行了专项检查，保障项目资金的落实到位。

第二，有重点地改善学校办学条件。

一般普通高中质量提升项目所需资金，采取省、市(县)共同筹集，以省为主的方式解决。省政府投入的资金主要用于保证项目学校改善教育教学条件需要，各地专项资金主要用于项目学校队伍建设和全面提升教育质量需要。

据调查，沈阳、鞍山、丹东、营口、阜新、铁岭、朝阳等市配套了专项资金，据不完全统计，2015年各市配套资金为1 796.4万元，用于支持一般普通高中的发展与建设。省专项资金和市区相关配套资金的注入，为一般普通高中的标准化建设提供了强有力的支撑，学校办学条件得到改善，面貌焕然一新。

第三，多举措提升学校办学质量。

各地区和学校普遍重视校长和教师队伍的培训工作，通过开展多样化的培训，使学校教师在课堂教学模式构建、优势学科建设、教育科研能力等方面获得提升。各地政府和教育行政部门通过招聘新教师、交流培养等措施，不断满足普通高中课程方案要求，逐步为学校配齐配足所需要的学科教师。如阜新市彰武县县政府为彰武县第二高级中学配齐了所需学科教师，形成以骨干教师为重点、优势学科为抓手的教师队伍建设有效模式。

多数学校结合自身实际，以学校课程建设为切入点，在构建校本化课程体系方面开展了有益的探索。铁岭市第二高级中学以学科教师为主体，以小课题研究为支撑，逐步建立 10 个学科的校本课程体系，培养学生的逻辑思维能力和动手实践能力等科学素养。沈阳市 176 中学和鞍山市第六高级中学则在以提高学生主动学习、自主发展能力为根本，实行单学科或少数学科分层走班，小班化教学分组合作等方面做出了大胆且有效的尝试，为推进普通高中多样化发展提供了成功个案和经验。

同时，各校也积极开展校园文化建设和基于校园文化引领的特色项目打造，铁岭市第二高中的"贵文化"理念体系，沈阳市 176 中学的英式橄榄球运动等，为普通高中的内涵发展提供了良好的借鉴。

抚顺市第六中学是一所一般普通高中，经过三年的努力一跃成为省级示范性普通高中。2015 年，辽宁省教育厅扶持一般普通高中质量提升项目资金 140 万全部到位，为学校配备了物理、化学、生物和地理等数字化实验室，学校的办学条件得到较大改善。同时，学校加强内涵建设，通过培育校园精神、加强校园环境建设提升学校品位。通过建立校本教研制度、课程资源共享机制以及发展性评价等制度深入推进课程改革。通过打造教师成长梯度、组织教师考察学习、参与教育科研课题等活动，全面提升教师素质和教育教学质量。目前，学校通过省教育厅专家组的评估，将其评为"辽宁省示范性普通高中"。

3. 提升职业教育水平

长期以来，辽宁省委省政府始终高度重视并支持中等职业教育的改革与发展。"十二五"以来，辽宁省编制印发了《辽宁职业教育强省建设五年行动计划》，并于 2015 年召开全省职业教育工作会议，出台了《辽宁省人民政府关于加快发展现代职业教育的意见》《辽宁省现代职业教育体系建设规划(2015—2020年)》和《关于促进现代职业教育加快发展的若干财政政策》，省本级财政职业教育专项经费保持逐年递增，为辽宁省中等职业教育创设了良好的发展环境。

(1) 积极推进中高等职业教育有效衔接

为了切实推进职业教育发展，辽宁省教育厅组织研制《辽宁省中、高等职业教育专业一体化人才培养方案和课程标准》，明确了各层次职业教育人才培养目标定位，初步实现中高等职业教育教学无缝对接。

同时，教育厅制定并印发了《关于进一步完善职业教育对口升学考试招生工作的意见》(辽教发〔2016〕37号)，组织编制并出版发行了《辽宁省中(高)等职业教育对口升学考试纲要(试行)》，初步建立了与现代职教体系建设相适应的职业教育考试招生制度。

此外，还积极推进中高等职业教育的有效衔接，组织编制并颁布37个专业中高职一体化人才培养方案和相应的核心课程标准，在中职与高职、高职专科与本科等各层次中高职衔接上累计招生8万多人。

(2) 提升职业教育内涵建设水平

辽宁省坚持立足于辽宁经济和产业发展的实际需求和全省中等职业教育发展的现状，在研究制定中等职业教育工作的大政方针和具体项目设计上，力求不躁进、不盲从、不折腾，扎扎实实抓内涵建设，注重工作的质量与效果，不搞形式主义。努力组织一系列项目建设，提升职业教育发展水平。

第一，落实职业院校教师素质提升计划。

辽宁省实施职业院校青年教师企业实践项目，完成12 000人次的职业院校校长、专业带头人、专业骨干教师等国家、省级培训，评聘300名中等职业学校教授级高级讲师，中等职业学校专任教师中双师型教师占专业课、实习指导课教师的47.5%，提高13.0个百分点；出台中等职业学校等岗位设置管理办法，推行人员岗位分类管理；创建了区域虚拟教师研修社区，应用信息技术手段实现线上与线下相结合的混合式培训，全面提高职业教师整体素质。

第二，建立健全中职学生资助体系。

辽宁省建设职业教育资源公共服务平台，完成32.5万中职学生信息的入库工作。

建立健全并实施中职学生资助政策,免收农村学生、城市涉农专业学生和家庭经济困难学生学费,为涉农专业和非涉农专业家庭经济困难学生发放助学金。

第三,出台保障职业教育的发展系列政策。

一是研究制定了《辽宁省职业院校管理水平提升行动计划实施方案(2015—2018年)》。按照教育部的统一要求,配合省督导办组织完成全省职业院校评估工作。

二是组织完成了2015—2016年度中央财政支持的现代职业教育质量提升项目建设方案的审核备案,正式启动了项目建设工作,有效推动了相关项目院校办学条件的改善和办学综合实力的提升。

三是指导并继续推进对接产业集群省级示范专业群建设、创新型实训基地和第一批3个省级大型公共实训基地建设项目的实施。

四是组织实施了2016年职业院校专业骨干教师国家级培训计划。依托省级职业教育师资培训基地,完成2016年度全省中职学校专业骨干教师省级培训1 000余人次。

五是组织召开了全省职业教育信息化项目建设工作推进会议,并开展了全省职业教育信息化项目建设工作阶段检查,全面了解和掌握七个专业大类虚拟仿真实训基地项目建设进展情况,总结了项目建设经验与成效,进一步强化了对项目建设过程的指导、监督与管理,对全省职业教育信息化建设起到有效的推动作用。目前,部分阶段性成果已陆续投入试用。

4. 不断促进教学改革

深化教育教学课程改革是提高教育质量,促进高中阶段教育事业发展的重要途径。辽宁省在推进高中全面普及的攻坚行动中,始终坚持以改革为动力,以全面提高高中教育质量为目标,探索高中教育高质量发展之路。

(1) 深入推进课程与教学改革

辽宁省按照国家、省课改的相关要求,全面落实课程计划,切实开展课堂教学模式改革研究。各学校能够以课堂教学为依托,将特色与学科教学相融合,关注学生、关注学习,积极进行课堂教学改革,出现了一批高效的课堂教学模式。如,丹东凤城市凤城一中全力推进"学案导学,合作探究"的课堂教学改革;朝阳凌源市第三高级中学开展信息技术与课堂教育改革深度融合的模式研究,拟借助信息技术优势,助力学校课堂效率的提高。

全省各地区积极出台政策,加强学校课程体系建设,对国家课程进行校本化加工,引导学校开发有特色的校本课程。如,大连市研制了《大连市普通高中学校课程建设指导意见》,从学校课程建设目标、原则、程序和保障等方面对学校课程建设和国家课程"校本化"实施工作提出了要求,规范和指导学校课程建设。除了对国家课程进行"校本化"实施外,各地区鼓励、引导学校开发校本课程,建立优秀校本课程评选机制,并给予奖励。

鞍山市台安县台安高中制定了《校本课程开发实施方案》,70％的教师参与校本课程开发,编写了 69 本校本教材。阜新实验中学制定了校本课程开发的激励机制、投入机制和评估机制。大连八中为增加课程的可选择性,开设了八个递进的短线课程。朝阳一中形成了"文化课程＋体艺课程＋德育课程"的多元课程体系,在体艺、人文、科技创新、实践探究和学科拓展 5 个领域,开发了 50 门校本课程。

为了推进高考改革与普通高中课程改革需要,2017 年 11 月在大连召开了"辽宁省普通高中分层走班教学培训班",以现场观摩、热点对话、报告讲座等方式对 900 多名普通高中学校管理者进行培训,全面提高学校管理者实施分层走班教学改革的认识和能力,指导各地探索"走班制",开展分层次教学,适应深化考试招生制度改革要求和课改要求,促进学生全面而有个性地发展。

为贯彻国家深化普通高中课程改革精神,2018 年 4 月,辽宁省召开高中阶段教育普及攻坚推进会暨普通高中课程改革启动大会,出台了《辽宁省普通高中课程改革实施方案》、《辽宁省普通高中课程改革学校教学管理指导意见》、《辽宁省普通高中学校实施选课走班教学的指导意见》、《辽宁省关于加强普通高中学生发展指导工作意见》等系列文件,立足省情,围绕课程改革目标,在课程体系构建、课程资源开发、课程实施、课堂教学模式等方面进行不断的改革与创新。

(2)以科研引领高中教学改革

在教育质量提高上,不应忽视一个重要的因素,即科研的引领带动作用。为此,辽宁省通过确立"课程基地＋项目研究"的科研机制,实现各级教育行政部门、教科研机构和学校三位一体、协同创新,来全面发挥科研的引领带动作用。

2016年,辽宁省启动学科课程基地建设工作。以区域教师进修院校牵头,联合3—4所普通高中,建立省级学科课程基地25个,基地涵盖了高中10个学科,有75所实验点校,覆盖各类高中,覆盖城乡区域,担负着区域优质课程资源建设、骨干教师培训、课堂教学改革、走班分层教学尝试等任务,设立专项资金扶持学科基地课程建设。

同时,课程基地建立各级教育行政部门、教科研机构和学校三位一体、协同创新的新机制,引导课程基地围绕教学管理、建设优质课程资源、培训骨干教师、推动课堂教学改革等任务开展工作,全面提高普通高中教育教学质量。目前,各学科基地运行良好,学科课程基地的建设不仅有力推进了考试改革的不断深入,而且形成了成果共享和辐射机制,提升了普通高中整体办学水平。

为应对高考改革,破解课程改革中的重点难点问题,辽宁省强调"实践先行,科研并行"。2016年,辽宁省教育科学规划领导小组设立了普通高中专项课题,给予课题承担者资金、政策支持,共设立48项课题。以科研引领改革,科研人员"全过程参与、全方位介入、全视点扫描",为学校课题研究提供智力支持和信息支撑,引导学校深入挖掘学校历史传统、培育优势课程和发展内生动力。

沈阳市教育局连续2年设立高中专项科研经费,用于各高中科研项目的研究。2018年,沈阳市教育局为每所学校提供50万的科研经费,有14所高中启动研究项目,研究内容主要侧重于新高考改革、学生生涯规划建设、课程改革等方面。

(3)积极开展教师与管理者培训

为适应普通高中课程改革对教师素质能力的要求,不断提高普通高中教师业务能力和素质,各地区积极组织普通高中教师开展多层次、多方式、多渠道的培训,有效提升了全省普通高中教师队伍整体素质。2014年全省普通高中教师共参与培训32.0万次,人均培训6.5次,其中,校本培训22.4万次,占70.0%;县(区)级培训4.3万次,占13.3%;市级培训4.6万次,占14.4%;省级培训0.5万次,占1.6%;国家级培训0.2万次,占0.6%。[①]

---

① 数据来源于辽宁省教育厅2015年普通高中多样化发展专题调研组。

辽宁省重视对各级教育行政及教研部门相关人员的课程改革培训,强化课程意识,提升行政的课程决策力、指导力。从2015年起连续4年组织全省校长及行政管理人员培训班,增强校长改革的意识,提升校长的课程领导力和应对考试招生制度改革的认识和能力。

(4)积极开展职业院校教学改革

全面贯彻落实《中共中央国务院关于全面振兴东北地区等老工业基地的若干意见》(中发[2016]7号)文件相关工作任务,研究制定了《关于大力推进现代职业教育改革创新 培养高素质技术技能人才工作的实施方案》,配套编制了《大力推进现代职业教育改革创新 培养高素质技术技能人才三年行动计划》及制定重点工作任务、目标和进度安排表。

2016年度组织开展全省中等职业学校教务管理人员培训班。聘请省内外专家就教学常规管理、中高职一体化人才培养、现代学徒制、基于"互联网＋"的教学模式改革等进行了专题培训,培训学员近200人。

为落实《教育部办公厅关于建立职业院校教学工作诊断与改进制度的通知》,辽宁省启动了中等职业学校教学诊断与改进工作,遴选熟悉职业教育、具有管理经验的21名职业教育专家组成中职省级诊改专家委员会,为中等职业学校教学进行诊断,促进中等职业学校提高人才培养质量。2017年印发了《辽宁省中等职业学校教学诊断与改进工作实施方案》,明确目标任务:一要构建中等职业学校教学工作自主诊断、持续改进的工作制度和运行机制,力争通过5年左右的努力,围绕提高中等职业学校人才培养质量,建立和完善省级教育行政部门统筹规划、中等职业学校自主诊改、利益相关方有效参与、主管(办)部门协同改进的常态化周期性教学工作诊改制度与运行机制;二要搭建中等职业学校人才培养工作状态数据管理系统,建设学校、市、省三级架构的中等职业学校人才培养工作状态数据管理系统(简称数据系统),为学校教学工作自主诊改提供数据服务,为利益相关方参与整改提供数据参考,为教育行政部门抽样复核与科学决策提供数据支持,为中等职业教育人才培养工作质量报告提供数据基础;三要引导中等职业学校以提高人才培养质量为核心,逐步建立完善内部质量保证制度体系。省教育厅十分重视此项工作,为此还举办了全省中职学校教学诊改工作培训会和经验交流会,全面推进中等职业学校教学诊改工作。

此外,还组织开展了全省职业院校学生专业技能大赛和全省职业院校教师信息化教学大赛,5 年来,共有 14 个市 350 余所职业院校的近 40 000 名学生参加了 17 个专业类 83 个项目的专业技能比赛,有 97 所职业院校的 664 名教师参加了 29 个学科(专业)的信息化教学比赛,极大调动了职业院校学生学练技能和教师运用信息化教学的积极性,有效促进了职业院校教育教学的改革。

三、深化高中教育体制机制改革

良好的体制机制是高中阶段教育发展的动力和保障。辽宁省在全面普及高中阶段教育实践中,高度重视体制机制的改革与创新,力求以良好的体制机制保障高中教育健康有序的发展。

1. 积极探索普职融合

针对高中阶段教育发展模式单一、普职发展总体比例不协调、办学体制僵化、各领域之间壁垒森严等问题,辽宁省建立健全"省级统筹,以市为主"的高中教育管理体制,努力构建公办、民办、公办与民办结合、中外合资、股份制等多种体制并行的办学机制。

打破基础教育与职业教育领域壁垒,实施"普通高中 + 职业高中"综合改革,普职融合、统一招生,有效推动高中阶段教育的良性发展。为此,辽宁省改进高中阶段教育招生管理办法,整合资源,消除部门壁垒,建立中等职业学校和普通高中统一招生平台。同时,建立综合高中,实现普通高中教育与职业教育横向衔接,改变普职分割的局面。各市利用现有普通高中和中等职业教育资源,积极创办综合高中。

沈阳市 2016 年启动综合高中试点工作,确立 4 所普通高中与当地职业教育中心合作办学,综合高中按普通高中招生,学生可在学习期间根据学业情况改学职业教育课程,毕业后获得普通高中或职业高中毕业证书,可报考普通高校或高等职业院校。目前,试点工作进展顺利,已初见成效。

此外,为营造良好的职业教育发展环境,辽宁省出台了一系列的文件,先后起草了《辽宁省人民政府关于省人大常委会组成人员对我省实施〈中华人民共和国职业教育法〉情况的报告审议意见落实情况的报告》和《辽宁省人民政府关于贯彻落实〈辽宁省人大常委会关于加快发展我省现代职业教育的决议〉情况的报告》,会商财政和税务部门出台了推进与保障加快发展现代职业教育的专项政策与具体措施,并组织开展"2016年职业教育活动周"。"活动周"围绕"弘扬工匠精神 打造技能强省"的活动主题,全面展示了辽宁职业教育发展的成果和特色,树立了辽宁中等职业学校的良好形象。

2. 完善教育经费投入

2016年辽宁省将普通高中学费标准提高到1 200元,并将生均公用经费调整为每生每年2 200元,充分保障了学校的经费投入。同时,建立健全并实施中职学生资助政策,免收农村学生、城市涉农专业学生和家庭经济困难学生学费,为涉农专业和非涉农专业家庭经济困难学生发放助学金。此外,为全省1.6万名建档立卡困难家庭的普通高中学生免除学杂费,精准资助家庭经济困难学生。

为促进教育公平,增强人民群众的获得感,辽宁省从2015年起取消普通高中招生择校生,进一步规范普通高中招生与收费政策。继续加大高中招生改革,实现省级示范性高中(省重点高中)招生指标数到初中校比例达到80%以上,个别市达到100%。

3. 改革普通高中评价标准

(1) 实现增值评价

从2014年起,教育厅通过政府购买增值评价服务的方式,连续两年开展了省级层面的普通高中教育质量监测工作,每年开展一次,每次周期为三年。该工作于2018年10月截止,共监测了27%的普通高中(60所省示范性(省重点)普通高中和45所一般普通高中质量提升项目学校)2014级和2015级的高一年级学生约15.6万名学生。通过基线测试,在学生起始年级采集学科成绩、认知能力和影响学生学业质量的相关因素问卷调查的数据,形成学校管理与学生发展的"体检报告",为教育管理和学校发展把脉。

实践证明,增值评价对于树立科学的教育质量观,切实扭转单纯以学生学业考试成绩和学校升学率评价中小学教育质量的倾向,推动中小学教育质量综合评价改革的有效实施具有重要的促进作用。沈阳市将增值评价应用到所有普通高中,以初中学生升入高中的成绩作为基线,追踪三年,用高考的成绩衡量这个学生的进步程度,用学生进出口成绩增减幅度对学校教学质量水平做出整体评价,他们对于普通高中教学质量的评价不单看升学率,而是更加关注学校的进步幅度。

(2)有序推进高考改革

自 2014 年国务院出台《关于深化考试招生制度改革的实施意见》以后,辽宁省通过组织普通高中学业水平考试和综合素质评价专题研究等,营造招生考试改革的氛围和基础,为高考改革做好前期的准备工作以及规划和设计,逐步建立分类考试、综合评价、多元录取的具有辽宁特色的考试招生模式。

为此,辽宁省先后出台了《辽宁省深化考试招生制度改革实施方案》《辽宁省普通高中学业水平考试实施办法》《辽宁省普通高中学生综合素质评价实施办法》《辽宁省教育厅关于推进普通高中课程分层走班教学的指导意见》《辽宁省普通高中学科课程基地指导意见》《辽宁省普通高中学生综合素质评价试点工作实施方案》等一系列配套文件,保证改革的顺利实施。

为了加强中高考招生制度的衔接,辽宁省实施优质普通高中招生名额合理分配到区域内初中的办法,促进义务教育均衡发展。在注重高中与大学的有效衔接上,依托学科课程基地打破基础教育与高等教育学段的壁垒,借助高校智力优势,积极探索大学先修课程,如东北育才学校、辽宁省实验中学在大学先修课程方面都做了有益的尝试。此外,鼓励各高中学校与大学建立生源基地,推进高中与大学的有效衔接。

(3)启动"综合素质评价试点工作"

无论是"两依据、一参考"的考试招生模式,还是选课制、走班制、学分制的教学常规要求,都需要一个庞大的网络资源予以支撑。为此,辽宁省联合教科研部门、信息部门以及技术部门的力量,整合资源,建设了学生综合素质评价系统信息平台。

2016 年 11 月,全省遴选了沈阳、大连、营口、辽阳 4 市的高中以及省实验中学等51 所普通高中作为普通高中学生综合素质评价试点单位,全面启动普通高中综合素质评价工作,探索学生综合素质评价常态化实施办法、验证省级信息管理平台在评价管理中的实用性和可操作性以及综合素质评价的监管与保障机制等,以试点先行,保障综合素质评价工作的顺利实施。

四、普及攻坚之成效与发展方向

2017 年,辽宁省高中阶段毛入学率达到 99％,省级示范性高中、特色高中、教育教学典型学校不断增加,就读学生占 70％以上,高中阶段教育开始进入高位普及发展阶段。

1. 普及攻坚的主要成效

（1）普通高中办学条件得到显著改善

第一,普通高中校均规模呈现下降趋势。近年来,在各级政府对普通高中教育的财政投入力度加大,尤其是在坚决贯彻落实普通高中"三限"政策的背景下,辽宁全省普通高中校均规模得到较好的控制。从辽宁省近 5 年普通高中校均规模变化情况看,从 2010—2017 年,总体校均规模逐年在下降,人数减少了 202 人,减幅达到 13.4％。2010—2017 年,普通高中校均规模分别为 1 708 人、1 689 人、1 669 人、1 638 人、1 573 人、1 541 人、1 517 人和 1 506 人（见图 2.1）。

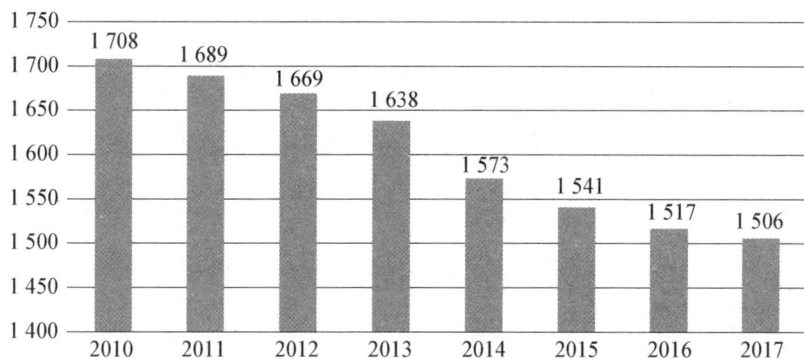

图 2.1　2010—2017 年辽宁省普通高中校均规模

第二,生均教学仪器设备值持续增长。2010—2017 年,全省普通高中办学条件大幅度改善,生均教学仪器设备值持续增长,2010—2017 年生均教学仪器设备值分别为 1 534.76 元、1 847.98 元、2 035.27 元、2 195.59 元、2 341.63 元、2 453.80 元、2 911.28 元、3 039.86 元,由 2010 年的 1 543.76 元增加到 2017 年的 3 039.86 元,增幅达到 97％（见图 2.2）。

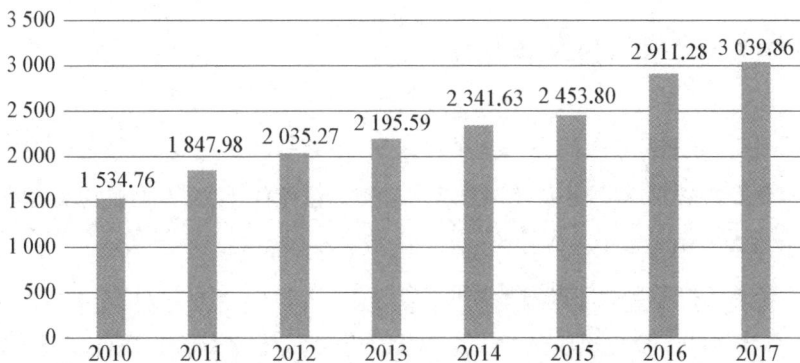

图 2.2　2010—2017 年辽宁省普通高中生均教学仪器设备值

第三,教育信息化水平进一步加强,生机比、校园网覆盖率大幅度提升。随着"以教育信息化带动教育现代化"国家战略的确立,教育信息化迎来了快速发展时期。

8 年来,辽宁省普通高中每百名学生拥有教学用计算机数量持续增加,2010—2017 年生机比分别为:7.8、8.1、7.2、6.7、6.6、5.7、5.5、5.4,由 2010 年的 7.8 降至 2017 年的 5.4,降低了 2.4。2010—2017 年校园网覆盖率分别为 87.4％、87.9％、91.4％、92.1％、94％、94.7％、92.2％和 93.3％。由 2010 年的 87.4％提高至 2017 年的 93.3％,提高了近 6 个百分点(见图 2.3)。

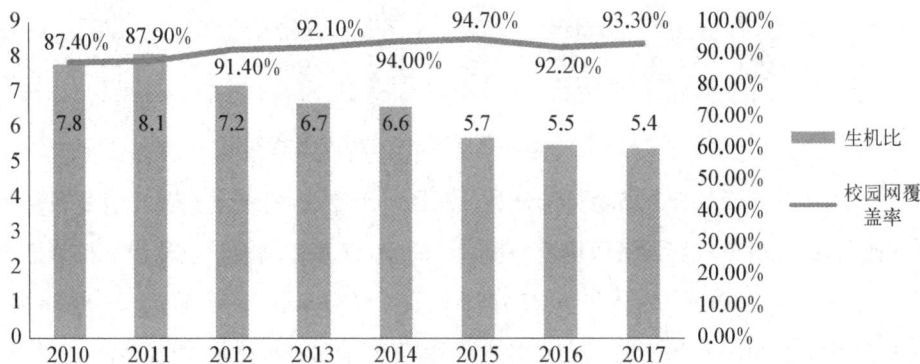

图 2.3　2010—2017 年辽宁省普通高中生机比、校园网覆盖率

第四,体育场馆面积及理科、音体美器械等达标率持续增长,高于全国平均水平。2011—2017 年,全省普通高中体育场(馆)面积、体育器材配备、理科实验器材配备、音乐器材配备、美术器材配备的达标率持续增长。2011 年体育场(馆)面积达标率为 87.0%,2017 年为 93.5%,提高了 6.5 个百分点。2011 年体育器械配备达标率为 89.1%,2017 年为 93.8%,提高了 4.7 个百分点。2011 年,理科实验器材配备达标率为 86.3%,2017 年为 93.1%,提高了 6.8 个百分点(见表 2.2)。

表2.2 2011—2017 年辽宁省普通高中设施设备达标率（%）

年 份	体育场(馆)面积达标率	体育器械配备达标率	理科实验仪器配备达标率	音乐器械配备达标率	美术器械配备达标率
2011 年	87.0	89.1	86.3	86.8	86.3
2012 年	92.8	92.8	93.3	88.5	91.1
2013 年	93.0	93.0	93.0	91.3	91.8
2014 年	94.2	93.0	93.5	92.0	93.3
2015 年	95.4	94.9	94.7	93.4	93.9
2016 年	92.2	93.0	92.0	90.8	92.3
2017 年	93.5	93.8	93.1	91.6	92.6

(2) 高中多样化发展态势开始呈现

高中学校的类型丰富多样,有集团化高中、普职融合高中、国际高中、特色高中等,在办学体制上多轨并行,有公办、民办、公办民办双轨等体制,在学制设施上灵活多元,有完全中学、十二年一贯制学校和独立普通高中等(见表 2.3),初步呈现了多样化态势。国家级中等职业教育改革发展示范学校 39 所,省级中等职业教育改革发展示范学校 27 所,国家级重点中等职业学校 95 所;350 个职业教育实训基地,308 个对接产业集群省级职业教育示范专业(群),普通高中与职业高中协调发展,高中教育多样化发展的格局初步形成。

表 2.3 辽宁省普通高中多样化办学模式统计一览表

类 别	内 容	学校数
办学体制	公办高中	327
	民办高中	91
学制设置	普通高中	332
	完全高中	59
	十二年一贯制	27
办学类型	国际化高中	4
	集团化高中	2
	普职融合高中	13
办学层次	省级示范性高中	150
	一般高中	268
特色高中实验校	人文特色高中	9
	科技特色高中	10
	外语特色高中	1
	美术特色高中	3
	艺术特色高中	8
	课堂教学改革特色高中	3
	多元发展特色高中	2
	体育特色高中	12
	数理特色高中	2

（3）普通高中教师队伍建设进展显著

第一，专任教师数量持续增加。普通高中教师队伍不断壮大，教职工数量由 2010 年的 5.5 万人增长到 2017 年的 6.1 万人，增长了 10.9％；专任教师由 2010 年的 4.5 万人增加到 2017 年的 5.1 万人，增长了 11.1％；2010—2017 年期间，全省普通高中在校生减少了 8.5 万余人，专任教师增加了 0.6 万人，教师队伍不降反升，在补充退休所造成的缺口的同时，也加大了学科专任教师队伍的力量。

第二,生师比持续下降。近 8 年,普通高中生师比一直在下降,2010—2017 年,生师比分别为 16.0、15.5、14.7、14.1、13.3、12.3、12.3 和 12.3,从 2010 年的 16.0,下降到 2017 年的 12.3,减少了 3.7。2010—2017 年生职比分别为 12.9、12.6、12.1、11.6、11.1、10.4、10.4 和 10.4,从 2010 年的 12.9 下降为 2017 年的 10.4,减少了 2.5,这说明全省普通高中无论是从教职工还是专任教师的配备情况来看,都在不断改善(见图 2.4)。

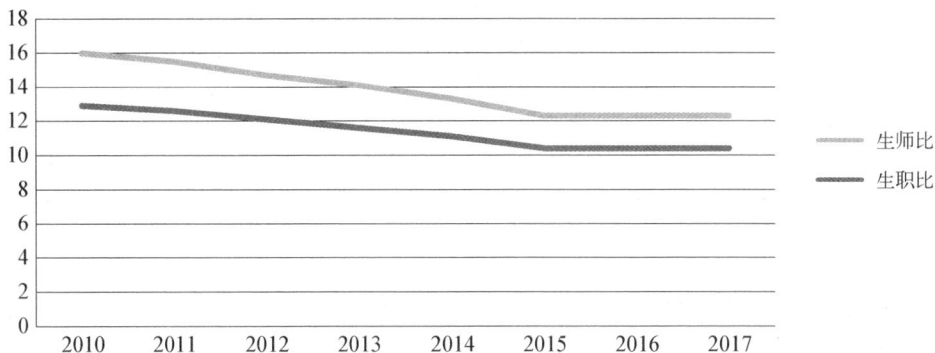

图 2.4　2010—2017 年辽宁省普通高中生师比、生职比

第三,教师队伍年龄结构进一步年轻化。2017 年,31—50 岁年富力强、经验丰富的教师占专任教师总人数的 13%,30 岁以下青年教师占 73%,51 岁以上教师占 14%,队伍结构科学合理(见图 2.5)。

第四,高级职称人数有所增加。辽宁省普通高中专任教师中具有高级职称的教师占比位于全国前列。从专任教师技术职称分布来看,普通高中专任教师技术职称整体水平提高。2017 年,76% 以上的教师具有中级以上专业技术职称。专任教师高级职称人数占比 41% 以上,位于全国前列。

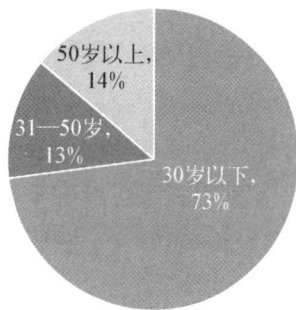

图 2.5　2017 年辽宁省普通高中专任教师年龄结构情况

第五,学历水平不断提高。2010 年普通高中专任教师学历合格率为 97.6%,2017 年普通高中专任教师学历合格率为 98.8%,7 年间提高 1.2 个百分点,同期高于国家 1.25 个百分点。全省普通高中专任教师具有研究生及以上学历人数持续增长,2010

年有 2 253 人,占普通高中专任教师总数的 5.04%;2017 年有 5 280 人,占普通高中专任教师总数的 10.3%。5 年来,增长了近 5 个百分点。

2. 普及攻坚的发展方向

按照国家《高中阶段教育普及攻坚计划(2017—2020 年)》的部署,辽宁省在加快发展现代高中教育方面,还必须仍然以全面深化改革为动力,以完善体系、提升内涵为目标,继续坚持问题导向,紧紧抓住改革与发展中的关键环节,在教育改革发展领域中全面贯彻落实习近平新时代中国特色社会主义思想,将坚持以人民为中心的发展思想,体现到高中教育普及攻坚实践之中。

(1)继续扩大高中教育资源

普及高中阶段教育不能只是数量化指标,更需要高质量的高中教育,必须是人民满意的教育。

在高考改革与课程改革的进程中,辽宁省普通高中学校在教室、实验室、功能教室等方面还存在很大的缺口,需要新建、改扩建一批学校。同时,按现有初中学生数量估算,到 2020 年高中阶段在校生数量将会出现一个高峰值,各地区需要根据本地区人口变化趋势、新型城镇化规划和产业发展需求,合理规划新建学校布局,方便学生在县域内就学,确保高中教育普及的高水平。

为此,辽宁省必须加快普通高中改建工程,推进落实国家"教育基础薄弱县普通高中建设工程",支持毛入学率相对较低的辽西北地区学校改扩建普通高中教学楼和学生生活类校舍,各地区要按照《辽宁省普通高中办学条件标准》新建或改扩建一批学校;同时,根据学生核心素养培养要求和选课走班等课程改革的需要,按标准配齐必要的教育教学和生活设施设备,逐步消除普通高中大班额现象,减少超大规模学校,改善学校办学条件。在建设过程中,必须坚持公平和效益原则,不搞超标准、超规格、超规模的豪华建设。

同时,继续做好示范性普通高中建设工作,激发示范性高中内驱力,提升省级示范性普通高中质量。同时要全面推进特色普通高中建设,以典型示范和特色发展带动普通高中学校全面发展,全面扩大优质教育资源。

(2)不断优化普职结构

2017 年,辽宁省高中阶段教育普职比为 62∶38,与国家提出的普通高中学生数量与职业高中学生数量大体相同这一目标还有一定差距,因此,要合理确定普通高中和中等职业学校招生比例,在职业教育在校生比例较低的地区要重点扩大中等职业教育资源。

要加快发展以职业教育为主的残疾人高中阶段教育,保障好残疾人接受高中阶段教育的权利。鼓励国家和省级改革发展示范中等职业学校通过兼并、托管、合作等形式,建设一批现代化高水平职业院校。通过中等职业学校和普通高中统一招生平台,切实落实普职大体相当的要求,促进普通高中与中等职业教育协调发展。

在中等职业教育发展过程中,各地区必须要加快推进城市中等职业学校布局结构调整,消除部门壁垒,通过撤销、合并、转型等方式整合弱、小、散的中等职业学校资源,提高规模效益,增强中等职业学校办学实力。而且,县级职教中心要根据自身办学条件及区位特点,积极推进县级职教中心转型发展。

(3) 积极创新办学体制

2017 年,辽宁省普通高中有 418 所,在校生有 63.0 万人,民办高中有 91 所,在校生有 9.4 万人,民办高中学校数量虽然占普通高中总数的 22.7%,但在校生数只占 15.0%。同时,综合高中数量仅占普通高中总数的 2%,特色高中仅占普通高中总数的 12%。显然,办学体制较为单一,办学类型还不够丰富的问题尚未根本解决。

为此,在办学体制上必须创新。必须打破体制壁垒,积极扶持民办教育,促进公办和民办共同发展。通过落实土地、税收、信贷等方面的优惠政策和社保政策,支持高中阶段民办学校发展,同时支持各类办学主体通过独资、合资、合作等多种形式举办民办职业教育。要积极鼓励个人、高等院校、企事业单位等各种社会力量举办或参与举办各类高中,形成公办、民办、中外合作、股份制、集团化等多种办学体制。

(4) 创新人才培养模式

人才培养模式是高中阶段教育的关键要素,必须进一步打破"千人一面"与"千校一面"的培养体系。普通高中学校必须改革人才培养模式,构建多元化人才培养体系;中等职业学校必须增强专业吸引力,办好一批特色优势专业,使学生就业有能力、升学有基础。提高人才培养质量与推动高中学校多样化、特色化发展必须成为以后高中普及攻坚工作的重要内容之一。

普通高中要整合校内外资源,综合利用社区、科研机构、大学、社会团体等多方力量,把校外资源纳入学校教育教学之内,建立校内外联合培养的体系,拓展学生的职业实践平台,丰富学生的学习和成长经历。各方要大力支持高等学校和高中阶段学校联合育人,通过联合开发课程、大学课程先修、师资培训、实验室与课堂开放等途径,培养学生个性,发掘学生潜能,实现普通高中"满足学生多样化发展"的目标。

要建立学习困难及有特殊需要的学生帮扶机制,保障学生顺利完成学业。开展丰富多彩的社团活动,鼓励有条件的地区开展学生研学旅行和多种形式的夏令营、冬令营活动。适应高考综合改革推进选课走班,充分利用教育信息化手段加强对学生心理、学业、生涯规划等方面的指导,帮助学生确定职业目标和个人发展规划。

要切实推进学校教育质量综合评价改革,树立科学全面的教育质量观,实施发展性评价,改变单纯以考试分数和升学率评价教育质量的倾向。按照《辽宁省普通高中综合素质评价实施意见》要求,依托辽宁省综合素质评价平台,把学生思想品德、学业水平、身心健康、艺术素养、社会实践和学业负担等作为评价的主要内容,改变学业成绩是唯一评价标准的传统观念,设计多元的评价标准,促使教师全方位、多角度地看待学生,实现评价从"只见分不见人"向"既见分又见人"转变。

中等职业学校要深化校企合作,推进实训基地建设,进一步开展现代学徒试点,建立中职与产业融合发展、校企协同育人的新机制。同时,打破领域壁垒,实现普通高中教育与职业教育横向衔接,因地制宜,发展综合高中,为学生提供更多选择的机会。各市要统筹规划,在课程实施、学籍管理、考试招生等方面给予综合高中政策支持,实现普通高中教育与职业教育协调发展。

(5)强化教师队伍建设

教师是教育的第一资源,要按照普及高中教育、消除大班额和高考综合改革的需要,完善教师补充机制,提高教师专业化水平。

为此,一方面要适应普及高中教育和高考综合改革的需要,完善普通高中教师编制动态管理机制,为学校及时补充配齐教师,特别是短缺学科教师。加强区域内教师统筹调配力度,探索建立校际教师共享机制,盘活用好教师资源。实施"中小学名优教师校长成长计划",遴选认定一批普通高中省级骨干教师、学科带头人、教学名师、骨干校长、专家型校长,初步建立促进优秀人才可持续发展的名优教师校长支持体系,切实发挥名优教师校长队伍的示范引领作用。

另一方面健全中等职业学校"双师型"教师管理制度,完善招聘制度、专业教师到行业企业实践制度和企业人员到学校兼职任教制度,建立急需、紧缺高级人才绿色通道,逐步解决"双师型"教师不足问题。实施"职业院校教师素质提高计划",依托高等学校、职业院校和企业,建设职业教育教师培养培训基地,以职业技能培训为重点,主动适应全省产业结构调整和服务经济发展方式转变的需求,培训提高中等职业学校教师的实践操作教学能力。

第三章
云南省高中阶段教育普及攻坚实践

本章要点

近年来,云南省采取了一系列重大举措推进高中阶段教育普及攻坚,并取得显著成效。云南省高中学校办学条件进一步改善,高中经费保障机制逐步健全,高中优质教育资源总量不断增加,高中师资力量逐步提升,考试招生制度改革稳步推进。

但是,攻坚任务仍然艰巨,2017年云南省高中阶段毛入学率只是76.05%,普及水平较低,仍存在经费投入不足、师资量不足、办学评价偏差等问题,与国家教育改革与发展要求之间差距大。而且,云南省内不同区域之间发展不平衡问题突出。

为此,需要切实提高初中学生三年完成率,推动应往届初中毕业生"应读尽读";以贫困地区、民族地区作为普及攻坚的重点,扎实提高高中阶段教育普及水平;建立合理的普通高中成本分担机制,大力发展民族地区普通高中免费教育,健全普通高中助学政策;探索高中多样化、特色化发展,创造品牌效应,留住优质生源,充分发挥优质学校对薄弱学校的示范、引领、辐射作用;合理核定教师编制,探索政府购买服务的方式,依托省级公费师范生、职业教育公费师范生等项目探索定向培养高中新教师的路径,确保高中教师的培养。

云南省是我国西部省份,地处边疆、多民族聚居、社会经济发展落后。自党的十八大以后,云南省克服起点低、投入相对不足、办学条件艰苦等困难,全面推进教育事业快速、健康、协调发展,各项发展指标大幅提升,办学条件明显改善,教育工作取得了历史性成绩,人民群众的教育获得感增强。但是,云南省在全国仍是教育事业发展的后进省,与发达地区和全国平均水平相比,云南省的教育发展速度不够快,发展质量也不够高,尤其是高中阶段毛入学率偏低,这是一个严峻的现实,也是普及高中教育中的短板。①

报告基于课题组与云南省教育厅相关科室、楚雄州武定县及安宁市教育局领导座谈,对武定县和安宁市进行实地考察,走访 10 多所普通高中与职业高中的基础撰写而成,旨在客观描述云南省普及高中的进展现状与问题,探寻云南省高中教育普及攻坚的区域路径。

一、高中阶段教育普及攻坚的现状基础

云南省地处中国西南边陲,全省辖 8 个地级市、8 个自治州,合计 16 个地级行政区划单位;有 16 个市辖区、15 个县级市、69 个县、29 个自治县,合计 129 个县级行政区划单位。2016 年,全省总人口为 4 770.5 万人,人口自然增长率为 6.61‰;全省城镇化率为 45.03%,城镇人口 2 148.2 万人,乡村人口 2 622.3 万人。

云南省也是我国民族种类最多的省份。2016 年,全省少数民族 29 个,少数民族人口 1 592.96 万人,占全省人口总数的 33.4%。而且,云南少数民族交错分布,表现为大杂居与小聚居,其中彝族、回族在全省大多数县均有分布。

1. 高中阶段教育毛入学率

全省高中教育状况逐年好转,但是普及率始终增长缓慢。2010 年云南省高中阶段教育毛入学率仅为 65.00%,2017 年高中阶段教育毛入学率为 76.05%,与 2010 年高中阶段教育毛入学率相比提高了 11.05 个百分点。但是数据显示,近三年来云南省高

① 周荣.在 2018 年全省教育工作会议上的讲话[EB/OL]. 2018 - 02 - 07. http://www.ynjy.cn/web/28300/91351e55435b457793d11212ab0ae2c4.html.

中阶段毛入学率增长幅度缓慢,甚至出现下降情况,与2020年达到90%的普及率差距还较大。

表3.1　2010—2017年云南省高中阶段教育毛入学率

年　份	2010	2011	2012	2013	2014	2015	2016	2017
毛入学率(%)	65.00	70.00	71.20	72.10	75.30	80.10	82.60	76.05

数据来源:2010—2017年间云南省教育事业发展统计公报、云南省国民经济和社会发展统计公报。

2. 高中阶段教育内部结构

数据显示,近年来云南省高中阶段学生人数不断上升,学校数量也不断增多。2017年,全省高中阶段学校922所,比上年增加32所;招生53.77万人,比上年增加1.26万人;在校生147.59万人,比上年增加5.16万人。

2017年全省普通高中509所,比上年增加29所;招生29.79万人,比上年增加0.97万人;在校生83.41万人,比上年增加2.83万人;毕业生25.22万人,比上年增加0.33万人。

2017年全省中等职业教育(包括普通中等专业学校、职业高中、技工学校和成人中等专业学校)共有学校413所,比上年增加3所;招生23.98万人,比上年增加0.29万人,占高中阶段教育招生总数的44.59%;在校生64.18万人,比上年增加2.34万人,占高中阶段教育在校生总数的43.48%;专任教师2.61万人,比上年增加378人。

以上数据显示,云南省高中阶段教育中普通教育与职业教育的结构比例处于5.5∶4.5左右。从普职之比大体相当的角度看,云南中等职业教育发展规模还有必要提高。

3. 高中学校办学基础条件

2017年云南省普通高中学校中,体育运动场(馆)面积达标学校比率为85.85%,体育器械配备达标学校比率为91.75%,音乐器械配备达标学校比率为90.96%,美术器械配备达标学校比率为90.57%,理科实验仪器配备达标学校比率为93.32%,建立校园网学校比率为68.96%。

中等职业学校(不含技工学校)占地面积1 689.26万平方米,比上年增加了62.83

万平方米;校舍建筑面积616.96万平方米,比上年增加了20.13万平方米,其中教学行政用房面积328.06万平方米,比上年增加了14.37万平方米;但是,图书853.89万册,比上年减少了2.28万册。

显然,云南省普通高中学校办学条件现状不容乐观。要提高高中阶段毛入学率,普通高中学校需要发挥重要的作用。有效的条件保障,才能实现普及攻坚任务顺利、高质量地完成。

二、高中阶段教育普及攻坚的主要举措

1. 系列政策引领普及攻坚进程

为加快高中阶段教育普及化发展,云南省制定了一系列相应政策举措。这些规章制度从不同层面、不同领域、不同角度,为加快全省高中阶段教育改革发展步伐提供了基本政策保障。

（1）发展中等职业教育

针对高中阶段教育普及率低的问题,云南省高度重视职业教育发展在高中阶段教育普及中的作用,将大力发展中等职业教育纳入全省现代职业教育发展体系之中。

2015年,云南省教育厅等七部门出台《云南省现代职业教育体系建设规划（2015—2020年）》,提出基本形成滇中、滇东北、滇东南、滇西、滇西北、滇南6个区域性职业教育区,基本建成安宁、嵩明、曲靖、玉溪、保山、昭通、普洱、临沧、楚雄、文山、版纳、德宏、红河等13个区域性职业教育园区。

为此,原则上在每个县（市、区）办好1所中等职业学校,基本实现中等职业学校和普通高中招生规模大体相当。开展职业教育基础能力建设工程、职业教育师资队伍建设工程、职业教育教学质量提升工程、职业教育校企合作推进工程、职业教育扶贫开发推进工程。

2017年7月,云南省人民政府发布《云南省技能强省行动计划（2017—2020年）》,提出"巩固中等职业教育发展成果。继续扩大中等职业教育规模,保持中等职业学校和普通高中招生规模大体相当,提高高中阶段毛入学率。优化中等职业教育布局结构,鼓励

优质学校通过兼并、托管、合作办学等形式,整合办学资源。推进职教园区、县级职业高级中学(职教中心)与城市院校、科研机构等对口合作,实施学历教育、技术推广、扶贫开发、劳动力转移培训和社会生活教育。逐年增加省级职业教育专项经费,用于职业教育、技工教育发展建设。到 2020 年,全省中等职业教育在校生规模达 80 万人"。

(2)纳入教育事业发展规划

2017 年 5 月出台的《云南省教育事业发展"十三五"规划》中提出,到 2020 年高中阶段教育毛入学率达 90% 以上,普通高中和中等职业教育协调发展,基本建成中等、高等职业教育相互衔接贯通的现代职业教育体系,中等职业学校和普通高中招生规模大体相当。

《云南省教育事业发展"十三五"规划》中对普通高中教育的总体指导思想是"促进高中教育特色发展",具体规划内容如下:

一是推进普通高中优质发展。实施普通高中建设工程,通过新建、整合、改扩建、置换和扶持优质民办高中发展,改善普通高中学校办学条件。开展普通高中办学水平和教学质量综合评价工作,促进普通高中内涵发展。建立省一级高中定期复审认定机制,打破"终身制",力争全省一级高中数量达到 160 所。

二是开展特色高中创建工作。坚持优质发展和多样发展相结合,探索综合高中、特色高中、"二一分段、高三分流"等多种模式,与中等职业学校共享教育资源,促进学校特色发展。引导民办普通高中走特色发展道路,提高办学质量。坚持试点先行,实施"特色高中建设计划"。到 2020 年,支持 100 个左右普通高中特色发展项目。

三是鼓励创新型人才培养。深入实施普通高中学业水平考试办法,加强和改进普通高中学生综合素质评价工作,促进学生发展学科兴趣与个性特长,减轻学生课业负担和学习压力。鼓励和支持有条件的普通高中开展创新人才培养模式改革实验。建立创新人才培养与实践基地,加强对学生创新精神和实践能力的培养。推进现代教育技术应用,创新教学方法,提高学生自主、合作、探究学习能力。探索高中与高校的联合培养制度,建立学生个人发展指导制度。

(3)制定云南高中阶段教育普及攻坚计划

2017 年 4 月,全国高中阶段教育普及攻坚工作会议在四川成都召开,全面贯彻学习《高中阶段教育普及攻坚计划(2017—2020年)》,努力办好公平优质多样的高中阶段教育,确保到2020年如期实现普及高中阶段教育的战略目标。会后,云南省与教育部签署了《关于高中阶段教育普及攻坚备忘录》,建立部省协同推进机制。

2017年12月,云南省教育厅等四部门印发《云南省高中阶段教育普及攻坚行动计划(2018—2020年)》,提出到2020年全省高中阶段毛入学率达到90%以上,基本实现普及高中阶段教育,普通高中与中等职业教育结构更加合理,招生规模大体相当。

攻坚行动计划提出,加强县一中标准化建设,提升县级普通高中质量,优质教育资源进一步增加,一级高中在校生占普通高中学生数达65%以上;学校办学条件明显改善,教师数量明显增加,基本满足高考综合改革选课走班需要,基本消除大班额。

在发展中等教育方面,攻坚行动计划提出全省重点建设150所中等职业学校,20个职教园区(中心)实习实训基地,提高中等职业学校办学条件,深化产教融合,彰显职教特色;经费投入机制更加健全,保障能力进一步提高;教育质量明显提升,办学特色更加鲜明,学生综合素质不断提高。

攻坚重点则是支持集中连片特殊困难地区、"直过民族"地区、革命老区、边境地区等教育基础薄弱、普及程度较低的地区;重点关注家庭经济困难学生、残疾学生、进城务工随迁子女等特殊群体;重点解决办学资源不足、办学条件差、普通高中大班额比例高、职业教育招生困难、学校运转困难等问题。

之后,云南省的地州市纷纷制定了各自地区普及攻坚的计划。2018年5月,昆明市发布《昆明市高中阶段教育普及攻坚实施方案(2018—2020年)》,明确提出到2020年,全市高中阶段教育毛入学率达95%以上,每个县(市)区创建一级高(完)中不少于1所,全市一级高(完)中在校生数占普通高中学生数达70%以上,并建设20所有特色、高水平、在全省有影响的普通高中。同时,重点建设10所中等职业学校、7个职教实习实训基地,提高中等职业学校办学条件。

又如,2018年8月,文山州人民政府出台《关于贯彻落实云南省高中阶段教育普及攻坚行动计划的实施意见》(文政发[2018]72号),提出到2020年全州基本普及高中阶段教育,高中阶段教育毛入学率达到90%以上,高中阶段毛入学率显著提升。一级高(完)中在校生数占普通高中学生数达65%以上,基本消除大班额;中等职业学校、实习实训条件基本完备,产教深度融合,经费投入机制更加健全,保障能力进一步提高。

2. 加大高中普及经费支持

近年来,云南省为了加快普及高中阶段教育,各地结合实际,科学规划,加大高中教育发展普及的经费支持,通过新建一批、整合一批、改扩建一批、置换一批学校的方式,努力扩大高中阶段教育规模,逐步消除普通高中学校大班额现象,不断满足人民群众对高中阶段教育日益增长的需求。

(1) 设立高中建设专项资金

从2012年起,省级财政每年安排5 000万元普通高中建设专项资金。截至2017年,全省合计共创建了50所普通高中特色化实验学校,对年度教学质量综合评价成绩突出的261所次一级高(完)中进行了奖补,建设了255间通用技术实验室、255间物理实验室、187间化学实验室。

2016年共批复下达普通高中学校项目建设资金79 051万元,其中中央预算内投资52 900万元,地方配套资金26 151万元;批复建设校舍面积415 860平方米,运动场面积97 917平方米。

2017年共批复下达普通高中学校项目建设资金93 817万元,其中中央预算内投资70 317万元,地方配套资金23 200万元;批复建设校舍面积386 739平方米,运动场面积82 826平方米。

2013年至2016年,中等职业教育共争取中央和省级财政专项资金40.44亿元,其中中央资金13.24亿元,省级专项资金5.2亿元,国债22亿元。争取职教扶贫专项贷款300亿元,计划建设111个职教项目,用于改善职业教育办学条件,提升职业教育办学水平。

(2) 健全高中经费保障机制

2016年,云南省教育厅和省财政厅印发了《关于建立普通高中生均公用经费财政拨款制度的通知》,明确提出:至2020年,云南省公办普通高中生均公用经费财政拨款标准实现不低于每生每年1 500元的目标,其中,2017年秋季学期起执行标准不得低于每生每年1 200元。同时,普通高中学费和住宿费的调整工作也在省发展改革委员会的支持下稳步推进,云南省人民政府已同意授权各州市审批制定普通高中收费标准。

2016 年 12 月,云南省下发了《云南省财政厅 云南省教育厅 云南省人力资源和社会保障厅关于建立完善云南省中等职业学校综合生均定额制度的指导意见》,确定云南省属中等职业学校综合生均定额经费拨款标准平均水平为 6 000 元/生·年,以后年度将根据省经济发展水平、物价变动和财力情况等逐步建立省属中职学校综合生均定额标准动态调整机制。

(3)民族地区免费教育与学生资助

云南省加大民族地区高中普及力度,在人口较少民族和“直过民族”开展高中三年免费教育。

2016 年,云南省人民政府发布的《关于加快发展民族教育的实施意见》明确提出,将逐步在独龙、德昂、基诺、怒、布朗、景颇、傈僳、拉祜、佤、普米、阿昌 11 个人口较少民族和“直过民族”聚居区实行 14 年免费教育,即在人口较少民族和“直过民族”聚居区,逐步实行从学前教育到高中阶段的 14 年免费教育。

2016 年在云南迪庆、怒江境内实施 14 年免费教育,其中包括高中 3 年免费教育,同时对昭通市镇雄、彝良、威信县建档立卡家庭经济困难学生也实施 14 年免费教育。云南省教育厅、云南省财政厅、云南省扶贫开发办公室发布《关于在迪庆州怒江州实施 14 年免费教育的意见》,从 2016 年秋季学期开始,在迪庆州、怒江州率先实施学前 2 年、义务教育 9 年、高中 3 年的 14 年免费教育;对普通高中学校在校生免除学杂费、教科书费和住宿费;对普通高中学校 3 年在校学生按照每生每年 1 200 元的标准免除学杂费,按照每生每年 160 元的标准免除住宿费,按照当年教科书实际价格的平均数免除教科书费;对普通高中 3 年的经济困难在校学生按照每年 3 000 元的标准给予生活费补助。

同时,全省各州市结合自身实际加大对学生的资助力度,并积极争取社会各界资助品学兼优的学生完成高中学业。临沧市沧源县、双江县、耿马县每年拨出专款,率先在该市实现了高中阶段免学费教育;沧源县实施营养改善计划全覆盖工程,对全县普高学生每年补助 600 元的营养早餐资金。

3. 增加优质教育资源总量

云南省充分认识到，加快普及高中阶段教育的关键之一，是不断扩大优质高中教育资源，以有质量的教育满足人民群众对教育的期望。为此，云南省从高中学校管理、教师队伍力量和考试招生改革等三方面入手，努力增加优质高中教育资源供给。

（1）加强高中学校管理与评价

云南省以普通高中办学评价为抓手，采取了系列措施，扩大高中优质教育资源总量。2016 云南省修订《云南省一级普通高级中学管理规定》和《云南省普通高完中办学水平综合评价方案》。

《云南省一级普通高级中学管理规定》将省一级高（完）中分为一级一等、一级二等、一级三等，并向省一级高（完）中教师编制、校领导职数、高级职称比例、教师培训、课程建设、内外交流、评先评优等方面倾斜，其中省一级高（完）中的高级职称比例应不低于 48.0％。对省一级高（完）中实施动态管理机制，省教育行政部门不定期进行抽查评估。

《云南省普通高完中办学水平综合评价方案》以办学条件、学校管理、质量体系和办学效益 4 个系统，发展规划、自主办学等 11 个层面，以人为本、发展趋势等 36 个指标，共 123 点要素构成 A、B、C 三级综合评价体系。该方案采取分级分等、分步达标的方法评定学校的办学水平，评价结果采用三级九等描述。

早在 1993 年，云南省就开展实施普通高（完）中办学水平综合评价工作。通过普通高（完）中办学水平综合评价工作的持续深入开展，全省一级高（完）中现已达 144 所，在校生 44.25 万人（含初中在校生），一级高（完）中在校生已占普通高中在校生总数的 54.9％。全省现有国家级重点中等职业学校 54 所，省级重点学校 71 所。其中有 26 所国家级重点和 2 所省级重点学校列入"国家中等职业教育改革发展示范建设项目"，重点建设了 51 个专业、26 个特色项目，建设资金达 6.13 亿元。

2013 年和 2014 年，省教育厅共遴选确定 50 所（每年 25 所）普通高中特色化发展实验学校。目前，省级财政已安排了 2 000 万元的创建奖补经费。省教育厅对特色化发展实验学校的建设情况进行跟踪检查，邀请相关专家给予针对性指导，不断总结推广经验，推动全省普通高中办学特色化发展。

"十二五"期间,全省共安排民办职业教育专项资金3 005万元。从2010年起,民办职业教育在校生数量以每年9.5%的速度持续增长。全省现有民办中等职业教育41所、在校生12.84万人,分别占同级学校数的10%、学生数的20.77%。

（2）强化高中教师队伍建设

2017年,云南省各地通过增加事业编制正式招录、招聘免费师范生等多种方式想方设法增加普通高中学校教职工数量,同时加大培训力度,提升教师素质。与2010年比,普通高中教职工增加了2.46万人,专任教师增加了1.27万人。2009—2011年,对14个学科的4万多名普通高中教师进行了新课改全员培训。200多名教师参加了国培计划示范性短期集中培训项目。

各中等职业学校面向社会聘请了2 000人次兼职教师。云南省教育厅安排300万元用于支持6个职业教育师资培训基地建设。上海对口支援培训全省职教系统管理人员、骨干教师和专业教师310人。完成中等职业学校专业骨干教师省级培训1 000人,认定了29名中职"云岭教学名师"。

此外,全省各地创新举措,下大力气强化教师队伍建设。红河州在部分乡镇中学设立"骨干岗",每所学校5个岗位,3年一个周期,每个岗位每年补助1 000元;提高工资待遇,乡村教师绩效工资平均高出城区教师400至1 000元,让优秀人才下得去、留得住。普洱市针对教师队伍整体素质不高的实际,于2016年举办了普通高中教师9个学科的新课程培训,进一步提高教师能力。楚雄彝族自治州以教育信息化为突破点,着力提高教师"互联网＋教育"的应用能力,并将培训考核运用在教师职称评定等方面。①

（3）推进考试招生制度改革

在推进考试制度改革上,一是出台了《云南省普通高中学业水平考试实施办法》和《云南省普通高中学生综合素质评价实施办法》,并获教育部备案,目前已正式实施。

二是组织宣传与动员。2016年3月组织召开了全省普通高中教育改革和发展培训会议,邀请浙江省和上海市的专家和校长就如何应对高考综合改革作专题讲座。

三是出台配套文件。印发《关于进一步做好全省普通高中教育改革和发展有关工

---

① 云南:高中在校生7年增加17万人[EB/OL]. 2017 - 08 - 08. http://yn.people.com.cn/n2/2017/0808/c378439 - 30581133.html.

作的通知》,要求全省各地高中学校深化教育教学改革,调整教学组织方式,提高校长和教师的教学管理能力,大力实施改扩建工程,不断完善设施设备,补足配齐教职工,做好迎接高考综合改革的准备。

四是学习和借鉴外地省市经验。云南省于 2016 年 10 月、2017 年 4 月先后组织部分州市教育局和普通高中学校负责人赴上海市、浙江省、山东省和海南省学习考试招生制度改革工作。

五是针对高考综合改革需重点解决的选课走班、综合素质评价、课堂教学改革、学生生涯规划指导、校本课程建设等 5 个问题,在全省遴选了 10 所各具代表性的一级高(完)中承担试点任务,省级财政为每所学校安排了 50 万元的试点经费,目前各校试点工作稳步推进。

三、高中阶段教育普及攻坚的县际差异

云南省各地市的高中阶段教育发展之间存在着显著的差异性。云南省楚雄州武定县属于国家级贫困县,经济发展相对落后;而隶属于昆明市的安宁市则经济比较发达。这里分别介绍它们在普及高中阶段教育方面的情况,呈现不同区域环境中高中阶段教育普及攻坚的县际差异。

1. 国家扶贫开发工作重点县的实践

武定县位于云南省中北部、楚雄彝族自治州东北部,地处云南、四川两省的昆明、楚雄、凉山三州市交汇点,县域国土面积 3 322 平方公里。武定是出滇入川的主要通道。全县辖 11 个乡(镇),总人口 27.98 万人,是一个集"山区、民族、宗教、贫困"四位一体的国家扶贫开发工作重点县,山区面积占总面积的 97%、少数民族人口占总人口的 56.1%、贫困面达 24.5%。[①]

(1) 高中阶段教育发展的基本情况

2018 年,武定县高中阶段毛入学率为 78.03%;初中在校学生 9 600 人,毛入学率

---

① 武定县人民政府.县情概览[EB/OL]. 2018 - 04 - 20. http://www.ynwd.gov.cn/info/1005/1072.htm.

为 125.08％；九年义务教育巩固率达 90.3％。武定县有两所普通高中,其中一级三等高中一所(武定一中),二级一等高(完)中 1 所(武定民族中学)。两校共有 77 个教学班,在校生 3 955 人,女学生 2 280 人,少数民族 2 135 人,寄宿制学生 3 190 人,教职工 423 人,专任教师 387 人。显然,这两所高中就是寄宿制学校。

2018 年,全县有职业高级中学 1 所,19 个教学班,在校生 515 人。其中,女学生 181 人,少数民族 260 人,寄宿制学生 325 人,教职工 46 人,专任教师 39 人,学校占地 73 799 平方米,校舍面积 12 271 平方米,图书 14 685 册,固定资产 2 690 万元,计算机 89 台。[①] 很显然,职业高中学生规模还有提高的空间,办学条件如计算机配置等基础较弱。

(2)教育发展规划目标

2011 年 8 月武定县发布《关于贯彻落实国家和省州中长期教育改革和发展规划纲要实施意见》,提出到 2020 年全县教育整体水平达到全州中上水平:提高义务教育水平,适龄儿童、少年入学率保持在 99.5％以上,九年义务教育巩固率达 98.5％,城乡义务教育发展基本均衡;普及高中阶段教育,高中阶段教育毛入学率达 90％;大力发展职业教育,合理确定普通高中和中等职业学校招生比例。

在发展高中阶段教育方面,提出"提高普通高中办学水平",具体包括统筹发展高中阶段教育,加强学校达标建设,改善普通高中办学条件和办学水平,至 2020 年,武定一中晋升省一级二等、民族中学晋升省一级三等;深化普通高中课程改革,优化课程结构,构建新课程体系,稳步推进选修课程建设和学分制改革;推动普通高中多样化发展,扩大优质高中教育资源,推动普通高中多样化和特色化发展,推进培养模式多样化,不断满足学生多样化的发展需求和社会多样化的人才需求。研究和探索普通高中特色办学,鼓励学校以课程建设为核心,自主探索特色发展新途径,逐步形成独特的教育风格和学校文化。引导普通高中因地制宜开设职业教育课程,鼓励普通高中与职业学校资源共享。

在中等职业教育方面,加快构建统筹发展格局。加快推进县职业教育中心建设,

---

① 数据由武定县教育局提供。

把县职业教育中心建设成为"省内先进、州内一流"的职业教育园区和职业技能实训基地。开展"创新政府、行业及社会各方分担职业教育基础能力建设机制"和"试行区域统筹推进中等职业教育发展,改革民族地区中等职业教育办学模式"改革试点,着力加大在优化专业、扩大招生、联合办学、校企合作、师资建设、提高质量等方面的改革力度。

2018年2月出台的《武定县高中阶段教育普及攻坚行动计划(2018—2020年)》提出,扩大办学规模,优化教育资源配置;完善经费投入机制,加大办学资金投入;实施优质教育资源引进,提高高中办学水平;完善扶困助学政策,健全扶困助学机制;加强队伍建设,提升队伍整体素质;推进招生制度改革,完善招生工作机制;探索学校多样化办学,推动学校办学特色发展;严格执行政策制定,进一步夯实普及基础。

为了推进高中阶段教育普及,武定县根据2010年与预计的2020年全县人口基数,以乡镇为单位,预测高中阶段入学人数需求,其中包括普通高中学生数与职业中学学生数,力求在科学把握高中阶段教育入学需求的基础上,推进普及高中阶段教育。

(3)实施普及攻坚的主要举措

在上述政策的指引下,武定县采取了三方面措施,以实施高中阶段教育普及攻坚工作。

第一,加强基础设施建设。

在充分挖掘现有教育资源的基础上,武定县加快武定一中和民族中学标准化建设,实施新建、改扩建工程,按标准配置教育教学设施设备和生活设施。

武定一中2014年开始建设男女生宿舍、新教学大楼、学生食堂。2016年7月竣工,总投资3 000万元(其中中央补助资金2 400万元,地方配套资金600万元)。教学楼面积10 149.25平方米、男生宿舍面积3 168.45平方米、女生宿舍面积2 150.39平方米、学生食堂面积1 485.51平方米,总面积16 953.60平方米。现有教学楼3幢,教室80余间,教室多媒体设备48套,物理、化学、生物实验室14间,录播教室1间,男生宿舍3幢100余间,女生宿舍3幢120余间。

武定民族中学按"十三五"规划目标,预计到2020年在校学生2 800人。2018年学校获得中央预算内投资武定县民族中学建设项目,总投资2 843万元(中央预算内投资 2 274 万元,地方筹措 569 万元),新建五层框架结构教学综合楼一幢、新建四层框架结构学生宿舍两幢、新建厕所两幢、改建运动场一块等等。

武定职业高级中学占地 110.6 亩,规划总建筑面积 33 385 平方米,计划总投资为 6 373.8 万元,截止 2017 年底,学校的固定资产总值达 3 162 万元。其中校舍及房屋建筑 2 571 万元,建筑面积 15 676.07 平方米。

第二,努力提升高中教育质量。

武定一中进一步完善各项管理制度,全面引入竞争机制,全面实施聘任制和绩效工资制。先后出台了《武定一中绩效工资分配办法》、《武定一中履职考核条例》、《武定一中高考功勋教师评选条例》、《武定一中各年级奖金分配方案》等内部管理方案。教师一律实行双向选择、竞争上岗、全员聘任的办法,在校内公开竞聘中层干部和教职工,同时按照"优教优酬,多劳多得,重责多得"原则,全面推行绩效工资制,极大地调动了全体教职工的工作积极性。

武定民族中学推行学校扁平化管理。以"双向管理,纵横结合,配合互补,全面精细"为导向,实现学校教育教学管理的精细化。六个年级组长分别由一名学校领导担任,另外安排一名学校领导和一名年级主任担任年级副组长,实行"两核心"、"六纵向"、"六横向"、"一保障"、"一督查"的年级管理"26611"工作机制,即以学校党总支和校务会为核心,由党总支、教务处、德育室、总务处、办公室、工青妇等六个部门实施纵向管理,由六个年级全面负责本年级的教育教学、过程管理、检测考试、值班值日,以及教师业务指导、思想教育、考核评价等工作,在业务上接受六部门领导;学校后勤管理组全力做好师生的保障服务;学校督查室加强对学校教育教学的督查。

第三,积极促进职业教育发展。

武定职业高级中学根据就业市场需要,及时更新专业设置,加强与企业合作,开设了汽车制造与检修、高星级饭店运营与管理、旅游服务与管理、电子商务、电子与信息技术、服装制作与生产管理等专业。

学校积极探索与高等院校的合作,与云南交通职业技术学院、云南旅游职业学院等省内品牌职业院校联办,不断拓宽办学空间,增强办学实力和竞争力。还积极探索"企业＋军队＋学校"的综合德育教育模式,坚持"管教深度融合,军训常态化"运行机制,促进学生日常行为习惯的养成,力求以学生质量获得社会和家长的认可。

武定职业高中探索建立校企合作的长效机制,与多所学校和企业签订了联合办学协议。学校积极探索"订单"培养模式,先后与矽品科技(苏州)有限公司、彩晶光电科技(昆山)有限公司、太仓市同维电子有限公司、东和光电(苏州)有限公司、云南广纳吉教育信息咨询有限公司、昆明嘉创汽车服务有限公司、广东惠州华通电脑、东莞华贝科技等企业合作,实行校企合作、产教融合、顶岗实习、工学交替等办学形势,切实加强中职学生的专业技能训练,拓展学生的就业范围。显然,武定县为促进高中阶段教育普及采取了各种措施,取得了一定的成效。

但是,作为多民族聚居的国家级扶贫攻坚县,武定县高中教育普及率还低于80%,而且还面临生源流失、社会对本县高中办学效果评价低与一些少数民族初中毕业生不愿升学等问题。要解决这些问题,不仅要靠武定县政府及高中学校的努力,更需要外部力量的参与和支持;不仅需要教育规模的扩展,而且更需要教育质量的提升;在发展好普通高中教育的同时,必须注重发展适合本地学生需求的中等职业教育。

2. 全国县域经济发展百强县的实践

安宁市是云南省昆明市所辖的县级市,地处滇中高原中部,总人口 37.23 万人,城镇化率达 72.60%,下设 9 个街道办事处,5 个开发区管委会,是云南省重要的生态旅游、休闲度假、疗养胜地和最大的钢铁冶金、盐磷化工基地,已经连续 10 年荣获中国中小城市科学发展百强县(市),是云南唯一的全国县域经济百强县(市)。

(1) 高中阶段教育情况

为进一步深化教育综合改革,促进教育内涵发展,安宁市建立了市委议教制度,2016 年,出台《关于进一步加快推进教育事业改革与发展的实施意见》,同年制定《安宁市关于推动教育优先发展打造教育强市十条意见》,从基础设施、名校名师、人才福利等十个方面提升教育环境,打造全省教育强市、实现教育整体发展水平走在中国西部县(市)区前列的教育发展目标。

市委市政府高度重视高中阶段教育发展,不断加大投入力度,优化资源配置,高中阶段教育呈现出规模发展与质量提升并重的良好格局。2017 年,安宁市有普通高中学校 7 所(含民办 3 所),全市普通高中在校生 6 220 人;中等职业学校 2 所(含民办 1

所),2所高职院校附设中职班,全市中职学生10 526人。全市高中阶段毛入学率95.50%,其中,中等职业教育学生数是高中教育阶段学生总数的62.85%。

(2)高中教育发展的主要举措

安宁市在经济快速发展的进程中,加快建设与本地经济社会发展相适应的现代教育体系,不断扩大教育资源规模总量,优化教育结构和布局调整,转变教育发展方式,改革教育发展制度,拓宽教育发展路径,卓有成效地推动了安宁市教育事业的发展。在高中教育发展上的主要举措是:

第一,进一步优化普通高中资源配置。

2016年以来,安宁市完成了昆钢第一中学改扩建工程并投入使用,实施了安宁中学校舍维修项目,新建并举办了安宁中学太平学校和安宁实验石江学校。在大力推进公办普通高中发展的同时,还吸引社会资本参与普通高中教育,修建山东师范大学安宁华清中学和四川师范大学附属昆明实验学校安宁校区,优先保障乡村高中安宁实验石江学校发展,全面优化普通高中布局。

第二,推进普通高中集团化办学与职教联盟建设。

安宁市积极探索高中阶段教育办学体制改革。在普通高中教育领域中,探索以国有民办形式举办安宁中学太平学校;同时,成立安宁中学学校管理委员会,形成了安宁中学、安宁中学嵩华校区、安宁中学太平学校"一校三区"的办学格局,并实施"统一管理标准、统一师资调配、统一教学计划、统一教学评价、统一教学资源"的"一体化"管理模式,全面实现优质资源共享,鼓励优质高中与乡村高中通过建立联盟、集团化办学等方式,整体提升高中办学水平。

安宁市职业高级中学在各级政府及教育主管部门的大力扶持下,在"国家级重点中等职业学校"的基础上,积极创建"国家中等职业教育改革、发展、示范学校"。学校打造电梯安全与维护职业技术培训等骨干专业,推进落实电梯安全与维护职业技术培训,助推精准扶贫试点工作。在人才培养模式与课程体系建设、师资队伍建设和校企合作、工学结合运行机制建设上,得到突破与提升。

同时,依托安宁职教园区,打造融合中高职的"职教联盟",实现中高职无缝衔接,为中职毕业生实现"就业有门,升学有路"多元化发展选择路径,让中职生真正做到"就业有优势,创业有本领,升学有希望,终身学习有基础",增强职业教育吸引力。

第三,保障高中教育经费投入。

近年来,安宁市保障生均预算内教育事业费和生均公用经费逐年递增。2017年,安宁市预算内教育拨款为69 992万元,比2016年的61 151万元增长了14.46%;而全市财政经常性收入为279 730万元,比2016年的290 078万元减少了3.57%;2017年预算内教育拨款增长比率高于财政经常性收入的18.03%。

同时,安宁市高中学校基本装备都按照《云南省中小学教育技术装备标准》I类标准配置;着力加强教育信息化建设,深入实施"三通两平台建设"项目。目前,全市中小学生机比为7.76∶1,师机比为1.09∶1,多媒体班套比为1∶1,学校互联网接入率达100%。

所有学校都建设了互动录播教室并实现市域内校际互动,全市中小学实现了"宽带网络校校通"、"优质资源班班通"、"网络学习空间人人通",基本实现了城乡教学资源共建共享的良好局面。

第四,加强教师队伍建设和管理。

安宁市坚持科学核定教师编制,按配备标准配足配齐教师,完善职称评聘和教师交流工作机制,实施乡村教师支持计划,吸引优秀教师向农村学校流动。2017年全市教师交流人数达到226人,其中骨干教师47人,占交流人数的24.34%。

安宁市大力开展教师培训和继续教育工作。近三年来累计有10 598人次教师参加了各类培训,包括组织教师参加国家"一师一优课 一课一名师"活动,全市94.2%的中小学专任教师拥有云教云平台网络学习空间,成功"晒课"3 627节并积极参与网络互动。

加强名师工作室、学科带头人及骨干教师的管理和考核,充分发挥学科带头人、骨干教师的示范、引领作用。2017年,全市共有名师工作室9个,省级骨干教师、学科带头人14名;昆明市市级骨干教师、学科带头人133名,市(县)级骨干教师、学科带头人726名。2017年9月表彰命名首届"螳川名校长"6人、"螳川名师"30人。此外,加强名校长、名师引进工作,2017年引进名校长1人、名师7人。

此外,安宁市与北京东城区教委签订《对口协作工作协议》,落实朝阳区与昆明市的合作协议精神,积极推进教育对外合作与交流工作。全市6所学校(含安宁中学、安宁市昆钢实验学校)与北京市东城区学校结为对口协作学校,4所学校(含安宁市第一中学)与北京市朝阳区学校结为对口协作学校,并组织开展以师训教研为重点的交流活动,有效促进教师队伍建设,推动两地教育合作与交流。

总之,安宁市高中阶段教育取得了较快的发展,通过优化资源配置、集团化办学等措施,在数量和规模上已超过计划在2020年高中教育普及率达90.00%的要求,尤其是普通高中与职业高中的在校生数之比约为4∶6。很显然,大力发展中等职业教育,是安宁市高中阶段教育普及率高的重要原因之一。未来安宁市高中教育发展将面临着普及后如何提高办学质量、如何发挥示范作用带动云南高中教育的普及等问题。

四、高中阶段教育普及攻坚的主要挑战

当前,云南省普及高中阶段教育尽管取得了一定成效,但还是面临着规模扩大和质量提升的双重压力,普及攻坚的任务较为艰巨。

1. 影响高中普及的因素多

《云南省教育事业发展"十三五"规划》中提出,到2020年高中阶段教育毛入学率要达到90.00%以上。但是,2017年云南省高中阶段教育毛入学率还只是76.05%,离"2020年达到90.00%"的要求差距很大,整体普及水平在全国偏低,离国家平均水平差距较大,且云南省内区域间高中毛入学率也存在较大差距。

(1)各地州高中阶段教育普及率差异大

滇中地区的高中教育在云南省内相对较好,但滇西、滇南、滇东北地区有不少教育发展困难户,其中,"直过民族"等民族地区、边境地区、贫困山区,特别是深度贫困地区,更是普及攻坚的困难区域;在州市范围内,也存在县与县之间发展不平衡的现状。例如,2017年昆明市高中阶段毛入学率达到93.52%,但文山州高中阶段教育毛入学率仅达到60.37%,低于全省平均水平15.68个百分点,低于全国平均水平27.93个百分点。①

① 文山壮族苗族自治州人民政府.文山州人民政府关于贯彻落实云南省高中阶段教育普及攻坚行动计划的实施意见[EB/OL]. 2018-08-31. http://www.ynws.gov.cn/info/1254/216531.htm.

截至 2018 年年底，云南省还有 181 万农村贫困人口。除 2018 年 33 个县申请脱贫摘帽外，还有贫困县 40 个，居全国第一。[①] 这些贫困地区同时也是教育落后地区，高中教育资源短缺，普及程度低，是云南省普及高中阶段教育的短板。

在这些贫困县实现普及高中阶段教育，如果只是依靠县级政府力量，显然存在困难。必须有更多外部力量，尤其是中央政府和省政府的专项或者重点支持。这种外部支持，不仅是资金上的，而且还需要提供一些制度性政策，以保障这些地区普及高中阶段教育的可持续性。

（2）初中生入学意愿偏低

2016 年，全省初中三年完成率为 88.04％，初中毕业生升学率为 85.70％；全省下达中职招生计划（含技工学校）30.00 万人，实际只招收到 23.68 万人。[②]

一些地区初中学生存在辍学打工、早婚辍学、厌学辍学等现象，尤其是一些少数民族聚居的乡镇。甚至云南省西双版纳傣族自治州的勐海、景洪等地存在"因富辍学"的现象，当地主要靠种茶叶、割橡胶取得不错的收入，而对于学生来说上学并不能带来较高收益。此外还有一些地区受"读书无用论"的影响，初中辍学、不升学问题突出。

（3）县乡初中优质生源流失

在正常的学生人口流动之外，一些高中学校的跨区域违规招生，尤其是抢夺初中优质生源，导致一些县的普通高中和职业高中招生生源出现变化，严重影响了这些生源外流的高中学校办学的积极性。尽管教育行政部门相关政策规定严禁跨区招生，但是由于政策执行力度不强，省、市高中争抢优质生源现象突出。

调研发现，武定县由于离省会城市昆明距离较近，每年中考前 150 名的学生，都去了昆明市、楚雄州等重点中学就读。这些生源流失在一定程度上影响了武定县高中学校办学的成效，尤其是高考成绩不理想，由此导致高中办学积极性不高与本地高中学校社会形象不佳之间的相互影响，进而也影响了武定县高中学校的招生。

---

① 云南省人民政府.全力以赴如期打赢脱贫攻坚战[EB/OL]. 2019 - 02 - 01. http://www.yn.gov.cn/yn_zwlanmu/yn_tjdt/201902/t20190201_35788.html.
② 周荣.2017 年全省教育工作会议工作报告[EB/OL]. 2017 - 01 - 24. http://www.ynjy.cn/web/28300/305868366.html.

因此,城市高中争抢优质生源,造成一些区县优质生源质量下降,县级及以下地区高中学校质量(尤其是升学率)提高困难,进而使这些县高中招生困难,并严重影响了这些贫困县办好高中阶段教育的积极性。

2. 高中普及缺少建设经费

毫无疑问,云南省高中阶段教育普及攻坚需要足够的资金保障,但事实上,普及建设经费短缺的问题非常明显,这也是导致近年来云南省高中阶段教育毛入学率不能得到有效提升的重要因素。

(1) 普通高中生均公用经费偏低

云南省一直没有建立普通高中生均经费拨款制度。当前普通高中"以县为主"的财政体制,不能保障普通高中正常运转。2016 年,云南省出台普通高中省均拨款政策,规定 2017 年秋季学期开始以前,保证高中阶段普通高中学生生均拨款是 1 200 元,到 2020 年可以达到 1 500 元;但是,调查显示,目前能够执行 1 200 元生均拨款经费的地州市并不多。

普通高中学校负债数量大。据 2014 年 6 月的统计,全省许多公办普通高中为加快发展纷纷贷款,累计建设债务为 50.59 亿元,涉及学校 273 所。举债主体为学校的债务达到 26.11 亿元,占债务总额的 51.60%,一部分学校的收入仅够偿还利息,严重影响了学校的良性发展。

省级财政专项经费少。从 2012 年起云南省每年仅安排 5 000 万元普通高中专项经费,而同为西部地区的贵州省 2015 年和 2016 年每年省级财政投入普通高中专项经费均超过 10 亿元。省级财政投入少,地市州没有经费投入,只是依靠有限的县级财政,经费投入显然是少的,全省普通高中校舍、设施设备严重不足的现象十分突出。

(2) 贫困地区免费政策落实难

云南省探索通过普通高中免费入学政策,提高高中阶段教育入学率,这种政策使民族地区、贫困地区初中毕业生就读普通高中学校的积极性得到激发。但是,在普通高中免费教育实施中,存在一些问题。

第一,缺少专项资金管理办法。项目资金补助对象及支出范围不清晰,各地州对免费政策理解有偏差,导致各地州的项目执行标准不一致。

第二,项目资金预算不够精确。由于学生统计口径的问题,使预算资金与实际资金需求量之间存在较大偏差,导致实际享受政策人数远多于资金预算申报时的统计人数;此外,由于"建档立卡户"困难学生实行动态管理,预算申报时人数与资金实际下拨时人数存在差异。

第三,困难学生基数较大,需要政策帮扶对象多。怒江州、迪庆州为深度贫困地区,贫困面广,生活补助未实现全覆盖,除建档立卡户及高原农牧民子女外,仍有较大部分学生生活困难却无法享受"适度生活补助"类补助资金。

(3)贫困学生资助体系不健全

当前,我国在普通高中教育阶段建立了以国家助学金为主体、学校减免学费等为补充、社会力量积极参与的普通高中家庭经济困难学生资助政策体系。但就处于西部欠发达地区的云南省而言,因贫困面较广,国家资助政策体系难以满足云南省贫困地区贫困学生入学资助的实际需求,现行高中学生资助政策不能满足学生完成高中教育的需要。

(4)大班额现象仍很突出

2017年,云南省有14 891个普通高中班,其中56人以上的大班额班级有7 363个,占总班级数的49.45%;66人以上的超大班额班级为2 561个,占总班级数的17.20%。有些地方的大班额现象非常普遍,如昭通市的威信县、镇雄县超大班额比例已分别达85.40%和81.60%。

文山州2017年底普通高中校均规模达2 600人,超出全国平均水平近900人;生均校舍面积12.57平方米,比全国平均水平少了近8.00平方米;生均教学仪器设备值2 188元,低于全国平均水平近1 500元。普通高中平均班额达57人,最大班额超过75人,大班额比例达64.00%。全州高中阶段学校已超负荷提供入学机会2.36万个。到2020年实现普及高中阶段教育目标,全州还需建设校舍175.67万平方米,预计需投入资金41.57亿元。[①]

---

① 文山壮族苗族自治州人民政府.文山州人民政府关于贯彻落实云南省高中阶段教育普及攻坚行动计划的实施意见(文政发〔2018〕72号)[EB/OL]. 2018 - 09 - 04. http://www.ynws.gov.cn/info/1254/216531.htm.

（5）严重缺乏建设资金

据估计，如果保持现有的普通高中规模，要将超大班额的每个班学生数平均 70 人调整为 50 人，约需增加 1 014 个班。如果参照山东省为应对高考改革制定的"每 4 个班增加 1 间教室比例设置选修教室"的建设标准，云南全省则还需增加 3 723 间教室。

同时，如果要完成普及攻坚任务，将新增 13.64 万学生，这约需增加 6 820 间教室。按国家规定的中学教室生均 1.39 平方米与每班 50 人计，约需增加 73.27 万平方米的教室面积。如果按 2 500 元每平方米建设造价，则未来需增加建设资金 18.32 亿元。

在教学设施设备、图书购置方面的资金缺口同样存在。按国家规定普通高中生均仪器设备价值不低于 3 000 元计，普通高中教学设施设备购置费约需 4.09 亿元；按普通高中生均图书 30 册、每册 20 元计，普通高中图书购置费约需 0.82 亿元。

3. 高中师资队伍建设困难

教师队伍建设是高中阶段教育普及攻坚的重要方面之一。当前，云南高中阶段教师队伍建设中还需要应对数量、结构和质量等方面的困难。

（1）普通高中教师数量不足与结构不合理并存

近几年，云南省普通高中教育发展迅速，办学规模不断扩大，但由于地方财政紧张等原因，教师编制标准难以落实，全省普通高中教师数量严重不足。

2017 年，全省普通高中生师比为 12.9∶1，按师生比 1∶12.5 的编制标准测算，缺编 2 100 人。但是，随着高考综合改革，高中学生选课工作的推进，师资紧缺、结构失衡的问题将突显出来。

以文山州为例，2017 年底全州普通高中的师生比值为 1∶15.11，高于 1∶12.5 的配置标准。按标准全州缺配普通高中专任教师 102 人，到 2020 年，全州需增配普通高中教师 2 938 人、中职教师 3 519 人。[①]

更为严峻的是，一些地市在省内外招聘了一些紧缺学科的高中教师，但由于区域经济落后、教师工资待遇低、生活条件差等，导致教师招聘困难，招进来也留不住。另

---

① 文山壮族苗族自治州人民政府.文山州人民政府关于贯彻落实云南省高中阶段教育普及攻坚行动计划的实施意见（文政发〔2018〕72 号）[EB/OL]. 2018 - 09 - 04. http://www.ynws.gov.cn/info/1254/216531.htm.

外,由于人事制度方面的缺陷,高中紧缺学科教师,如心理辅导、通用技术教师很难招到,此外,教师队伍的年龄结构"老化"问题,也影响高中教育的发展。

(2) 职业高中"双师型"教师与专业类教师都短缺

中等职业学校教师存在专业不对口、双师型教师短缺的突出问题。一方面,教育行政部门分配的教师存在专业不对口、不能在职业学校任教的情况;另一方面,一些从其他中学调入中职学校的教师多为语文、数学教师,不能承担技能方面课程教学,且短时间内无法通过培训、企业实践实现教师转岗。

例如,武定县职业高级中学现有有编制教师42人、教职工42人,其中,教师38人、工人4人。专任学科教师大部分以文化课为主,语文、数学、英语、政治课共有31人。音乐、体育各1人。专业课教师有9人,大部分都是兼职。更为突出的是,近十年,学校竟没有招进过教师。

中等职业学校面临新建专业缺乏专任教师,而被淘汰专业的专任教师则分流不出去的问题,导致一些中职学校只能有什么专业教师就开设什么课程,严重阻碍了中等职业教育的发展。

一些中职学校外聘专业教师又存在经费问题。由于中职学校属于公办学校,对学生都是全免费的,所有的费用都是由政府买单。外聘教师的工资、保险如果政府不能分担一部分,那么外聘教师的工资待遇就难以保障。

4. 高中教育管理方式陈旧

普及高中阶段教育表明,包括普通高中教育在内的整个高中教育不再是精英教育,不再是纯粹的选拔教育。但是,在实践中,高中教育的管理与评价在很大程度上比较片面、追求升学率,仍然保留着同类学校分等级的现象。

(1) 升学率为考核高中学校的唯一标准

调查发现,一些教育行政部门以及社会对普通高中的评价大多以高考升学率为唯一标准,由此导致社会关注高中学校的两个指标,一是考上大学的数量,二是与周边高中学校的比较。社会、家长乃至教育主管部门缺乏对学校办学的合理定位及评价。

这种唯升学率为导向的评价方式,导致应试教育的普遍存在,导致老师工作压力与学生学习压力过大,影响教师教书育人工作全面实施,影响学生创新思维与实践能力发展,教师和学生没有获得感、幸福感和安全感。

(2) 高中学校等级评定存在争议

云南省开展高中学校等级评估,激发了高中办学积极性,在一定程度上刺激了地方政府支持高中办学。例如,武定县提出,要在 2020 年武定一中晋升省一级二等、民族中学晋升省一级三等。评到一级一等的高中会享受一些政策倾斜,学校高级职称比其他学校要多、收费也要比其他学校高,但是全省一级高中的数量是有限的,其他的二级学校要如何发展,出路在哪里,则尚未明晰。

高中学校的评级未尝不可,但是对于不同级别学校的政策差异,导致了学校办学的不平衡,导致了高中学校的两级分化。云南省现有 144 所省一级中学,但仅占云南省高中学校总数的 28%,不能代表全省高中发展的普遍情况,必须关注每一所高中学校尤其是二级高(完)中的发展出路。[①]

五、高中阶段教育普及攻坚的行动方向

云南省高中阶段教育普及攻坚任务重、难度大。高中阶段教育普及对提高当地经济社会发展水平具有重要的价值,对贫困地区依靠教育脱贫、阻断贫困的代际传递具有深远的意义。结合调研情况,这里就云南省高中阶段教育的普及攻坚提出以下思考。

1. 提高贫困地区高中普及率

(1) 提升义务教育质量

只有让初中毕业生充分升学,才能实现高中阶段毛入学率提升。为此,必须确保九年义务教育巩固率,提高初中学生三年完成率,为高中招生打下良好的基础,没有良好的初中教育,普及高中阶段教育就成为无源之水。

必须降低初中学生辍学率,作为提高高中教育普及程度的基础。要将义务教育阶段"控辍保学"目标管理责任制度落实,把留守、流动、孤残、贫困家庭儿童作为"控辍保

---

① 张晓燕,李天凤.从精英转向大众的云南普通高中教育困境探析[J].昆明学院学报,2010,32(05):107-110.

学"的工作重点,杜绝因贫辍学现象的发生,解决部分初中学生因各种原因毕业后弃学问题。

更要重视全面提高义务教育尤其是初中教育质量,必须预防学生学习兴趣与学习愿望的降低甚至丧失,要在提高义务教育质量的基础上,让更多初中毕业生升入高中阶段学校。

（2）高度聚焦困难地区

云南省贫困地区大部分是自然条件差、经济基础弱、贫困程度深的民族地区及集中连片特困地区,必须重点解决这些地区高中普及程度低的问题。云南省高中阶段教育普及攻坚的重点必须高度聚焦在这些贫困地区、少数民族地区尤其是集中连片特困地区。

省级政府必须加强对这些地区的直接支持和重点关注,改善这些贫困地区的高中办学条件,消除大班额现象,切实满足这些边远民族贫困地区初中毕业生"有学上、上好学"的需求。

（3）规范高中招生制度

省级政府首先必须规范普通高中学校办学和招生行为,严格控制和减少地州属（市属）公办高中跨地招生、争抢优质生源等现象,必须给予县级普通高中一定的发展空间。其次,学习先进地区经验,推行并扩大优质普通高中招生指标分配到区域内初中的政策,向薄弱初中、农村初中适当倾斜,以使更多学生能够在本地入学。最后,必须做好中职招生宣传工作,改变社会对中职的歧视性观念,使初中毕业生愿意就读中等职业学校。

2. 多渠道保障高中经费投入

（1）建立合理的成本分担机制

省级层面教育经费向贫困地区、基础教育倾斜,对高中教育薄弱环节和薄弱学校加大经费投入。创新投融资体制机制,建立以政府投入为主、吸引社会资金投入为辅的多渠道筹措经费机制,加大经费投入。

落实好普通高中和中等职业学校生均经费拨款制度,建立生均公用经费动态调整机制。根据生均教育培养成本及住宿成本变化情况,适当调整公办普通高中学费、住宿费收费标准,保障学校正常运转。

（2）推进贫困地区免费高中教育

必须参照免费义务教育方式，在云南的贫困地区全面实施免费高中政策，出台高中免费教育的专项资金管理办法，加快贫困地区高中阶段教育的普及与免费进程，为高中学生提供各种生活补助，弱化家长让孩子辍学打工的念头，力争使民族地区、集中连片特困地区在2020年高中阶段教育毛入学率全部达90％。

必须注重高中教育教学改革，改变片面追求升学率的导向，使高中学生学有所获、学有所得，努力提升贫困家庭学生的高中教育收益率，以此提升贫困人口对供孩子读书的信心，减少"读书无用论"的影响。

（3）健全高中助学政策

进一步建立健全高中阶段困难学生资助政策体系，确保每位学生都能接受高中阶段教育，不因家庭经济困难而失学。教育行政部门及学校要准确掌握扶贫部门认定的建档立卡贫困家庭学生信息，将贫困高中生、中职中专生全部纳入资助范围，并要避免"平均资助"，重点关注特困家庭学生。

3. 推动高中多样化特色发展

随着高中的普及以及新高考改革的要求，高中学校的发展面临着多样化、特色化的挑战。

（1）探索普通高中多样化发展

云南省已经推出了50所特色学校，但在整个高中学校中占比有限。在普及高中教育的进程中，高中教育必须告别千校一面，必须实现多样化发展。为此，对普通高中进行办学评价，不能只是用升学率、排名作为标准，而是要聚焦教育质量的提升，聚焦是否为每个学生发展提供适合的教育。

各级教育行政部门要总结和推广普通高中特色发展经验，构建促进高中学校特色发展的政策体系，引导普通高中立足本地，充分挖掘学校历史、民族文化、学科特色等，将学校办成具有特色的优质高中，以特色创造品牌效应吸引生源和留住优质生源。

云南省可以引进省外优质教育品牌参与办学，以集团化、办学联盟等方式合作办学提高质量，积极探索公办、民办、混合制等多种办学机制，采取"独立办学"、"整体托管"等多种办学方式。要从建立健全现代学校制度出发，形成政府引导、社会参与的多元办学格局,建立普通高中和中等职业学校合作机制,探索课程互选、学分互认、资源互通等。

（2）落实高中校际帮扶制度

继续落实好《云南省教育厅关于认真做好一级高完中对口帮扶薄弱高中工作的意见》,充分发挥一级高完中的辐射、示范作用,提高薄弱高中办学水平。建立起优质高中对口帮扶薄弱学校的机制,努力缩小学校之间的差距。贫困地区、民族地区薄弱学校与省、州府的示范学校、优质学校精准对接,一对一解决薄弱学校存在的问题及难题,充分发挥优质学校对薄弱学校的示范、引领、辐射、带动作用。

4.创新本地化高中教师管理

随着高中办学规模的扩展,高中教师短缺成为了制约云南省高中发展的重要问题。需要政府科学合理核定教师编制,配齐教师尤其是短缺学科的教师。

（1）探索政府购买服务的方式

在合理增加高中教师编制以解决高中教育普及所带来的教师缺编问题的同时,还需要积极探索采取政府购买服务方式解决教师数量不足的问题。职业中学要进一步探索"双师型"教师培养机制,积极推行专业课教师到企业实践制度,向社会聘用企业一线的高技能人才担任专业课教师或实习指导教师,着力优化教师队伍结构。普通高中的工勤和教学辅助等岗位,也可以通过政府购买服务方式购买。

（2）推广优秀高中教师多点执教经验

高中师资队伍建设中,可积极探索优质教师资源的共享,推广玉溪市试行高中学校优秀教师多点执教政策,让更多学生享受优质教育资源。

玉溪市本着"疏堵结合,先行先试"的原则,对市直高中学校和红塔区高中学校试行优秀教师多点执教。具体措施是优秀教师经所在学校批准同意、当地教育行政主管部门备案后,允许其进行多点执教,可跨校交流、跨校授课、跨校教研,执教学校根据教师辅导授课情况,计入绩效工资发放相应报酬。该政策充分发挥了高中优秀教师的示范带领作用,促进优质师资的共享。

（3）定向培养高中教师

2018年1月,国务院颁布的《关于全面深化新时代教师队伍建设改革的意见》明确强调,鼓励地方政府和相关院校因地制宜采取定向招生、定向培养、定期服务等方式,为乡村学校及教学点培养"一专多能"教师,优先满足老少边穷地区教师补充的需要。可见,探索教师本土化培养是边远地区教师队伍建设的重要举措。

云南省可以依托省级公费师范生、职业教育公费师范生等项目定向培养高中教师。各地教育行政部门做好年度招生计划和毕业生就业工作,制定县区公费师范生定向培养需求,实施订单式培养,依托本地师范学院等高校培养大批留得住、留得下的优秀普通高中教师。

第四章
全国高中教师绩效工资制度实施现状分析
——基于对东中西部 13 省高中的调查

本章要点

　　本章基于对我国东中西部 13 省中小学教师绩效工作实施现状的调研,对高中教师绩效工资制度实施现状、困境和改进等进行了专门的分析。调查结果是:

▶ 当前高中教师的绩效工资主要参照义务教育学校的绩效工资制度执行的,导致实施效果不佳。

▶ 高中优秀骨干教师成为绩效工资实行中的关键,面临着公立高中优秀骨干教师流失加剧的问题。

▶ 高中绩效工资激励存在缺失、绩效考核与学生学习成绩连接不当等问题。

　　本研究从绩效工资总量水平、考核指标设置、绩效工资经济激励的单一性等方面分析了产生这些问题的原因。

▶ 要推进高中教师绩效工资制度的实施,需要提高高中绩效工资总量,明确中央与地方财政责任,落实法律规定;

▶ 释放高中绩效工资的经济激励效应,在做增量加法的基本原则下,可尝试实施高中教师工资“年薪制”改革;

▶ 与新高考改革同行,结合学生综合素质评价法,努力增强绩效考核的科学性和公平性。

一、教师绩效工资调研概况

1. 调研背景

2009年义务教育阶段学校实施绩效工资制度后,绩效工资制度逐渐普及到了各层级的学校。现今,高中(普通高中和职业高中)也普遍实行了绩效工资制。

2017年,党的十九大提出,"加强师德师风建设,培养高素质教师队伍,倡导全社会尊师重教"。2018年初出台的《关于全面深化新时代教师队伍建设改革的意见》,继续强调提高教师的地位和待遇,而绩效工资关系着教师的待遇保障和工作积极性的发挥。

目前,针对教师绩效工资的研究多集中在义务教育阶段和高等教育阶段,专门研究高中绩效工资的文献资料比较匮乏。新高考的实施给高中教师绩效工资的实施又带来了新挑战。高中阶段绩效工资存在着不同于义务教育阶段和高等教育阶段的特性,在实施过程中,既有普遍性问题,又有着不同于其他学段的特殊问题,值得进行专门和深入地探讨。

2017年,受教育部教师工作司委托,课题组就中小学教师绩效工作实施情况开展全国调查,调查得到了各地方政府部门与有关学校的支持,由此获得了有关教师绩效工资的大量数据与资料。

2. 调查对象

课题研究主要采用问卷调查法、访谈法和文本分析法。本调研首先在上海、安徽、青海和广东等4个省市进行了预调研,主要以访谈的形式展开。之后,根据我国各省市区经济发展水平,结合国家统计局对东中西部的划分,最终选取9个省份进行全面和深入地调查。

综合考虑抽样的代表性、可行性和便利性,采取分层抽样和整群抽样相结合的抽样方式,分别在9省中按经济发展水平选取两个地市,在所选地市按学校办学水平分别选取学前、小学、初中和高中阶段的学校,针对所选学校教师随机发放问卷。

"教师绩效工资调查问卷"内容包括：教师个人信息、教师绩效工资考核方案和指标体系、教师工资收入水平情况、教师绩效工资实施效果、教师对绩效工资的认知等方面。问卷采用电子问卷的形式发放，回收问卷 18 052 份，有效问卷 17 727 份，问卷有效率达 98.2％。问卷经编号整理，统一用 SPSS.v16.0 软件进行分析。问卷调查对象基本情况如表 4.1 所示，其中高中教师绩效工资基本情况如表 4.2 所示。

表 4.1 教师绩效工资分布统计表

指 标		人数	百分比	区 域		人数	百分比
性别	男	5 855	33.0	所在省份	山东	1 360	7.7
	女	11 872	67.0		江苏	1 880	10.6
年龄	20≤年龄≤25	811	4.6		河南	2 169	12.2
	26≤年龄≤30	2 465	13.9		湖北	349	2.0
	31≤年龄≤40	7 030	39.6		山西	2 690	15.2
	41≤年龄≤50	5 832	32.9		浙江	2 711	15.3
	年龄≥51	1 589	9.0		四川	2 698	15.2
教龄	教龄≤3	1 629	9.2		云南	1 925	10.8
	4≤教龄≤9	3 316	18.7		贵州	1 944	11.0
	10≤教龄≤20	6 292	35.5	学校所在地	城市	5 985	33.7
	21≤教龄≤30	5 141	29.0		县城	6 540	36.9
	教龄≥31	1 349	7.6		镇区	3 403	19.2
职称	中学高级及以上	2 994	16.9		乡	1 150	6.5
	中学一级（小学高级）	6 708	37.8		村	649	3.7
	中学二级（小学一级）	5 250	29.6	任教学段	学前	1 792	10.1
	小学二、三级	1 773	10.0		小学	5 613	31.7
	未定级	1 002	5.7		初中	5 779	32.6
教师总数		17 727			高中	4 539	25.6

表 4.2　高中教师绩效工资分布统计表

指　　标		人数	百分比	区　域		人数	百分比
性别	男	1 986	43.8	所在省份	山东	84	1.8
	女	2 553	56.2		江苏	451	9.9
年龄	20≤年龄≤25	110	2.4		河南	606	13.4
	26≤年龄≤30	523	11.5		山西	500	11.0
	31≤年龄≤40	1 923	42.4		浙江	1 305	28.8
	41≤年龄≤50	1 545	34.0		四川	504	11.1
	年龄≥51	438	9.7		云南	606	13.4
教龄	教龄≤3	316	6.9		贵州	480	10.6
	4≤教龄≤9	783	17.3	学校所在地	城市	1 331	29.3
	10≤教龄≤20	1 938	42.7		县城	2 533	55.8
	21≤教龄≤30	1 199	26.4		镇区	525	11.6
	教龄≥31	303	6.7		乡	85	1.9
职称	中学高级及以上	1 346	29.6		村	65	1.4
	中学一级	1 829	40.3	高中教师总数		4 539	
	中学二级	1 138	25.1				
	未定级	226	5.0				

调查中,研究人员对地方教育部门相关管理人员、人力资源与社会保障部门相关负责人、学校校长、中层管理者、一线教师和教辅人员分别进行访谈。每次访问人员数一般在 5 到 10 人之间。

研究者注重收集各地各校绩效工资指导意见、教师绩效工资考核办法、教师绩效工资实施方案等,并就这些文本资料进行了深入分析。

本文是基于整个研究中所涉及的对 13 个省市的学前、小学、初中和高中阶段教师绩效工资调研获得的全部数据和资料,专门分析和讨论调查有关高中教师绩效工资的实施现状、困境以提出改进方法。

二、高中教师绩效工资实施情况

1. 高中教师绩效工资实施情况

资料显示,全国各地在高中阶段实施教师绩效工资的整体情况如表 4.3 所示。2007 年吉林省率先实施高中教师绩效改革,至 2015 年全国已经有 21 个省市区陆续实行。在实施中,相比 2009 年义务教育阶段学校统一实施绩效工资制,各地高中绩效工资制的实行显得相对灵活。

表 4.3　全国各省市区高中教师绩效工资实施年份统计表

起始年份	省　市　区	数　量
2007 年	吉林省	1
2008 年	福建省	1
2010 年	河北省、浙江省、湖南省、甘肃省、北京市、河南省、宁夏回族自治区、海南省、云南省	9
2011 年	安徽省、内蒙古自治区、四川省、山西省、湖北省	5
2012 年	江苏省、广东省	2
2013 年	天津市、上海市	2
2015 年	辽宁省	1

2. 高中教师绩效工资考核指标

(1) 重视教师工作量、学生成绩和教师担任行政职务

图 4.1 显示,教师们普遍认为,当前高中学校教师绩效工资考核最看重的因素分别是"工作量"、"学生成绩"和"是否是管理人员",各自占比分别为 76.54％、60.39％和 57.65％。其次是"师德"和"科研成果"分别占比 46.02％和 38.26％。"工作热情"和"其他教学成果"(如奥赛等)也分别占比 29.95％和 26.47％。

很显然,各地在实施高中教师绩效工资中,除工作量、学生成绩和管理人员的身份外,还注意到了其他多种因素,尤其是师德和科研成果。考核与评价高中教师需要基

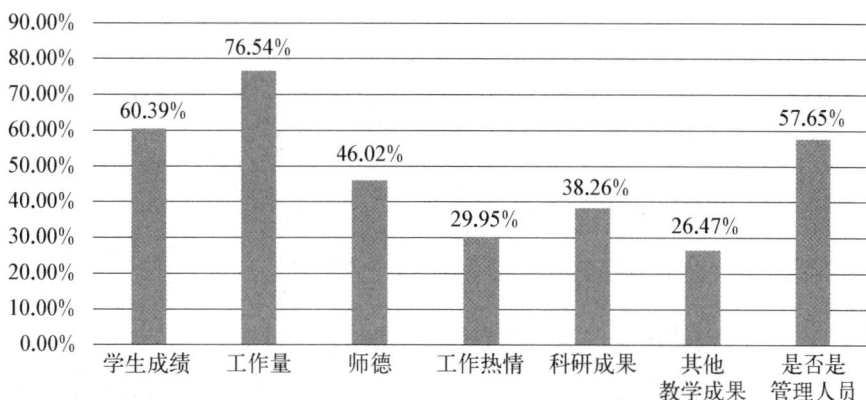

图 4.1 绩效工资实施后学校核定奖励性绩效工资的因素

于各方面因素,不能只考虑"学生成绩"(考试分数)。

对比教师绩效工资实施之前,教师们认为,学校发放奖金和津贴最看重的因素分别是"是否是管理人员"、"工作量"和"学生成绩",占比分别为 35.08%、29.59% 和 13.62%。当前高中在核定绩效工资时,是否是管理人员是最重要的因素,学生成绩和工作量次之,见图 4.2。

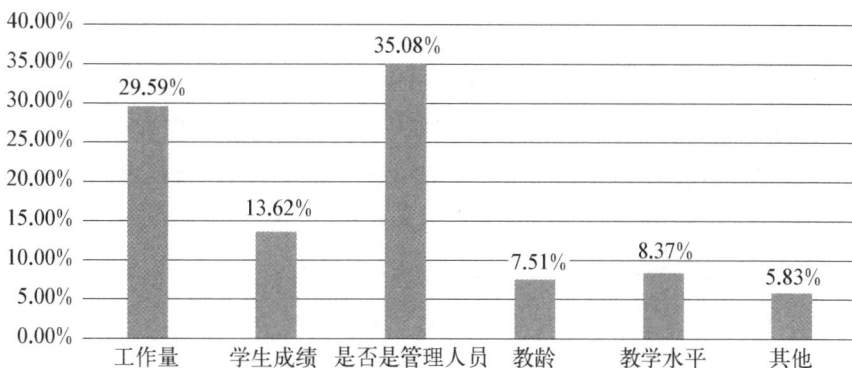

图 4.2 绩效工资实施前学校核定奖金和津贴最重视的因素

综合上述两个数据,可以发现,工作量和学生成绩都是重要考量的指标,在考核与评价教师方面,始终是最重要的要素。相对说来,教师绩效工资体系中,"是否是管理人员"的重要性减少了。

（2）大多数学校并非以学生考试成绩为唯一的考核指标

统计结果显示(图4.3),51.80%的教师所在的学校"以学生考试成绩的提升作为一项考核指标",13.30%的教师所在的学校"只以学生考试的绝对成绩作为考核指标",另有34.90%的教师所在的学校"不考虑学生的考试成绩"。

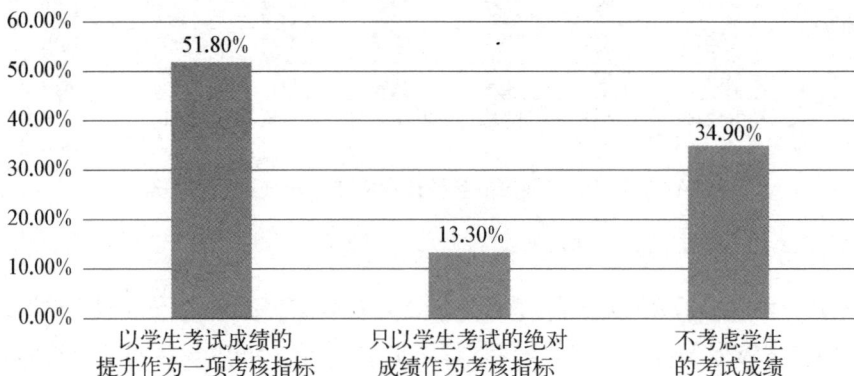

图4.3 绩效考核中学生考试成绩与教师绩效的关系

超过半数的教师所在的学校在考察"学生成绩"这一指标时,能够动态考量成绩变化,但也存在超过三分之一的教师所在的学校不考量学生的学习成绩,以及一小部分教师所在的学校单纯以成绩高低作为衡量标准。

（3）不同绩效方案(关于学生成绩)与教师工作积极性和满意度的关系

学生成绩并非是教师绩效考核的唯一因素,但它是普遍参考的因素。在下列三种情况下,即"以学生考试成绩的提升作为一项考核指标"、"只以学生考试的绝对成绩作为考核指标"以及"不考虑学生的考试成绩",教师的表现是不同的。

数据分析显示,在学生成绩与绩效考核的关系上,教师工作积极性的调动情况和教师对绩效工作考核方案的满意度是有差异的。

统计分析显示,三种不同的学生成绩的考量方式,对教师工作积极性调动的影响不同,而且有极其显著的差异性($F = 46.36, P = 0.000 < 0.01$)。具体情况是,如果学校对教师绩效的考核以学生考试成绩的提升作为一项指标,则教师工作积极性的

调动最理想；如果学校对教师绩效的考核以学生考试的绝对成绩作为一项指标，则教师工作积极性的调动次之；如果教师绩效的考核不参考学生成绩，教师工作的积极性最弱。显然，从调动教师积极性的角度看，绩效考试中考虑学生成绩因素是必须的。

同样，对学生成绩的不同考量方式，在教师对绩效工资考核方案满意度上也有极其显著的差异（$F = 105.81, P = 0.000 < 0.01$）。具体就是，"以学生考试成绩的提升作为一项考核指标"的考核方式，教师对绩效方案的满意度最高；"只以学生考试的绝对成绩作为考核指标"的考核方式，教师对绩效方案的满意度次之；在"不考虑学生的考试成绩"考核方式下，教师对绩效方案的满意度最低。

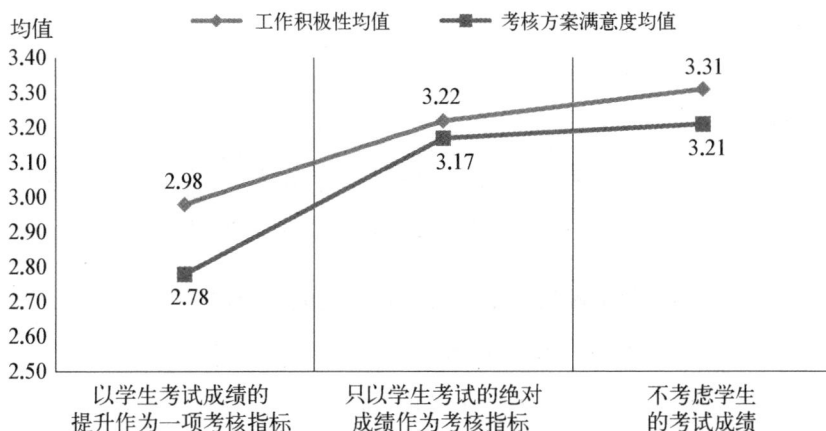

图4.4　教师对不同绩效方案的反应①

三、高中教师绩效工资基本特点

综合本研究获得的各种数据与信息，经过统计分析，提出高中教师绩效工资的基本特点。

---

① 研究中，对教师工作积极性调动情况和教师对考核方案满意度均采用反向赋值方法，均值越高，工作积极性越低、对考核方案满意度越低。

1. 与其他人员的比较

（1）高中教师绩效工资高于其他学段教师

相比学前、小学和初中，高中教师工资收入水平均值最高①。图 4.5 所示的是各学段教师工资收入水平所属区段的均值，高中教师工资收入水平所属区段均值为 7.73，初中为 7.35，小学为 6.86，学前为 6.85。

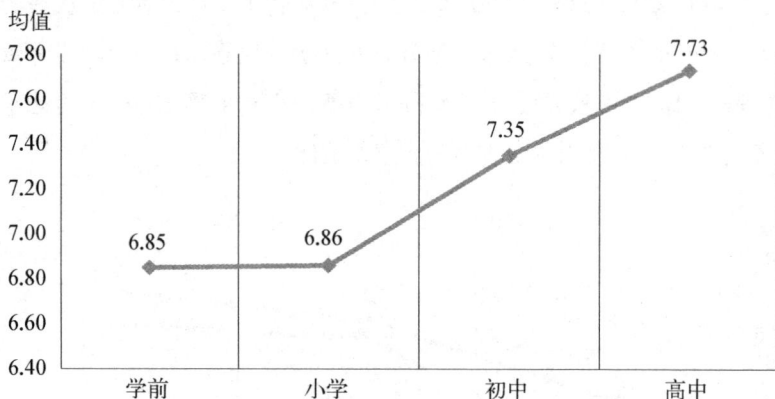

图 4.5　不同学段教师绩效工资收入水平分布图

统计分析显示，不同学段教师工资收入水平之间的差异极其显著（$F = 109.48$，$P = 0.000 < 0.01$）。再经过多重比较得出，高中教师工资收入水平均值最高。

（2）高中教师的自我感知工资收入低于公务员

研究中，将教师工资收入和公务员收入相比，自我感知"高很多"赋值为 1，"高一些"赋值为 2，"差不多"赋值为 3，"低一些"赋值为 4，"低很多"赋值为 5。结果显示，相比学前、小学和初中，高中教师认为工资收入水平和公务员相比差距最大，如图 4.6 所示，均值分别为学前 4.44、小学 4.36、初中 4.39、高中 4.48，均值都在 4.30 到 5.00 之间。显然，

---

① 教师工资收入水平采用分段统计，不同工资段赋予相应数值：1 500 元及以下赋值为"1"，1 501—2 000 元赋值为"2"，2 001—2 500 元赋值为"3"，2 501—3 000 元赋值为"4"，3 001—3 500 赋值为"5"，3 501—4 000 赋值为"6"，4 001—4 500 赋值为"7"，4 501—5 000 赋值为"8"，5 001—5 500 赋值为"9"，5 501—6 000 赋值为"10"，6 001—7 000 赋值为"11"，7 001—8 000 赋值为"12"，8 001—9 000 赋值为"13"，9 001—10 000 赋值为"14"，10 001—11 000 赋值为"15"，11 001—12 000 赋值为"16"，12 001—13 000 赋值为"17"，13 001 元及以上赋值为"18"。

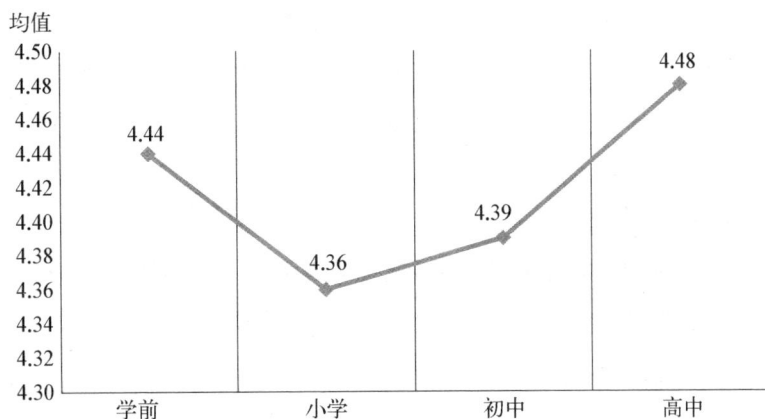

图 4.6　不同学段教师感知的工资收入与公务员工资收入差距情况

各学段教师均认为,工资收入水平低于公务员的工资收入,高中教师认为差距最大。

(3)高中教师对绩效工资考核方案满意度较低

图 4.7 呈现的是不同学段教师对绩效工资考核方案的满意度情况。分析显示,不同学段教师对绩效工资满意度的差异极其显著($F = 195.93, P = 0.000 < 0.01$)。其中,对绩效工资考核方案满意度最低的是高中教师。

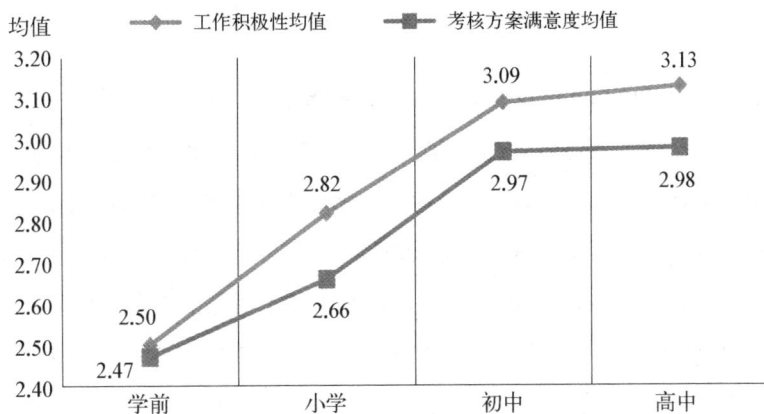

图 4.7　不同学段教师对绩效方案的反应

(4)绩效工资对高中教师工作积极性的调动较弱

图 4.7 同时也显示,不同学段教师在绩效工资实施后工作积极性调动情况有差

异。分析显示,不同学段教师在绩效工资实施后工作积极性调动之间的差异极其显著 $(F=208.14, P=0.000<0.01)$。很显然,绩效工资制度对高中教师工作积极性调动的 影响比对初中教师、小学教师和学前教师都弱。

2. 高中教师内部差异

(1) 不同职称教师的反应

图 4.8 显示不同职称高中教师对待绩效工资的反应,包括教师工作积极性、对绩效 工资考核方案的满意度以及对工资收入水平与工作付出匹配程度的看法等三个方面。

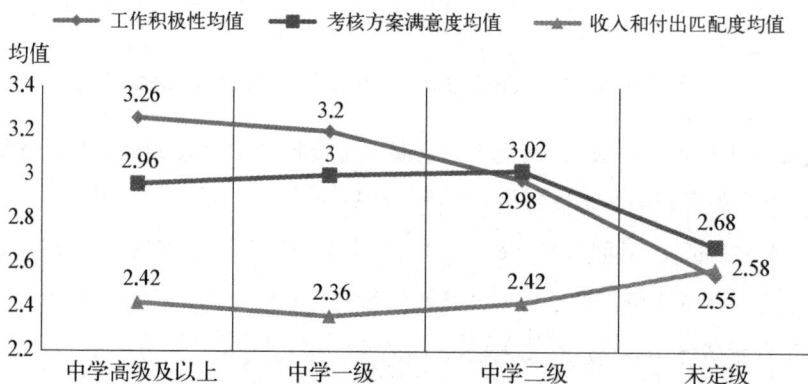

图 4.8　绩效工资实施后不同职称教师的反应

这里,工作积极性调动情况和对考核方案的满意度仍采用反向赋值法,均值越高, 工作积极性越低、对考核方案的满意度越低。在工资收入水平和工作付出匹配程度 上,则采用正向赋值法,均值越高,工资收入水平和工作付出之间越匹配。

数据分析显示,不同职称高中教师在绩效工资实施后工作积极性调动上差异极其 显著$(F=30.65, P=0.000<0.01)$;不同职称高中教师对绩效工资考核方案的满意度 上差异也极其显著$(F=5.92, P=0.000<0.01)$;不同职称高中教师对工资收入水平和 工作付出匹配程度上的看法的差异也显著$(F=3.30, P=0.01<0.05)$。

具体地说,绩效工资对职称高的高中教师的工作积极性调动较弱,职称高的高中 教师对绩效工资考核方案的满意度偏较低,职称高的高中教师认为工资收入水平与工 作付出之间更不匹配。

（2）不同教龄教师的反应

图 4.9 分别呈现了不同教龄高中教师在绩效工资实施后工作积极性的调动情况、对绩效工资考核方案的满意度以及对工资收入水平和工作付出匹配程度的看法。

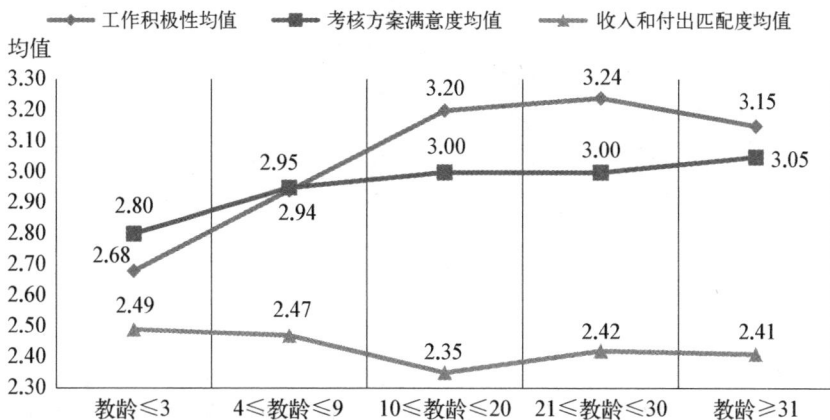

图 4.9　不同教龄高中教师对绩效工资的反应

分析显示，不同教龄高中教师在绩效工资实施后工作积极性的调动存在的差异极其显著（$F = 25.52, P = 0.000 < 0.01$）；不同教龄高中教师对绩效工资考核方案满意度差异显著（$F = 3.26, P = 0.011 < 0.05$）；不同教龄高中教师对工资收入水平和工作付出匹配程度的认识也差异显著（$F = 2.89, P = 0.021 < 0.05$）。

总之，绩效工资对"20—30 年"教龄高中教师工作积极性的调动最弱；教龄越高的高中教师对绩效工资考核方案的满意度越低；"10—20 年"教龄高中教师认为工资收入水平与工作付出最不匹配。

3. 高中教师的总体评价

（1）高中教师对绩效工资实施效果评价不一

如图 4.10 显示，就绩效工资对教师工作热情、主动性和积极性的激励作用而言，26.30％的教师持正面认可，认为绩效工资起到了正向激励作用，30.00％的教师则认为绩效工资并未起到正向激励作用，43.70％的教师持中立看法，认为绩效工资的激励效果一般。在整体上，超三分之二的高中教师认为，绩效工资提升教师工作积极性的效

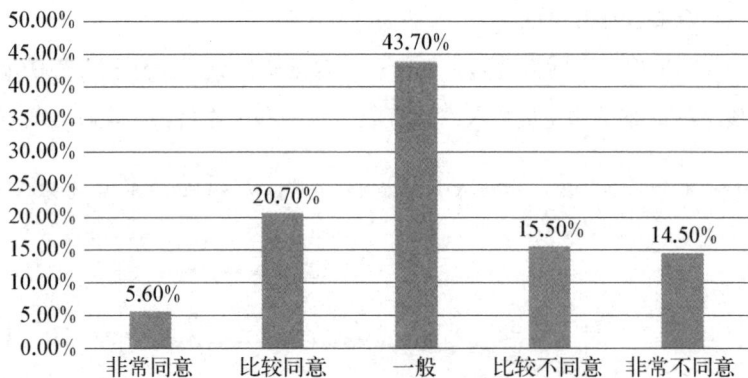

图 4.10 高中教师对绩效工资调动工作积极性的评价

果一般。

（2）绩效工资没有发挥作用的原因

根据统计结果（图 4.11），在"绩效工资没有促进自身变化或改进"的原因上，39.25％的教师认为是"分配不合理，未体现多劳多得，优绩优酬"，34.67％的教师认为"教书育人与钱财无关，教师赚的是良心钱"，32.96％的教师则认为"绩效工资总量不高"，32.68％的教师则认为"分配不公平，挫伤积极性"，31.40％的教师则认为"工作繁重，压力大，没有闲暇考虑自我提升"。

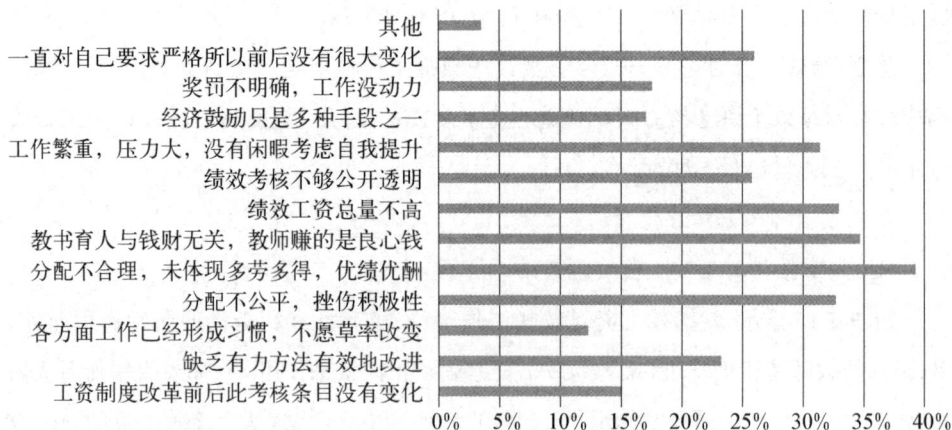

图 4.11 教师绩效工资没有促进变化或改进的原因

当被问及最能激励提升职业能力与素质的因素时(图 4.12),40.70％的教师选择提高奖励性薪水,27.20％的教师认为是学生的口碑,还有 19.90％的教师认为是职称职位的晋升,这三项名列前三。

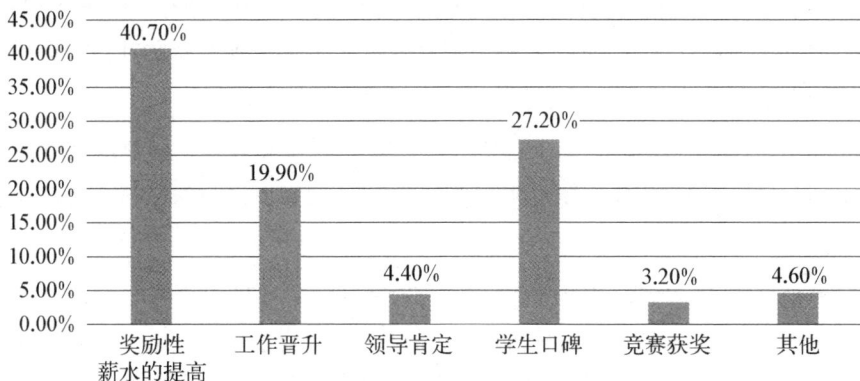

图 4.12　教师认为最能激励提升职业能力与素质的因素分布

(3)团队绩效考核效果良好

本研究调查了高中绩效工资团队考核的情况,即调查了高中对绩效工资的考核是否有针对教研组或团队进行考核,并根据调查结果将其分为两组:有团队绩效考核组和无团队绩效考核组。

数据分析显示,有团队绩效考核组和无团队绩效考核组的教师对于绩效工资提升工作积极性和主动性的反馈存在显著差异,有团队绩效考核组工作积极性的调动显著优于无团队绩效考核组。

四、高中教师绩效工资中的问题

至 2018 年 5 月,全国各省市区全面施行义务教育教师绩效工资制度,且已推广到包括高中和学前教育在内的非义务教育阶段。中小学教师绩效工资制度的实施,对教师个人的工资收入、工作积极性乃至整个教育系统事业的发展有着重要的影响。但是,本课题调研发现,十年来高中教师绩效工资制度实施中还存在一些问题,有待重视并解决。

1. 教师工资与公务员工资之间联动不够

国务院和教育部出台的"教师绩效工资指导意见"系列文件明确规定,义务教育教师规范后的津贴补贴平均水平,由县级以上人民政府人事、财政部门按照教师平均工资水平不低于当地公务员工资平均水平的原则确定,绩效工资总量随基本工资和学校所在县级行政区域公务员规范后津贴补贴的调整而调整。

但是,调查发现,只有40％的受访者所在地区,在测算教师工资总量和绩效工资额度时,将教师工资与公务员收入进行了全面对比,即对比了包括津贴补贴在内的工资收入总量。

一些地区在实际操作上,将教师与公务员的"基本工资"即岗位工资和薪级工资进行比照的较多,没有将包括高中教师在内的中小学教师绩效工资与公务员津贴补贴进行比较,由此导致这些地方很难达到"教师工资不低于当地公务员工资平均水平"的国家政策目标。

参照义务教育教师绩效工资制度制定的高中教师绩效工资体系,同样缺少对与当地公务员工资之间联动的考量、比较和平衡,部分地区高中教师工资低于当地公务员平均水平的现象依然存在。

2. 高中教师不认可参照义务教育教师绩效工资制度

尽管调研显示,高中教师比学前、小学和初中阶段教师拥有较高的工资收入,但是,高中教师则认为其工资收入水平和公务员相比,差距最大。显然,高中教师对自身工资收入水平认可度不高。同样,高中教师对绩效工资考核方案的满意度最低,绩效工资对高中教师工作积极性的调动最弱。可以这么认为,对参照义务教育学校绩效工资制度执行的高中学校绩效工资体系,高中教师并不认可。

调研发现,导致高中教师对现有绩效工资体系不满的一个主要原因在于,"高考奖"挤占高中教师绩效工资总盘子,教师绩效工资正向效应发挥受限。尽管所有高中教师普遍认可,学校应该对高三教师设立高考奖励,但是老师们也普遍认为,高考奖励如果从有限的教师绩效工资总额中划拨,势必会导致对其他部分的压缩与挤占,尤其是教师常规工作量的绩效奖励,这就导致了整个绩效工资的奖励效益大打折扣。

也就是说,有的高中先从学校教师绩效工资总额中扣除一部分作为高考奖金,把剩下部分拿来作其他绩效考核,这些所谓的"结余绩效"对于教师而言,激励效益是有限的。即便教师努力工作、取得很好的成绩,但由于常规绩效考核的总金额受到削减,教师个人的绩效工资也会受到限制。更为关键的是,这种方式很可能导致更为严重的片面追求高考入学率的应试教育,将教师划分成高考与非高考的不同利益群体,导致绩效工资施行过程中产生矛盾与冲突。

3. 对教师尤其是优秀教师的激励效果不突出

对不同职称水平、不同教龄高中教师绩效工资执行现状的分析显示,高职称水平高中教师和中青年高中教师在绩效工资实施后工作积极性调动情况、对绩效工资考核方案满意度,以及对工资收入水平和工作付出匹配程度的认识上,都不甚理想。具体地说,高中教师绩效工资制度对于高中优秀骨干教师的激励效果不佳,高中优秀骨干教师对绩效工资的满意度状况不容乐观。

调研发现,近年来一些公立高中的名师和优秀骨干教师的流失率有上升趋势。一些公立高中面临青壮年骨干教师流失的危机。教师们认为,公立学校绩效工资额度受限、工资待遇偏低,是教师愿意放弃"铁饭碗"的原因。

通常,高中教师绩效工资也是由基础性和奖励性两部分组成。其中,基础性绩效工资占绩效工资总量的70%,按照职务职级标准发放;奖励性绩效工资占绩效工资的30%,占比较低。高中教师认为,奖励性绩效工资比例低,难以体现"多劳多得"和"优绩优酬"的分配原则。

仅凭绩效工资作为激励手段,对于激励和提升教师的教学热情是不够的。调研发现,一些地方与学校明显缺乏与绩效工资实施相配套的其他措施和方法。

4. 绩效与学生高考分数直接挂钩的问题

学生的学习成绩是显示教师教育教学工作的表现之一,教师绩效工资必须关注学生学习成绩。高中学生高考成绩显然是高中教师绩效考核的一个重要方面,绩效与高考成绩关联无可非议。但是,高中教师绩效考核若与学生学习成绩简单地高度挂钩与直接挂钩,一方面可对教师提升学生成绩起到激励作用,但另一方面更容易带来"唯成绩是举"的负面效应。高中教师绩效工资如何与学生学习成绩挂钩,是一个比较复杂的系统问题。

调查也发现，"只以学生考试的绝对成绩作为考核指标"的考量方式，教师工作积极性调动并非最佳，教师对绩效工资考核方案的满意度也并非最高。促进学生德智体美劳全面发展，是高中教育人才培养目标所在。学生的全面发展与教师绩效考核合理挂钩和有效对应，将对教师工作积极性的提高产生影响。

五、改进高中教师绩效工资的策略

1. 提高高中绩效工资总量

高中教师工资增长需与绩效工资改革综合协调，在制度安排上切实提高教师工资总量，增加绩效工资总量，着力提高绩效工资占教师总工资的比例。

2018年，《中共中央　国务院关于全面深化新时代教师队伍建设改革的意见》明确要求，"健全中小学教师工资长效联动机制，核定绩效工资总量时统筹考虑当地公务员实际收入水平，确保中小学教师平均工资收入水平不低于或高于当地公务员平均工资收入水平"。为此，针对2009年以后新形成的教师工资与公务员的在四个津贴补贴（工作性津贴、生活性津贴、改革性津贴和车补）上的差距，各地应结合本地的经济和财力情况，对这种差距予以补缺。对于一些经济困难的地区，要建立按比例的政府间财政转移支付机制。

具体而言，可根据绩效工资经费在四个津贴补贴上的缺口规模（或者地方财力状况），划分不同类型地区，分别确定层级政府分担的原则和比例。对于发达地区和城市地区的教师工资，重点要加强对县区政府的引导和监督，强调省级政府的监管。

所以，在深化教师绩效工资改革的过程中，需要进一步明确各级政府和部门在绩效工资改革中的权责，建立绩效工资改革的"权责清单"。

建议各级政府成立包括高中教师在内的中小学教师绩效工资领导小组，由各级党委、政府领导及人事、财政、教育等部门共同参与，全面落实和创新体现国家中小学教师绩效工资改革政策的精神与要求。

2. 政府设立"奖金绩效池"

针对当前高中教师绩效工资受高考奖挤占、高中优秀教师流失、绩效工资激励效果不佳等问题,在考虑增量加法的基本原则下,实施高中教师工资"基本工资 + 绩效奖金"制改革,提升非义务教育阶段高中绩效工资的自由度,释放高中绩效工资的经济激励效应。

也就是说,在不减少现有高中教师年工资收入总量的基础之上,以此为基准,确保教师工资收入总量的年度增长比例。这种年工资收入或者说"年薪",要体现本地区经济发展水平与物价水平的变动情况,要将教师的岗位职责、工作年限、职称职务以及相关津贴或者补贴等因素体现在"年薪"之中。

建议地方政府按照上年度本地教师"年薪"总额的一定比例(如 10% 或者 15%)计算所得的金额作为"绩效奖金";根据教师绩效年度目标及其考核,基于多劳多得、优绩优酬的精神,年终一次性发放给教师;如果考核没有达成,这些"绩效奖金"可以延续到下一个年度,由此形成"绩效奖金池",建立可累积的奖励制度,如果没有实现绩效目标,则不予奖励。这种面向高中教师的"绩效奖金池"可根据各地实际情况,由各级政府共同参与实施。

3. 创新高中教师绩效体系

教师绩效工资制度并非只是简单的经费问题,更多的涉及教师职业工作与发展的各个方面。在实施教师绩效工资制度激励教师的同时,不可忽视经济因素以外的其他因素,如对教师的关注、关怀和激励,需要建立一个整体的、全方位的教师工作激励体系,促进全体教师的发展和成长,激发他们成为教育改革与发展的主力军。所以,需要创新高中教师绩效工资制度设计,构建全方位的以教师和学生发展为本的教师激励体系,强调团队奖励与个体激励的结合。

充分考虑高中教师个人特征和就业偏好后,关注教师工资收入与教师工作及生活环境之间的关系,关注教师的精神追求和专业发展的需求,更要关注教师教书育人与立德树人的神圣使命。

要将促进全体学生身心健康、终身发展、全面发展作为教师绩效考核的核心要素,而不能只是局限在单一的高考分数或者升学率上。要将高中教师履行教书育人、教育公平、育人方式等方面的要求体现在教师教育教学成绩评价体系之中。

4. 实现各方人员共同参与

为提高各级政府和学校实施高中教师绩效工资制度的科学性和有效性,除充分调动学校及其教师积极参与外,也应该鼓励第三方机构和教育研究机构共同参与高中学校教师绩效考核评价方案的研制。

地方政府必须将高中教师绩效工资分配权利下放给学校,使得学校在绩效工资分配和考核中实现权责对等,并以此增强学校的自主权,因校制宜地建立学校教师绩效工资制度。学校在绩效标准、绩效考核、绩效分配等方面,要听取学校教师、学生、家长等群体的意见,制定与学校发展战略相契合、科学合理的评价方案。

必须发挥教师当家作主的作用,教师绩效工资体系的制定与实施,需要全体教师的参与和贡献。需要充分尊重每个教师的意见和观点,要借助绩效工作制度的设计,统一和提升全体教师对教师职业工作的认识和对教育工作的理解,使教师绩效工作制度与教师专业发展有机结合。在保障教师参与的同时,切实保证教师绩效工资分配向一线教师、骨干教师倾斜,真正体现激励需求。

当然,教师与教师绩效工资之间存在直接利益关系,不可能避免教师对自身利益的关照。为此,地方政府和高中学校需要引进外部专业力量,注重调动外部力量参与高中学校教师绩效工资制度的设计,这是完善和提升高中教师绩效工作制度科学化、合理化的重要选择。如与高等学校和科研院所的专业力量合作,共同研制本地区、本校的教师绩效考核方案。

总之,各地应认识到深化高中教育领域教师绩效工资改革的重要性,致力于建立和完善适应高中教育普及化发展的绩效工资体系和经费保障机制,建立符合高中教师岗位特点和专业需求的绩效考核与绩效工资分配的体系,切实提高广大高中教师的收入和待遇,体现教师的职业地位和职业尊严,在维护好教师合法权益的基础上,真正使教师成为社会上令人羡慕的职业。

第五章
"一德三阶七径"的育人模式
——浙江省温州市第十四高级中学的探索

本章要点

浙江省温州市第十四高级中学是一个由两所高中部合并而成的独立高级中学。自 2013 年成立后,学校围绕立德树人根本任务,紧跟国家教育改革与发展的要求,在传承以往优秀办学实践经验的基础上,建构本校"一德三阶七径"育人模式,并取得显著成效。

▶ 立足学校实际,充分认识国家教育改革与发展的需求,学习和借鉴优秀的办学思想和理念,以建构育人新模式作为学校发展的立足点与方向。

▶ 以幸福教育为办学宗旨,坚持面向全体学生、促进全体学生全面发展与终身发展的思想,明确有教无类、因选施教和爱慧俱佳的办学理念。

▶ 围绕"德"字建构丰富的学校课程体系,为学生提供三阶修习模式与个性化的七大成长途径,尽可能满足学校每个学生的个性化学习与发展选择。

▶ 将课程开发、课程实施、课堂变革、管理改革与教师发展作为学校发展的主要抓手和行动策略,形成了学校发展的实践道路,为特色学校的形成奠定了基础。

浙江省温州市第十四高级中学(简称"十四高")是在 2013 年温州市推行初高中分设办学体制改革背景下,由原来的一所相对薄弱的学校(温州市第十一中学)的高中部和一所中等偏上的学校(温州市第十四中学)的高中部融合而成的普通高中。相对于温州城区其他普通高中而言,其办学地址、办学硬件条件、社会声誉等方面均处于劣势。合并成立后的高中的招生录取分数线也处于城区普高的底部,它是当时社会上普遍认为的薄弱学校。这种现状对于学校发展而言,是一个极大的困难。尤其是 2012 年浙江省开始推进深化普通高中课程改革,2014 年又开始实施试点新高考改革,为处于初高中分设改革阵痛期的十四高带来了巨大挑战。

不过,也正是这种挑战,使十四高从中看到了学校发展的希望。自 2015 年起,在侯元东校长的带领下,学校认真而全面地剖析了两校融合带来的优势、劣势、机遇和挑战,以积极创新驱动的勇气,将学校全面改革作为学校发展的机遇,按国家高中教育改革与发展的要求重塑学校,用改革激发学校全体教师的信心和勇气,聚焦育人模式转变,使学校从迷茫走向发展,闯出了学校发展的新天地。

一、寻找学校发展的突破口

1. 理清改革方向

面对学校发展的现实问题,学校认真学习十八大以来习近平总书记关于教育的重要论述,学习国家教育改革与发展的政策与文件,充分理解国家教育改革与发展的任务和要求,充分意识到学校在提升教育公平和提升教育质量方面的重要性和关键性。为此,学校着力思考如何全面贯彻落实立德树人根本任务,树立适合本校实际的办学理念,探索如何实现学校育人模式的转变,促进全体学生的个性成长与全面发展,全面提高学生综合素质,办出人民满意的学校。

同时,学校认真落实浙江省新课程和新高考改革的要求。在选择性教育核心理念的指引下,学校积极更新教育观念,创设并提供丰富的课程活动,为学生提供多样化和个性化的选择,同时顺应新高考改革要求,确保学生的选择扩大到必修课程领域,实现面向每个学生的学校教育,真正推动学校育人模式的转变。

2. 发现自身优势

学校意识到,学生文化课基础相对薄弱,如果只靠原先传统的纯文化课的育人模式,是用自己的短处与别人的长处竞争,一定是不成功,对学生来说也是不公平的。学校认为,育人模式的改革,必须走多样化和层次化的道路,让每个学生学会发现自己的潜能优势,实现每个学生发展的成长之路。

十四高由原先的两所学校融合而成,这为十四高的发展,尤其是育人模式的创建,提供了良好的基础:

一是两校在长期的办学中均已形成相应的学校文化,十四高在此基础上凝练校训和办学理念,具备较高的文化认同度。

二是两校都有比较丰富的校本课程,如"非遗"、美术、合唱、生涯规划等,传统优势课程的叠加充实了十四高的校本课程资源库,为十四高多元特色发展奠定了课程基础。

三是两校合并的师资结构具有互补性和丰富性,为十四高的学校发展与育人模式创立提供了良好的师资保证。

四是借助学校新成立的优势,可以吸引更多社会力量参与学校课程开设并提供专业化指导,为学校发展提供强劲的教育支持。

总之,为了成就每一位学生,推动学校高品质发展,学校基于生源实际,借助浙江省新课程和新高考的改革东风,明确应有的教育宗旨与办学理念,建立完善的课程体系,确立学校发展办学策略,整体构建"一德三阶七径"新育人模式,促使学校走出困境走向发展,推动办学成效逐年上升。

二、创建学校育人课程体系

十四高在认识到高中教育改革与发展的新形势与新要求的基础上,充分吸取学校原先的办学经验,围绕贯彻落实立德树人根本任务的要求,创建了学校育人新模式,面向全体学生,促进每个学生全面、有个性化地成长,构建起了体现校本特点的"一德三阶七径"新育人模式。

1. 基于幸福教育的追求

（1）传承发展学校文化

早在 2007 年,温州市第十四中学就提出,"为学生的精神世界负责,为学生一生的幸福奠基"的办学理念,以"博学笃行,蔚为国用"为校训,形成了"尚德、求是、创新"的优良校风和"求真、求实、求美"的学风及"严谨、协作、奉献"的教风。由此"幸福教育"成为学校办学宗旨。

学校认为,高中教育应当在培养学生全面发展的基础上,促进学生在教育活动中自我觉醒,在社会参与和学习过程中发现自我潜能,全面提升自我的个性和特长,从而达到实现自我、促进社会发展的目的,为学生从自我成长到本我提升再到超我实现的过程中体验到幸福奠定基础,同样教师也将在教育过程中寻找到幸福。

因此,2013 年十四高成立后,继续传承第十四中学的优秀办学文化和特色。同时,根据校情、学情和温州地方实际,赋予"幸福教育"具体的内涵:教育是为了让人在自我发现、自我提升和自我实现的过程中体验到幸福,为未来能选择自己喜欢的事业并养活自己、惠及家庭和社会奠基。与此同时,在当前教育改革"选择性"核心理念的指引下,学校发展了温州十一中的"差异教育"理念,重新探索适合十四高生源实际的学校发展之路,力图把学校建设成"精致文化美园、多元特色校园、师生幸福家园",成为同类别学校中幸福教育特色品牌学校。

（2）明确三大办学理念

在"幸福教育"办学宗旨的指导下,根据学校生源实际和选择性教育理念,学校明确了"有教无类,因选施教,爱慧俱佳"的办学理念,规范学校及教师的育人目的、教育态度和教育理念,使幸福教育有可操作的准则。

第一,有教无类。要求教育者对教育充满情怀。不论学生的出身、基础如何,教育者对待学生均要一视同仁,这也是教育公平的体现。学校必须正视融合改革前后的生源急剧变化,进行准确定位。

为此,一是学校层面要面向全体学生,立足校内外资源,为学生发现、提升和实现自我提供帮助,要为不同个性的学生提供不同的教育;二是教师层面要正视差异、学会发现,要立足个体促进整体,要立足渐进促进发展;三是学生层面要树立天生我材必有用的信心,我努力我能行的决心。

第二,因选施教。这是学校的核心育人理念,包含因材施教和选择性、个性化教育,提倡以学生为中心,围绕学生的选择提供针对性教育。

为此,一是学校层面要为学生提供多样化、多层级的成长途径、教育模式和课程体系,让学生有得选;二是教师层面要指导学生学会选,要实施个性化教育,让学生学得好;三是学生层面要在高中阶段重新发现自我、提升自我和实现自我,学会树立"我选择我负责"的责任意识,树立"我努力会成长"的信念。

第三,爱慧俱佳。这是回答培养什么样的人的问题。学校着眼校情和学情,培养爱心和智慧俱佳、创造未来幸福生活的优秀公民。

(3)育人目标

为了落实立德树人的根本任务,学校提出要使用完善的课程体系,培养爱心和智慧兼具且个性得到发展的学生;老师要成为爱慧俱佳的老师,用爱去育人,育有爱的人,智慧地育人和培养有智慧的学生;学生要树立社会主义核心价值观、学会爱、学会学习、学会实践、学会创造,追求全面而有个性的发展。

学校提出的育人目标是,把学生培养成为有爱心、有智慧、能创造未来幸福生活的优秀公民。爱心是指爱自己、爱他人、爱社会、爱国家、爱自然;智慧主要指学生具备人文底蕴和科学精神的文化基础,具备会学习、会健康生活的自主发展能力,具备有责任担当和创新实践能力的社会参与能力,具备成功解决问题的心理品质和决策能力;优秀公民是指具备"竞争力、责任感、中国心、国际范"品质的公民。

2. 围绕育人的模式体系

(1)"德"字课程体系

立德树人是方向,全面发展是基础,个性发展是目标。围绕"有教无类"的育人情怀和"爱慧俱佳"的育人目标,以爱心育德树人,以智慧培养学生全面而有个性的发展。据此,学校全面梳理学校课程,改变原有课程的扁平化、随意性和粗放型的特点,从学生个体全面修习的维度,满足学生发现、提升和实现三个层级的需要,满足学生全面而有个性的发展的需求,立体构建了"德"字型课程结构(如图5.1所示)。

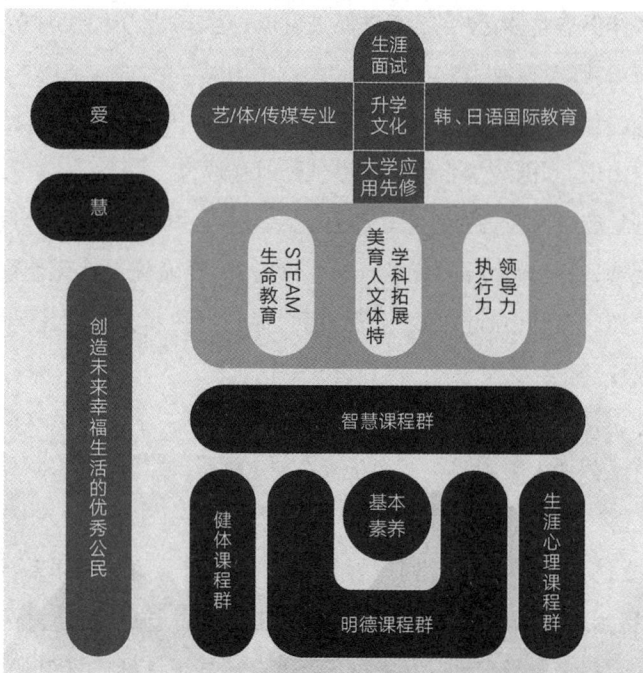

图 5.1　温州市第十四高级中学"德"字型课程体系

"德"字型课程设计紧紧围绕学生成长应具备的必备品格和关键能力,落实立德树人的根本任务。其中,"心"底涵盖爱心、美育、明德、艺体、心理、生涯教育和基本素养等全员必修的奠基课程,奠定学生的道德、社会生活和身心基础,也为学生参加"三位一体"和自主招生奠定基础;"一"字为智慧基础课程,涵盖所有必修文化课程,奠定学生共同的学科知识基础;"四"字为培养个性化发展的基础阶和中阶选修课程,基础阶选修课程是按霍兰德六角形设置的课程群,包含"非遗"在内的美育、STEAM、体育特色、学科拓展和人文等课程群,中阶选修课程包含选择性必修、社团、运动队、"四节"、领导力、执行力和特色项目展示活动课程等,实现学生的自我发现和自我提升;"十"字为专业发展高阶课程,包括升学文化课程、艺体专业课程群、日韩国际教育课程群、大学应用先修课程和面试训练课程等,促进学生的自我实现。

(2) 三阶修习模式

根据有教无类的教育理念,学校设置修习模式,让学生在学校教育中发现自己的个性特长,并在高中三年的循序渐进的修习中,明确适合自己的学习方向,实现个人素养和能力的螺旋式上升。

十四高在实施新课程改革过程中,完成了必修课程的校本化,积累了大量选修课程。根据课程功能,基于学生自我发现、自我提升和自我实现的成长规律,从学生的修习方式和目标维度确立了"尝试发现课程——自我提升课程——自我实现课程"三阶塔式修习课程模块(如图5.2)。

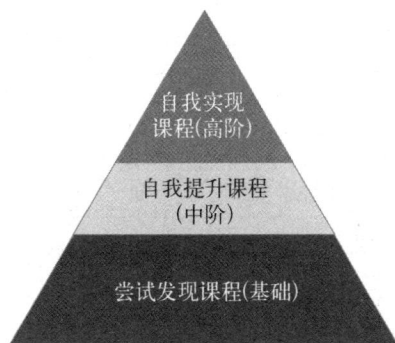

图 5.2 温州市第十四中学三阶塔式修习课程模块

学生在起始学段通过多次选择修习不同领域的基础类学科、兴趣课程与技能课程,发现自己的特长;进入中期学段后,通过选择性必修、知识拓展、社团、项目学习等中阶课程,不断提升自己的特长并确定自己的成长方向;最后学段,通过升学文化、专业发展的高阶课程来实现自我发展(见表5.1)。

表 5.1 温州市第十四高级中学三阶塔式修习模式及作用

层级	基础阶		中　　阶		高　　阶	
类别	必修	个性选修	必修及组合选修	个性选修	必须及组合选修	个性选修
课程	明德、基本素养、学科、艺体、心理和生涯规划	基于霍兰德六角形模型的六大选修课程群	语文、数学、外语、"七选三"组合的选择性必修	竞赛先修类、知识拓展类、社群类、职业调查类等	文化课高考备考复习	个性专业发展,三位一体、提前自主招生、大学应用类先修等辅导课程
学习组织形式	固定班级授课全员必修	走班多次选择修习	分层走班和分类走班相结合	相同特长学生组合修习、校内外相结合、课内外相结合	外语、"七选三"组合有两次考试机会,不同学生可采取不同的进度学习	校内外紧密联合联合

第五章　"一德三阶七径"的育人模式　　121

层级	基础阶		中 阶		高 阶
目标	奠定共同基础,发现优势学科	发现自我兴趣及职业倾向	扬长教育	提升自我	实现自我
学生成长比喻	学生的学习类似于生物学中的"布朗运动",寻找方向		学生选定方向后的成长可称之为"定向运动"		学生为升学做"全速奔跑"

（3）七大成长途径

浙江省新高考改革要求"逐步形成分类考试、综合评价、多元录取的考试招生制度",同时为学生的升学创设诸多途径和考核方式。十四高根据"因选施教"的办学要求,立足学情,从学生个体成长方向的维度,为学生量身打造了七大成长途径,提供个性化选择,为途径选择和培养制定不同的策略（见表5.2）。七大途径涵盖了普通文化高考、"三位一体"、提前自主招生、艺体特长、传媒升学、中韩国际、普职融通等。

表5.2 温州市第十四高级中学学生成长的七大途径框架

途 径	内 容	对象特点	具 体 策 略
1. 普通文化高考	通过普通高考升学	文化课成绩较优秀但综合能力一般,个性特长不突出。	1. "七选三"组合为学生提供尽可能多的选择,开展生涯规划教育,提升学生选择能力; 2. 利用精准教育平台数据为学生选科提供帮助,利用新高考赋分制的特点,指导学生做好"七选三"组合选择; 3. 培养学校优势学科,提升学校整体竞争力。
2. 三位一体	高考成绩+学考成绩+高校面试	1. 全面发展; 2. 综合能力较好; 3. 个性特长明显,有明显职业倾向的。	1. 重视全科学考,组织学生参与各类竞赛和活动,为学生报名和录取提供条件; 2. 重视职业体验和实践课,培养学生职业选择能力; 3. 加强活动、选修和面试等,提升学生综合能力; 4. 加强与目标本科高校的合作,做好高中与高校衔接。

途　径	内　容	对象特点	具　体　策　略
3. 高职提前自主招生	学考成绩＋高校面试,不参加高考。	1. 学业成绩较弱; 2. 职业倾向明显。	1. 重视全科学考,确保学考有优势学科; 2. 重视职业体验和实践课,培养职业倾向选择能力; 3. 加强活动、选修和面试等建设,提升综合能力; 4. 加强与高职院校合作,做好高中与高校的衔接。
4. 艺体特长	1. 美术、音乐、体育、舞蹈等; 2. 专业＋文化高考。	1. 有专业特长; 2. 有志于艺体发展。	1. 通过开设艺体类选修课程,发现艺体潜能生,开展生涯规划指导,帮助学生选择成长途径; 2. 高二组建"艺术资优班",单独制定与专业学习相衔接的课程计划和育人方案; 3. 与校外机构合作制定专业修习方案,提升专业学习效率; 4. 与专业院校合作,建立高水平特招平台。
5. 传媒升学	1. 播音、编导、表演等传媒专业; 2. 专业＋文化高考。	1. 有专业特长; 2. 有志于传媒发展且文化成绩较好。	1. 开设传媒选修课程和活动课程,发现传媒潜能生,开展生涯规划指导,帮助学生选择成长途径; 2. 与校外机构和学生家长共同商定培养的方向,共同制定学生个体的成长方案; 3. 与专业院校建立合作关系,提高升学率。
6. 普职融通	普高转职高,参加职高单考单招。	1. 学生职业倾向明显; 2. 文化学习不感兴趣,自愿转入职高。	1. 通过高一选修课程和职业生涯规划课程发现该类学生; 2. 加强单考单招高考制度的宣传介绍,由学生和家长综合考虑自愿决定; 3. 与职业高中建立联系,共同做好专业选择、考核、入学等工作。
7. 中韩国际	韩国名校留学项目,高中毕业学历＋韩语等级要求。	有意赴韩国留学	1. 与韩国名校建立留学项目,制定中韩国际"1＋1.5＋0.5"的育人模式; 2. 高一开设韩语选修课,在高一结束时,学生自愿选择赴韩留学项目或者留在国内普通班继续升学; 3. 赴韩留学的学生进入中韩国际部,完成国内普通高中学业任务,加大韩语学习课时,在高三下学期赴韩留学。

3. 注重校本的课程体系

（1）重视必修课程校本化和校本选修课程开发

学校在建立"德"字型课程体系的过程中,重视必修课程和选修课程的建设与实施,在校本化上下功夫。

首先,根据《浙江省深化普通高中课程改革方案》,综合浙江省学科标准和生源实际,制定《温州市第十四高级中学必修课程校本化实施方案》,明确学科教学纲要和模块学分给定办法,确保必修课程校本化的实施成效。所有学科均制定了课程的教学纲要和计划,完成了学科校本作业的编写。其次,十四高发动校内外资源,大力开发校本选修课程,共开发出校本课程132门,市级以上精品课程32门,其中国家级精品课程1门、省级精品课程11门。再次,十四高创造条件做好物化保障,学校建有800平米的"非遗中心"和民艺馆、200平米的专业画室、400多平米的创客中心、"四度"生涯体验式校园(第一期)、笼式足球场和定向运动专用教室等。

（2）实施生涯指导,优化课程设置和实施

第一,实施"四度"生涯规划课程教育,让学生"学会选"。

在育人过程中,学生学会选择和规划自己生涯的能力很重要。2015年,十四高组织60名教师参加国家生涯规划师认证专题培训班,大力提升教师的生涯辅导技能,促进学科教学中渗透生涯规划,同时促成相关课题"基于'三叶草'的普高学生学业规划的探索与实践"于2017年市级立项。

由1名全球职业规划师、4名国家生涯规划师共同组建学校生涯规划核心教研组,创设并实施从高一到高三的"四度"生涯教育课程体系(见表5.3),即包含生涯通识课、学业认知指导的深度课程,包含社会实践、职业体验等宽度课程,包含高校专业体验、面试能力培养等高度课程,包含志愿填报指导等温度课程。生涯规划列入高中三年教育计划,写入课表,全程全方位为学生学会认识自我、提升自我和实现自我提供帮助。

第二,以霍兰德六角形模型优化课程设置,让学生"有得选"。

根据加德纳的多元智能理论,在丰富课程群的基础上,还要科学设置选修课程类别,才能让不同个性的学生都有得选。基于此,十四高结合霍兰德职业生涯规划理论

表 5.3　温州市第十四高级中学"四度"生涯规划课程目标与实施

课程类别	课 程 目 标	课 程 实 施
深度课程	通过心理健康教育、生涯通识教育课程,学会认识自我、探索社会、科学决策的方法,深入发现自我。	高一通识课程(18 课时)
宽度课程	通过兴趣特长、职业技能、社会实践、职业体验课程,对外部世界进行普式探索,寻找生涯发展的方向,提升自我。	基础阶选修课程,社会实践,职业体验课程
高度课程	通过高校体验、专业认知探索、"三位一体"指导、专业先修、知识拓展等课程,指导学生对高校与专业进行深度探索,定位生涯发展路径。	中阶提升课程:社群类、高校与高中衔接讲座体验类课程,三位一体指导课程,主要是在高二和高三开设
温度课程	通过美育明德课程确定自己的世界观、人生观和价值观,通过学业选择指导、院校专业指导、志愿填报指导等课程,能够科学地"七选三",合理选择升学路径及专业取向,从而实现自我。	渗透在德育活动、选修课程、班团活动、学科职业指导课和高三志愿填报指导中

中的六角形模型,设置六类选修课程群,分别是基于必修课知识拓展的理创课程群、基于 STEAM 学习的创客课程群、基于艺术与人文修养的美育课程群、基于志愿者服务的生命教育课程群、基于岗位培训的领导力课程群和基于岗位实践的执行力课程群,如图 5.3 所示。

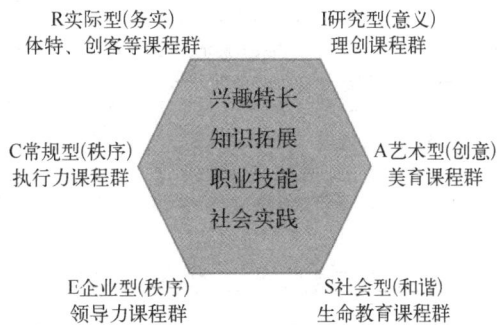

R实际型(务实)
体特、创客等课程群

I研究型(意义)
理创课程群

C常规型(秩序)
执行力课程群

兴趣特长
知识拓展
职业技能
社会实践

A艺术型(创意)
美育课程群

E企业型(秩序)
领导力课程群

S社会型(和谐)
生命教育课程群

图 5.3　温州市第十四高级中学基于霍兰德模型的学校特色课程群

六类选修课程群均包含丰富的特色校本课程,如表 5.4 所示,同时涵盖了霍兰德理论的六种类型职业的主要倾向。十四高针对不同层次的学生需求,根据课程的专业化程度,按照三阶修习模式,精细化设置每个课程群的修习内容。以表 5.5 的美育课程为例,从低阶兴趣选修课,到中阶社团拓展活动,再到高阶专业选修课程的梯级层次,为学生的多元尝试选择提供了坚实的保障。

表5.4 温州市第十四高级中学基于霍兰德模型的学校特色课程群框架

课 程 群	职业倾向 主要类型	相 应 课 程
创客课程群	R 实际型	Arduino 应用、物理创意学具、生物模型、结构设计与建模、艺术模型创造、智能机器人、科技节等课程
拓展课程群	I 研究型	学科拓展、竞赛、外语、读书节、运动会、研究性学习、中韩国际等课程
美育课程群	A 艺术型	非遗系列、艺术系列、传媒系列、展览文化等课程,其中艺术系列涵盖:美术资优、书法、合唱、电声乐队、艺术疗法等;非遗系列涵盖:瓯绣、十字绣、细纹刻纸、泥塑、陶艺(瓯窑)、米塑、竹丝镶嵌等
生命教育课程群	S 社会型	志愿者服务、急救、远足、人道法、心理健康团体辅导等课程
领导力课程群	E 企业型	学生会、团委、活动策划、干部培训等岗位课程
执行力课程群	C 常规型	值周、社团、军训、班委等岗位课程

表5.5 温州市第十四高级中学三阶美育课程群

课程群	选修(基础阶)	社团(中阶)	专业发展选修(高阶)
美育课程群	瓯绣、十字绣、细纹刻纸、泥塑、瓯窑、米塑、竹丝镶嵌、书法、美丽的线条、合唱节、传媒	合唱团、细纹刻纸、泥塑、米塑、竹丝镶嵌、素描和水彩、瓯窑、剧社、书法等	美术资优高考专业课程、声乐、器乐、舞蹈、编导、播音、主持、表演等

第三,为学生提供多次选择的机会,让学生"选得好"。

学生只有在多领域、多次尝试后才会发现自己的特长兴趣。十四高利用选课平台,从高一入学开始至少为学生提供 3 次选择选修课的学习机会,学生通过学习体验的比较发现自己的特长兴趣,并确定自己的选择方向。

在中韩国际项目中,建立了"高一学语言,高二定去向,高三读预科"的操作办法,学生在高一入学和高二入学时有两次选择机会。从 2017 年开始,十四高与第三方公司合作,开始在必修课中尝试利用大数据为学生学习留痕,利用过程性大数据分析为学生的必修课"七选三"工作提供科学依据。

三、深化学校教育教学改革

1. 改革学校管理方式方法

（1）改革内部管理架构

相较于传统育人模式,新育人模式管理的实施要复杂许多,需要整合校内外资源,需要理清校内条块管理的职责,做到策划、规划、实施和评价全覆盖。学校建立了以党总支、校长室牵头负责总体规划,各处室、项目组和教研组负责课程开发、实施和评价,年级段负责学生途径选择和实施的管理体制,同时建立和完善评价激励机制,顺利地推进育人模式的实施(见表5.6)。

表5.6 温州市第十四高级中学课程及途径管理实施架构表

职　　责	主要牵头部门	职　　责	主要牵头部门
育人模式的创建和调整	党总支校长室	STEAM课程的管理,课程信息化辅助和支持	信息技术中心
课程规划实施方案制定,课程开发建设指导和评价,学科拓展课程开发管理	教育发展中心	特色课程的开发建设及实施	项目组、教研组、备课组
学生课程选择和评价,课程实施,校内外资源的整合等	教务处	中韩国际教育特色建设	国际部
美育、体育、生涯、领导力和执行力的开发和管理	学生发展处、团委	课程资源的保障	总务处、校办、教务处
七条途径的选择、指导和实施	年级段(每个年级段由副校长担任负责人,由各条线的一位中层干部为成员组成,做到条块结合)		

（2）建立外部广泛合作

根据学校多元课程和七大育人途径的要求与特点,十四高积极利用社会教育资源,提出了与外部机构合作实施育人活动。具体表现为:

第一,推行校社合作育人项目。

为弥补教育资源的不足,学校积极创造条件,开展与社会力量和校外专业机构的合作,形成了艺术传媒体育的特色育人模式。

以美术资优班先行试点。首先与温州市工艺美术研究院合作开设艺术类基础型修习课程,打造7门温州工艺类非遗课程,形成"外聘大师＋本校助教"双师型课堂管理模式;其次与相关社会团体建立联系,为学生开展中阶社团课程(冬令营、夏令营等)提供实践基地;再次与社会上的专业美术高考机构合作,组建以艺术升学为目标的美术资优班,形成了文化、专业综合培养的育人模式。积极推进美术资优班的成功经验在其他领域的辐射。

与社会传媒机构合作,发现和培养传媒人才;与校外足球俱乐部、温州定向协会、温州少体校(游泳项目)合作,发现和培养体育人才;与校外日语机构联办优质日语班,弥补英语弱科学生的短板。通过三年努力,十四高在艺术、传媒、体育、日语高考方面办学成效显著。

第二,建立高校衔接合作关系。

基于新高考"分类考试,综合评价,多次录取"的招生制度,十四高与省内10多所目标升学院校建立合作关系。邀请合作高校分批次、阶段性地为十四高学生开设专场论坛或讲座,普及高校考试招生制度、大学专业设置与选择、志愿填报指导等内容,开展以大学校园为基地的专业体验课程,聘请高校专业老师协助学校生涯规划教师联合开发面试课程等。

高校衔接策略纳入十四高的生涯规划课程体系,极大提升了学生的学习动力和能力,助力学生做出正确的选择,特别是对"三位一体"和"高职提前自主招生"升学途径提供了极大支撑,初步形成了高中毕业生与高校双向选择的对接途径。

第三,推行中韩合作教育项目。

为拓展学生的成长路径,2015年,在温州市教育局的支持下,十四高与韩国的国立大学合作,创办了温州首个公办中外合作项目——中韩TOPIK项目。

该项目既保留了国内高中课程,又添加了韩语课程。韩语由韩方派遣外教授课。现已形成了中韩"1＋1.5＋0.5"育人模式,即建立了1年选择分流,高一结束时学生根据自己的兴趣选择去韩国留学或者参加国内升学,选择去韩国留学的学生用两年半时间完成高中学业,在高三时赴韩国参加大学预科学习。

鉴于中韩合作项目的双通道选择、高质量、纯公办和高成功率等优势,2016年开始招生对象由原来的仅向鹿城区开放,变为面向全市招生。中韩合作项目毕业生的出色表现促成了韩国多所大学来校访问寻求合作。至目前,除全南大学、延世大学外,十四高与更高水平的韩国汉阳、高丽、成均馆、梨花女子等大学建立了实质联系与合作,为学生留学进一步拓宽渠道。

第四,推行普职融通"二一分流"。

针对少部分更喜欢或更适合职业教育的学生,着眼于新高考分类考试和普职融通制度,学校深入研究单考单招政策,收集数据资料,寻找最佳专业及合作职校,制定合作培养方案;班主任及任课老师帮助学生认识自我、增进职业理解,建立正确的成才观与就业观。

少部分学生在高二时转学到了职业教育学校,选择单考单招成长路径,完成类别转型和本科升学。

2. 推进课堂与教学的变革

(1) 导学案设计——先学后教

2013年,学校成为温州市"促进有效学习"课堂变革的第一批试点校,分别从"变革教学内容和教学载体、变革课堂形态和学习方式、变革教学方法和学习时空、变革评价方式"等四个方面推进学校课堂变革行动。

十四高鼓励教师形成以"实效"为中心,以"基于学情的课堂实践与研究"为抓手,以"先学后教"为基本思路,以"小组合作、团队互促"为课堂学习方式,以"导学案设计"为常规备课的教学特色。在变革中,学校各教研组探索创新,逐步形成极具学科特色的教学模式,比如数学组的"课前导学、课中协作、课后微课"模式,政治组的"思维导图、构建知识树"模式,生物组的"指尖上的作业——制作生物模型"模式,技术组的"实践体验"模式等,其中数学组先后荣获温州市"促进有效学习"课堂变革优秀试点项目和市优秀教研组称号。

(2) "三常规六设计五效益"行动

2018年,十四高被列为温州市第二轮"促进有效学习"课堂变革的试点学校,以

"温州十四高"教与学"习惯优化项目行动"课题研究为抓手（又称为"三常规六设计五效益行动计划"，部分内容见表 5.7），提升必修课程实施的五大效益。以"上有设计感的课"为任务驱动，建立包含"目标、作业分层、教、学、教辅和主副板书"的"六设计"备课规范，提升学生在课前、课中和课后学习的即时效益，同时建立教师月常规考核制度，提升项目的实施效益。

表 5.7　温州市第十四高级中学"三常规六设计"教学设计总体要求及流程

项　　　目		内　　　容
总体要求		课前设计应该符合学生的认知规律，依托因材施教和因选施教的理念进行设计。备课环节上，教学目标设计应统领全局，依据课程标准、学生实际以及学生的学考和选考选择实际；作业设计用于检测学生掌握的情况和目标达成情况，涉及学生课后学习和教师教学成效反馈，实施有分层的设计；教与学的设计依据学生的认知规律，关注学生知识、能力的生成，关注"三常规"落实，达成学生包括习惯在内的核心素养的养成，不惟模式，贵在有效，依据教学实际选择不同设计；教学辅助设计，突出"辅助"功能，不是替代学生体验和教学建构过程，避免用现代教育技术替代课堂教学；板书设计体现知识探究、建构和能力形成的过程，从局部走向整体，体现归纳和演绎过程，有主副之分。
三常规		1)"入室即静落座即学"图书馆式学习整体常规； 2)"抬头动笔合作交流"课堂学习行为常规； 3) 阅读、书写、笔记、记忆、程序、探究、思辨等学习生成常规。
六设计	目标设计	1) 符合学科课程标准，体现学科素养； 2) 符合学生实际，要求合理，体现分层，可操作性强； 3) 合理确定重点和难点。
	教的设计	1) 教材素材的选取处理、教学模式符合学生实际和认知规律，富有创意，能激发学生的兴趣； 2) 讲解科学，示范指导得力，表述幽默简洁，教态自然，体现协调能力、应变能力和即时评价能力。
	学的设计	1) 学习任务和问题设计合理有层次； 2) 引课、陈述、引导、探究和训练设置等符合认知规律，重视程序性知识和方法指导； 3) 覆盖学生阅读、听课、思考、笔记、训练、质疑等方面，重视"学习三常规"落实； 4) 面向全体兼顾少数，师生互动（问答、纠错）、生生互动（互评、互批、互查、合作交流、辩论等）等活动设计合理。

项　目		内　　　　容
六设计	教辅设计	1）现代教育技术应用适时适度，提高课堂教学效益，有助于化解难点、突出重点； 2）科学教学中的演示和随堂实验设计，有助于学生体验和知识的生成，有助于化解难点、突出重点。
	板书设计	1）主副板书分割合理； 2）板书设计规范、清晰，展现重点、难点，有利于学生知识的生成和知识结构的形成。
	作业设计	1）作业内容体现目标，难度符合学生实际，分量适度； 2）体现分层理念，富有创新性。

2015 年开始，学校与第三方信息公司合作，开展基于大数据的精准教学，同时建立校微课资源库共 600 多节，其中 9 项微课入选教育部微课程资源库，并逐步投入使用。2018 年，精准教学全科推进，逐步推进校本作业数字化、智能化，做到学生学习留痕，发挥学习的累计效益，为高一学生"七选三"提供科学指导，促进学生的学业规划能力的提升。

3. 切实加强教师队伍建设

（1）实施教师分类培养

对新教师，实施"一对一"师徒结对帮扶策略，名师、骨干教师、高级教师担任师傅，新教师作为徒弟 3 年跟学，师傅从听课、备课、上课、反思等全方位对新教师进行指导，促使青年教师 3 年内站稳讲台，5 年内站好讲台，成为功底扎实的成熟教师。

对青年教师，以市级三个层次教师评比、学科骨干教师评比为平台，推送他们进入各种研修班、名师工作室学习培训，集整个学科教研组之力进行打造，使他们尽快成长为温州市各学科骨干教师或领军教师。

对中年骨干教师和部分高级教师，以省教坛新秀、特级教师、教授级高级教师、名师评比为平台，聘请省市内外名家、名师进行指导，使他们成为专家型、学者型的名教师。

（2）做好教师成长平台建设

拓宽业务学习平台。近年来，十四高注重阅读引领自主学、青蓝交融互相学、带着任务外出学、面向全体集中学。除校本培训和指令性学习外,教师还积极参加各类名师工作室学习,进高校学习,参加非本专业内容培训,提升专任教师开发选修课能力。

稳固教科研平台。在教学方面,推行集体备课,组织教师积极开展辅导方案研究、作业设计研究、教学方法研究、"六设计"备课研究;科研上,强化课程开发研究,强化课题案例研究,强化教学模式或规律的研究。在课堂教学中探索,在集体研讨中碰撞,在课程改革中成长。

搭建教育信息化平台。注重技术背景下的教师成长。依托微格教室,开展微格教研;利用网络技术,开设空中课堂;利用"互联网+"技术,推送微课和智慧管理,开展基于大数据的精准教学研究,不断拓宽研究渠道和成长路径,为学生的幸福成长奠定坚实的基础。

创新技能大赛平台。开展中青年教师年度解题测试,开展教坛新星、教坛新秀、教坛中坚评比,开展老教师领衔的命题大赛,在"同课异构"中竞争,在"分合行动"中实践,全员推进教师队伍不断成长。

(3) 确保教师培训经费

学校采取各种措施确保专任教师参加各级各类教师培训,按规定提足教师培训经费,支持和有效保障教师选择培训要求。2014年全校工资的2.1％和公用经费的10％两项合计金额为41.47万,而培训费实际支出43.11万;2015年全校工资的2.1％和公用经费的10％两项合计金额为44.85万,培训费实际支出51.99万,两年的培训费都超过了预算。

四、有效提升学校办学质量

"一德三阶七径"育人模式推动办学品质大幅度提升,十四高两次入选省深化课程改革实践基地校,2017年被评为浙江省二级特色示范校、浙江省数字化师范学校,2018年被评为教育部中华优秀传统文化传承示范校、中国校园健康行动"普法亮眼"示范基地,被列为浙江省党组织领导下校长负责制试点学校,被评为温州市普通高中教育教学质量优秀学校、温州市德育示范校、温州市墨香校园等,学校取得的成效得到行政主管部门和社会各界的一致好评,相关成果在《温州教育》上发表。《浙江日报》、《温州日报》《温州都市报》《温州商报》《温州晚报》、温州网、温州教育网、温州教研网等都曾大篇幅多次报道学校建设情况。2015 年底,中央电视台科学频道《探索发现》栏目组专程来学校拍摄非遗课程"绸塑"的大型记录片,温州电视新闻频道等媒体进行了专题报道。近三年,学校共接待省内外来访学习团队 30 多批次,也应邀到福建师大、湖北黄冈等地做办学经验交流和学术讲座。

1. 教育质量连年上升

随着十四高育人新模式的实施和成熟,学校教育教学质量不断提升,高考成绩就是一个典型说明。近年来,学校毕业生的本科录取率提升迅速,从 2016 届本科率 46% 到 2018 届二段上线率达 50%,两年提升 4 个百分点,总上线率从 2016 年的 92% 提升到 2018 年的 100%,其中,重点大学录取数量和质量呈突破性进步。2018 年高考,被中央民族大学、湖南师范大学、中国美院、中央戏剧学院、南京林业大学等 985、211、双一流大学录取的学生有 13 位,2018 届美术资优班一段率高达 92.3%。由此,十四高荣膺"温州市 2018 年普通高中教育教学质量优秀学校"。

近两年的学生成绩数据显示,多途径升学人数大幅度增加对升学质量提升起着决定性作用。从 2017 年到 2018 年高考,通过"三位一体"方式被录取的学生从 33 位增加到 56 位,其中在二段线下被本科录取的人数从 14 位增加到 19 位;美术、音乐、传媒和体育等被本科录取的人数从 33 位增加到 53 位,不仅数量提升快,质量也有明显提升,重点艺术院校从 1 位提升到 12 位;被高职提前自主招生录取的学生每年达 80 多位。此外,中韩班均 100% 升入韩国本科名校,有汉阳大学、成均馆和中央大学等;参加普职融通的学生升学率达 100%,本科率达 19%。

上述数据说明,学校创建的"一德三阶七径"育人新模式有助于成就每位学生,是"有教无类,因选施教,爱慧俱佳"办学理念的具体体现。

2. 学生收获教育幸福

十四高学生入学分数相对较低,但是经过三年学习后升学质量却提高很快,而且每位孩子能找到属于自己的成长途径,学生和家长对三年来学生成长的满意度均非常高,可以称之为低入学分数、高满意度毕业,简称为"低进高出"。以 2018 届为例,该届高中入学分数 560 分以上学生仅占全体学生的 20%(全市高中入学分数达 560 分以上人数约等于全市上二段线人数),但是毕业时十四高二段录取率上升至近 50%。

正如该校美术资优班学生在座谈会上所言:"我选择我喜欢,再苦再累我坚持,我成功地拿到了中国美院的通知单。"通过"三位一体"方式升学的学生表示:"我的高考分数与省二段线相差 30 多分,但是学校的生涯规划课程让我很早发现了自己的强项,让我在三年的高中学习中积累了大学学习的必备能力,通过学校三位一体的面试培训课程,让我这个不够本科线的学生通过三位一体的途径拿到了中意的本科录取通知书。"

高一期末,中韩国际班学生面临分流抉择,在旁人的质疑和不确定中,他们坚定初心,两年后,通过自己的努力,收获全额奖学金,高高兴兴地走进了汉阳大学等名牌大学校门。学生能够自主选择为他们带来了很大的学习动力,许多学生在韩国获得全额奖学金,韩国高校对十四高学生的学习状态表示非常认可,纷纷要求建立合作。

2018 年有两位学生报考中央戏剧学院,很多人觉得不可能,后来这两位学生都拿到了中央戏剧学院的录取通知书。还有学生在家长的反对声中坚持参加普职融通,最后通过单考单招也拿到了本科录取通知书。

总之,高中入学时的低分数使学生和家长垂头丧气,通过三年的三阶课程修习及成长途径的选择,每位学生都收到了中意大学的录取通知书,实现了低分数入学、高满意度毕业的目的,这不仅给学生家长带来幸福,也给全校教师带来满满的成就感和职业幸福体验,也大大激发了大家的工作激情,敬业奉献的育人典范不断涌现。"高满意度的毕业"是对高品质教育的最好诠释。

3. 教师队伍水平提升

学校经过初高中分设后的整合发展,已初步形成一支师德高尚、业务精良、学识广博的师资队伍。全校有在编教职员工 163 人,高、中、初三级比例大约是 1∶1∶1,师资结构合理、富于活力,专任教师 150 人,研究生学位学历约占比 30%,被评为温州市市级学科骨干教师以上的教师有 24 位。

近四年,十四高中被评为浙江省正高级教师 1 位、市级 151 人才培养对象 1 位、省级教坛新秀 2 位、温州市名师 1 位、温州市教坛中坚 3 位、温州市教坛新秀 3 位、温州市学科(班主任)骨干5位。

4. 特色发展成效显著

十四高中韩国际教育已成为有影响力的特色品牌,并已形成"纯公办,低收费,双通道,高质量"的品牌特色。面向温州各县市区招生,受到媒体的关注和初中毕业生的热捧。学校还一直保持对留韩学生的跟踪教育与指导,使他们在韩国的升学质量也逐年提升。以往三届前往韩国学习的毕业生已经在韩国产生影响,慕名前来学校洽谈合作的韩国大学渐多。2018年,十四高新增延世大学等2项中韩合作项目,学校成为了中国第12所、浙江省第3所大韩民国驻上海领事馆韩国普及项目合作学校,中韩国际教育的内涵与外延得到不断提升。

学校的"非遗"教育也已成为全国有影响力的特色品牌。2017年"细纹刻纸"获中国美术家协会全国十大精品课程荣誉并参加全国精品课程展。央视第六套来校拍摄非遗课程,在《探索·发现》栏目播出,同年被教育部评为全国第二批中华优秀艺术传承学校。

2018年"细纹刻纸"项目获浙江省中小学艺术节展演一等奖,《细纹刻纸》校本教材在浙江人民美术出版社出版,非遗课程接待来访的国际师生达3个批次100多位。

十四高从四个方面挖掘非遗课程的德育内涵,一是在非遗课程内容中根植家国情怀,二是通过非遗作品的创作涵养学生的文明修养和工匠精神,三是激发学生对非遗课程的学习感悟、强化其责任意识,四是利用非遗课程发现艺术人才,助其树立理想志向,取得了很好的成效。2018年学校因"非遗德育特色"被评为温州市德育特色示范校。同样,学校的生涯教育特色影响力逐步扩大,十四高被列为温州市生涯规划教育试点学校。生涯教育案例入选省教育厅教研院编写的案例集,应邀在浙江省2017年高中学生生涯规划(学业规划)"疑难问题解决"专题研讨作主题发言。生涯课题获市教科规划课题二等奖,2017年学业规划研究课题被市级立项。

此外,其他特色课程和项目也均有长足进步,2016年被评为温州市创客基地校、多次参加市级创客展演,受到当地主流媒体报道;校"爱慧妙音"合唱团年年唱响省市级舞台,连连斩获省市级一等奖;2018年校游泳队代表温州市参加省中小学生游泳联赛,荣获高中团体一等奖并拿下全国联赛参赛资格,10人定级国家一、二级运动员,进一步拓宽艺体升学路径。

五、学校发展的若干思考

不可否认,温州市第十四高级中学在短时间内所取得的成就是巨大的。为了适应高中阶段教育普及化发展的需要,尤其是满足人民群众对普通高中教育的需求。类似温州市第十四高级中学的产生方式,可能在其他地区也将出现。新学校的发展值得引起关注。这里结合温州市第十四高级中学的发展历程,提出以下一些思路。

1. 在传承的基础上不断创新

十四高是由两所学校的高中部融合而成,可喜的是,十四高充分保留了原先两所学校的教育教学传统与经验,集两所学校优势之大成,而不是简单的从零开始,这种办学思想值得学习和借鉴。

教育具有很大的传承性。这种传承不仅是指一个学校的扩大与发展,同样也包括一个全新的学校的孕育。优秀的学校文化不仅要在内部传承,还要在外部传播。教育创新是教育发展的根本理念之一,创新同样是学校课程建设与教学变革的驱动力与方式。十四高的课程建设与教学变革的实践成为了充分的例证。

建设有中国特色的社会主义教育道路,是国家教育改革与发展的要求。中国教育具有悠久的历史,也有着诸多优秀的文化。新时代下,促进教育发展与学校发展,必须高度注重中华教育文化的继承与发扬;要在开放与创新之中,注重发挥中国教育文化中的"育人"要求。

2. 以育人促进学生的升学

在高中教育普及化的背景下,普通高中教育的使命更需要提出坚持以人为本的要求,基于不同学生的背景,要努力满足每个学生的不同需求,更高地体现面向人人的教育公平与教育质量要求。

温州十四高紧紧围绕立德树人的根本任务,将育人方式转变为学校改革与发展的核心,这充分体现了国家教育改革与发展的精神和要求,也确实体现了以学生发展为本的教育思想。十四高的实践证明,聚焦育人的学校发展模式,其实并没有影响到学生"升学"愿望的实现;恰恰是有效的育人模式,能促进学生更好地成长和发展。

当前,国家实施高考改革,在本质上也是要促进高中阶段育人方式的转变,走出片面追求升学率、改变"唯考试"与"唯分数"的高中教育不良导向。对于广大高中学校而言,有必要认真反思学校教育的育人目标,有必要认真学习国家教育改革与发展的大政方针,积极探索学校育人新模式,促进每个高中学生全面而有个性的发展。

3. 建立学校持续发展机制

学校的可持续发展十分重要,温州十四高同样面临着可持续发展的挑战。

十四高办学思想明确,学校发展初步效果显著。但是,学校的不断发展或者说可持续发展,需要进行不断变革和更多自我否定式的进一步创新,显然这既是问题也是挑战。如何寻找学校发展中可持续的创新驱动力,显然是需要每个学校不断思考的。

温州十四高确立了特色学校建设目标,问题是这种特色如何真正地内化为十四高自身独有的品质而不被其他学校模仿与超越。这就要求学校不断地探索和创新。特色学校并非简单的贴标签(包括政府授牌),而应该是学校管理、培养理念、教育活动和学校文化等全方位的展现,最终真正吸引学生和获得社会的认可。

学校发展不只是依靠校长或者管理团队,更需要依靠学校的每个教师。教师队伍建设需要成为学校发展的核心要素,教师在学校中应该是当家作主的。建设高水平教师团队是关键,教师需要成为研究者,需要成为学生发展的"引路人"。无论是温州十四高,还是其他高中学校,应将教师队伍建设作为学校可持续发展的重点,鼓励和支持教师专业能力的发展。

教师的幸福,是学生幸福的前提与基础。教师是课程与教学的主导者,也是学校教育创新的主体;以教师研究促进教师发展,是学校教师队伍建设的源泉。学校要创设各种条件,想尽一切办法为教师发展搭建平台,要不断提升教师的教学科研能力,由此促进教师育人能力的提升和育人效果的可持续。

第六章
"人文教育、自主发展"的育人模式
——北京师范大学第二附属中学的探索

本章要点

北京师范大学第二附属中学自 1953 年建校以来,面对社会发展对教育改革的要求,始终以实验、改革和探索为己任。近年来,学校在全面提高人才培养质量、提高学生综合素质方面,充分体现人文教育特色,充分注重促进学生自主发展,走出了具有人文教育与自主发展特点的育人之路。

▶ 建设基于学习型组织的学校制度。建立学习型组织校园文化,确立学校发展策略与准则,以"精神引领"与"实践指导"促进教师发展,以项目团队模式进行学校组织管理。

▶ 聚焦学生综合素质的提升。有机融合"教书"和"育人",创建学生发展指导体系,建设灵活而多元的评价方案,从校园景观设计和人际关系构建来营造和谐的育人环境。

▶ 构建人文志趣课程体系。充分挖掘学生潜能,注重课程资源开发,落实国家课程校本化,拓展人文选修课程,增添人文实践课程,以人文教育促进学生自主发展。

▶ 创设欣赏型德育模式。坚持学生德、智、体、美、劳全面发展,使德育内容、过程、情境、形式系统化,明确欣赏型德育基本原则、活动方式,在实践中总结德育方法,体现道德之美。

北京师范大学第二附属中学(简称北师大二附中)是北京师范大学直属附中之一，是北京市首批重点建设普通高中示范校之一，创办于 1953 年。作为北师大基础教育改革试验基地，北师大二附中以"出经验、出人才、出成果"为治学要求，始终聚焦高中"成人"教育，坚持人本理念推进学校治理，贯彻人文志趣搭建课程体系，落实人格本位创新德育模式。

北师大二附中现已形成"人文教育、自主发展"的办学特色。其中，人文教育是指尊重师生人格、重视师生发展，使学校成为师生共同成长的地方；自主发展是指尊重师生的主动性、激发师生的能动性，使学校成为实现师生个体生命价值的地方。

"求真务实、开拓进取"成为学校精神，不断实现着人格发展和身心发展兼优、知识基础和能力基础兼优、人文素养和科学(自然)素养兼优，以及个性得到健康发展的"三兼优一发展"育人目标。

一、建设基于学习型组织的学校制度

北师大二附中将建设并完善现代学校制度作为学校发展首项任务，围绕"人文"这一关键词构建学校制度体系。

学校认为，只有坚持以人为本的价值理念才能化解旧式垂直管理体制机制的僵化与封闭，增加学校内部沟通协调的便捷性和学习互助的灵活性，学校治理的人本属性为学校发展提供了一个具备整体性、系统性的制度框架和文化框架。

1. 建设学习型组织校园文化

面对教育改革与发展的趋势与要求，北师大二附中充分认识到变革与改革的时代意义及其对学校发展的要求。学校要完成学习方式变革，也要完成培养人才的育人模式创新。显然，这些都需要组织管理体制的变革，需要建设学习型学校，让教师成为学校建设和学校发展的主人。

北师大二附中抓住了学习型组织建设的要求，通过理念倡导、文化生成和制度建设为师生的成长发展提供共同的价值保障。《北京师范大学第二附属中学 2012—2016 年发展规划》中目标任务的第一项确定为：推进学习型学校建设，逐步建成现代学校管理模式。围绕学习型学校建设目标,将教职员工的个人发展期望与学校的发展目标统一起来,形成共同的价值追求;营造团队学习氛围,建立有效的学习机制,使全体教职员工养成系统思考的习惯,树立超越自我的信念,发挥创新探索的潜能,从容应对各项工作的挑战。

学习型组织建设强调自我超越、心智模式、共同愿景、团队学习和系统思考。建立这种学习型组织,需要有合理的路径来实现理想和现实之间的跨越。学校在广泛讨论的基础上,建构并实践学习型组织的校本实践体系。

2. 确立学校发展策略与准则

为此,学校首先按照学习型组织理论的要求,将改变传统管理方式作为建设学习型组织的重要策略,即在学校内部淡化行政色彩,强化学术氛围;淡化个体竞争,强化团队合作;淡化经验主导,强化创新实践;淡化急功近利,强化持续发展。

北师大二附中认为,学校发展就是师生发展,师生发展又寓于师生自主参与精神之中,要求每位师生、每个教研组、每个年级组、每个处室都能成为具体活动中的参与者、决策者和行动者,也就是成为自己发展的主人。

其次,北师大二附中基于学习型组织的行动逻辑,经过从下到上的广泛而充分的研讨,制定了学习型学校行为准则,作为学校内的行为指南。

▶ 每位成员能够详细描述组织的发展愿景。

▶ 每位成员都应乐于分享、专注倾听、平等讨论。

▶ 每位成员都应议事不保留、遇事不责怪、虚心考虑差异性意见。

▶ 每位成员都应明确目标、聚焦问题、相互讨论、悬挂假设、超越经验。

▶ 每位成员都应积极主动学习,勇于承担富有挑战性的工作。

▶ 每位成员都应具有全局观念,能够换位思考、系统思考,不只局限于自己的职责。

北师大二附中通过学习型学校建设推动组织管理体制变革,让教师和学生成为学校建设与发展的主人翁,进而实现学校的可持续发展。

3. 注重精神引领的教师发展

为了使教师成为学校发展的重要力量,北师大二附中将教师教学工作作为教师学习与成长的关键。学校着力从"精神引领"与"实践指导"两个方面促进教师的专业化发展。

在精神引领上，以"讲述教师心中的故事"系列活动、"教育教学名师论坛"等活动为载体，丰富和浸润教师的精神世界。"讲述教师心中的故事"把每一位教师都作为可提供教育资源的种子，以叙事的方式分享教师在成长中的收获和反思，带领教师共同开启一次深刻的、探索教育本质的精神之旅。"教育教学名师论坛"则是选择有经验、有阅历的教师，梳理和总结自己在教育教学中的经验和原则，在全体教师中进行分享，发挥榜样力量。

"实践指导"主要是聚焦项目团队、教学反馈、师徒关系、备课组等方面开展。项目团队这种工作模式给教师提供了真实教育教学问题情境，教师获得最大的自主权，因不同特质组建的团队极大地激发了教师的热情和创意。团队作为一个"嵌入式"组织，将学校的总体目标具化为各自团队的共同愿景，再用这一愿景将团队成员凝聚起来，为不同教师的专业发展提供真实可感的"目标情境"，找到教师的"最近发展区"。

为加强教学工作管理，全方位跟踪教师的教学成效，为学年教师考评提供依据，由学校教学处具体负责制定并执行教学工作反馈制度。教学处于每学期期中考试后组织开展学生座谈会，以年级为单位，每班3—5名学生，座谈会由主管校长、教学主任、年级组长主持，做好记录，最后由教学处汇总。每学年第一学期组织青年教师座谈会，召集学校教龄不满三年的青年教师，反馈学生意见，交流教学心得，提出教学要求。定期组织听课活动，各级行政干部、教研组长、教学师傅、骨干教师应按照学校要求参与听课。总之，教学工作反馈制度为教师教学技能的提升和专业成长提供了制度保障，也是北师大二附中学习型组织建设的重要环节。

北师大二附中注重青年教师在学校发展中的作用，通过青年教师的快速成长推动构建一支师德师风和专业能力过硬、高素质的科研型、学习型教师队伍，青年教师拜师制度为青年教师向成熟型一线教师的过渡搭建了制度桥梁。

学校招聘应届大学毕业生，由教学处与教研组指定一名有经验的教师（五年教龄以上）作为该新教师的指导教师，结为师徒关系，为期一年。学校于新学年开学后四周内召开青年教师拜师会，明确师徒关系，并同时召开上一学年青年教师出师会。

指导教师对徒弟的教学工作全面负责,严格要求,热忱帮助,具体指导。从备课、课堂教学、批改作业、课后辅导、教改研究等方面对新教师进行规范化指导;检查徒弟教案,尽量同头备课,听徒弟讲课每月不少于六节,并做好听课记录;指导徒弟于第二学期完成出师课和总结,并做出鉴定;于第二学年继续指导、帮助徒弟完成教学任务,发挥徒弟优势,开展教学研究工作。经过多年实践、总结和改进,北师大二附中青年教师拜师制度基本可以保障青年教师用三年左右时间成长为一名合格的高中教师。

4. 以项目团队推进学校发展

项目团队是学校为推进课程改革而实施的扁平化管理模式,按照团队模式建设进行组织管理。项目团队设一名项目负责人,5 至 6 名核心成员。学校授予项目团队决策、执行、研讨、改进、资源(人、财、物)调配等责权,全面承担起各项目的推进工作。团队内部由项目负责人、核心成员、参与成员组成。为加强推动力度,项目负责人一般由中层干部担任;核心成员一般由资深教师或改革热情和能力较为突出的青年教师担任,同时根据不同时期的需要做适当调整;参与成员包含全体与项目有关的任课教师。

自 2011 年开始,学校先后成立了项目式学习课程、文科特选课程、理科优秀人才培养、素质舞蹈课程、大学先修课程、高中先修课程、学生指导体系、生涯规划体系等多个团队,由于项目团队淡化了行政管理色彩,激发了教师的自主性,在"学习—研究—实践"一体化的工作模式下,学校开发并实施了大量的实验课程,取得了很好的效果。

总之,项目团队以系统思考来推动工作,从根本上鼓励教师积极主动地发现问题、群策群力地分析解决问题。通过具体、真实的问题,提高教师对问题的敏感度、思考力、执行力。项目团队与教育教学工作紧密结合,研究对象即所工作的对象,工作内容即研究的内容,以研究的态度开展工作,以工作的方式实施研究,将科研和工作紧密结合,再辅以同伴合作与专家支持,有效促进教师专业成长,进而促进学校发展。

二、全面落实提高学生综合素质的要求

面对国家教育的改革与发展,结合北京市普通高中课程与高考改革新形势、新要

求,北师大二附中紧紧聚焦全面提高普通高中学生综合素质的要求,以建设学生发展指导制度和实施学生综合素质评价为抓手,建立健全学校学生管理、指导与评价的各种制度,确保学生全面发展和综合素质全面提升。

1. 创建学生发展指导体系

北师大二附中认为,完善的现代学校体系,需要有学生健康成长的咨询与指导体系,为学生自主判断、自主选择和自主发展提供指导和帮助,切实将"教书"与"育人"有机地结合在一起。健全的"学生指导体系"有助于促进每个学生的个人理想和兴趣特长充分发挥,有助于培育社会主义核心价值观,有助于开展学校德育工作。

2007年起,北师大二附中结合学校课程体系建设,有效保障学生全面而有个性的发展,帮助学生更好地进行自主选择,保障学生在充分了解自己的前提下,依据个人理想、兴趣特长及学业优势合理选课,使个性得到健康成长;建立了以导师为主轴的"学生指导体系",借助导师之力实现对学生的个性化深度辅导,也为学校全员协同构建德育体系夯实了基础。目前,北师大二附中学生指导体系由学生指导中心、导师组、导师组成,三个部分既彼此独立又通力协作(参见图6.1)。

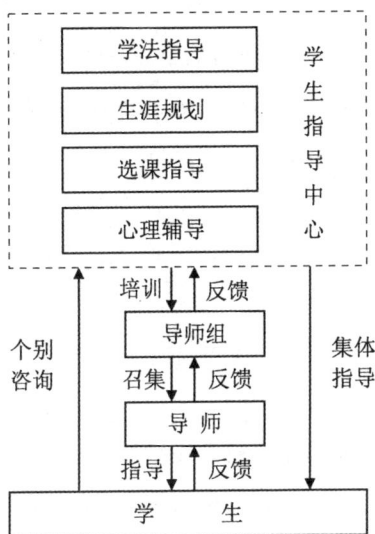

图6.1 北京师范大学第二附属中学学生指导体系

学生指导中心的主要职责是向全体学生提供心理、学法、选课、生涯规划等全方位的宏观指导,同时承担导师培训工作。导师组在组长(班主任)的领导下,及时沟通学生情况,参与班级活动,并负责班级学生的综合素质评价。导师由学生自主申请并获得所选教师同意后确定。导师的主要职责是全面把握学校课程体系及具体课程的目的、形式和内容,在深入了解学情的基础上,为学生提供极富针对性的选课指导,帮助学生分析并改进学习方法,辅助班主任做好学生管理工作。在实际工作中导师主要负责指导学生三个方面的发展,分别是学业发展、特长优势发展和人际沟通与交往能力发展。

学生指导中心、导师组、导师构成了一个上下联动、集体指导与个别咨询相结合、宏观视角与微观细节共兼备的完整学生指导体系,以学生为中心、以关怀为基调、以发展为旨归是北师大二附中学生指导体系的鲜明特征。

2. 实施学生综合素质评价

根据《北京市普通高中学生综合素质评价方案》等文件精神,北师大二附中立足学校实际,颁布实施颇具本校特色的《北师大二附中学生综合素质与过程管理评价方案》。该方案直面新课改引致的教育生态变化,以及选课、走班等新的教育教学方式,将学生过程性评价制度建设作为学校治理体系上的一个方面。

评价方案注重目标的多元建构、评价方式的多样交织、评价内容的过程倚重和评价主体的多主体参与,创建起一个更显发展性、激励性、过程性和多样性的评价体系,充分体现了人本管理之自主性。这一过程性评价由班主任、任课教师和学生共同完成。

评价方案共分智、体、德、责、美、群六个方面(参见表 6.1),赋有不同权重,在具体内容中结果和过程并重,强调考勤、听课、主动问答、两操等学习日常和行为常规,评价人既包括学科教师和班主任等外部评价主体,也纳入学生个体的自我陈述与记录,通过多主体的有机构成确保管理评价的人本性和自主性。

表 6.1　北京师范大学第二附属中学学生综合素质与过程管理评价方案

指导思想:适应新课程变化,提高学生综合素质。					
目标:(1) 强化过程评价;(2) 强调自主负责。					
	维　　度	权重	内　　容	量化分数生成办法	评价人
维度与标准	智 (学习求知)	30%	1. 认真听课(20%) 考勤、听课状态 2. 积极求知(30%) 作业、主动答疑 3. 接受挑战(50%) 期中、期末成绩	基础分数均为 100 分,"考勤"和"作业"实行扣减制,细则由学科组制定并公布;"听课状态"和"主动答疑"等实行加分制,细则由学科组制定并公示。	学科教师

维度		权重	内 容	量化分数生成办法	评价人
维度与标准	体 (体育健康)	10%	1. 积极锻炼(50%) 两操一课、体育比赛 2. 健康测试(50%)	基础分数为 100 分,两操 实行扣减制,体育比赛实 行加分制,细则由学科组 制定并公示。	体育教师 班主任
	德 (行为常规)	20%	1. 日常行为 语言、行为	基础分数为 100 分,实行 扣减制,相关细则学校已 经制定并执行。	班主任
	责 (实践担当)	10%	1. 承担责任(60%) 承担集体公共事务 2. 履职状况(40%) 公共事务完成情况	基础分数为 100 分,实行 记录制,凡承担集体中公 共事务均为 60 分。在班 级及以上评比中获奖励同 学均为 40 分。	个人自述 班主任
	美 (个性特长)	10%	1. 个人特长 文体、科技等方面	基础分数为 100 分,凡有相 关记录同学均为 100 分。	个人自述 学科教师 班主任
	群 (自律合作)	20%	1. 自律合作 记录个人成长过程	基础分数为 100 分,凡有相 关记录同学均为 100 分。	个人自述 记录证明 班主任

3. 营造和谐育人环境

北师大二附中认为,学生综合素质培养不只是依靠课程、课堂和教师,还需要注重人文教育的环境建设,创设有利于实施人文教育校园景观环境,对学生进行审美熏陶;发挥校园环境和人际环境作为隐性课程的育人功能,共同提升学生的人文素养,进而全面提高学生的综合素质。

(1) 校园景观熏陶人

北师大二附中将环境建设作为人文教育的策略之一,长期致力于人文硬环境的建设,精心设计学校的每一处景观,使师生随时随地均能感受到浓厚的人文气息与人文关怀,从而实现审美育德、立美启智。

学校梳理形成北师大二附中"十大景观",抒写美文与美景相配。室外景观、专业教室、主题展示、文化系列是学校重点规划的校园环境建设内容(参见表6.2),并将每一处或每一系列的人文景观内涵和寓意整理成文,使校园景观系统化和课程化。

表6.2　北京师范大学第二附属中学校园景观建设清单

分　类	主　要　内　容
室外景观	友谊林、三色帆雕塑、历史墙、祖冲之亭、校训石、空中花园、成长的足迹、中心花园
专业教室	学生阅览室、文心书屋、学生电子阅览室、学生科技活动室、学生指导中心、学生心理活动室
主题展示	校史展示、学校特色展示、学生活动展示、学生作品展示、艺术宫展廊、体育馆展廊、校友寄语展示、宣传栏、海报墙、科学家画像、四大发明版刻、科学山雕塑
文化系列	印象派艺术、中国传统艺术、中国民间艺术、抽象派艺术、名人名言、世界文化遗产

(2) 和谐人际感化人

和谐的人际关系是人文大课程有序运作的条件保障,北师大二附中注重发挥"师师关系"、"师生关系"和"生生关系"的人文功能,构建良好的育人环境。

首先,学校推进学习型学校建设,营造团队学习氛围,建立有效的学习机制,建设以依法办学、自主管理、民主监督、社会参与为特征的现代学校治理模式,以研究带动学习工作创新和自主管理的局面,形成了良好的"师师关系"。

其次,学校认为有效实施人文教育的核心是引导学生的自主发展,使课程、教学、管理、德育等各个环节和要素聚焦自主性发展的目标,因此要求学生自我体认、自我养成、自我创造、自我生成,在课程教学的过程中不断内化,找到成人成事的内在动力。比如说,学校在新课程背景下推动课堂教学模式变革研究,深化对"双主体互动式"教学原则的实践与体认,着力营造平等合作的课堂氛围。诸如此类的实践创新对于建立和谐平等、共同发展的"师生关系"发挥了积极作用。

此外,学校人文课程体系的构建为学生提供了个性化的课程内容、富有针对性的课程目标、五彩斑斓的系列主题活动,在课程实施中始终致力于营造合作、创新、争优、互助的思想意识,培养爱他人、爱班级、爱学校、爱社会、爱祖国的优秀品质。专门性的选修课程和学校主题性活动对学生学会如何更好地交往、沟通、交流,学会如何自我认知和换位思考等提供了智力支持,在全校范围内形成了健康有爱、团结互助的"生生关系"。

三、形成学生个性化选择的课程体系

课程改革是当前所有普通高中学校的任务,也是一个极大的挑战。北师大二附中结合学校办学定位和办学传统,以人文教育和学生自主发展为目标,构建了深具人文气息、人文精神和人文情怀的课程体系,这也是北师大二附中探寻高中特色发展的路径选择。

这种课程体系使学校的人文教育特色更加凸显,内涵式发展更加突出,由此,学校以有领导、有组织、有计划、有系统的人文教育实践,全面落实着"人文立校"和"人文强校"的教育目标。

1. 有选择性的课程结构

北师大二附中的人文教育实践包括课堂和课外两种渠道,并视课堂为主渠道,在课堂教学中积极发扬人文学科内容,挖掘学科育人价值。教师的榜样作用、专家学者的人格魅力、校园的人文环境等课外渠道则是人文教育的重要补充。

从课堂主渠道的整体而言,北师大二附中坚持"6+1+1"的课程结构,由国家课程、学科拓展类校本课程、综合实践类校本课程三大板块构成(参见表6.3)。三类课程各有侧重,通过灵活、开放和包容的形式与内容从整体上构筑起一个"成人"教育的有机整体。

表6.3 北京师范大学第二附属中学"6+1+1"课程结构

	I. 国家课程 (学科领域)	II. 学科拓展类 校本课程	III. 综合实践类 校本课程
课程安排	第1—6节 (每节40分钟)	第7节 (70分钟)	第8节 (60分钟)
课程宗旨	为学生的发展奠定共同基础,保证学生的全面发展。	尊重学生差异,使学生学有所长,促进学生个性发展,适应社会对多样化人才的需求。	提供灵活多样的学习和体验方式,侧重合作交流和自主探究,提高学生的创新精神和实践能力。

（续表）

	I. 国家课程（学科领域）	II. 学科拓展类校本课程	III. 综合实践类校本课程
课程内容	主要完成国家课程中的必修和必选内容。	以必修和必选课程为基础,安排与学生发展志向相一致的学科拓展内容。	以各种活动主题的形式呈现,包括社团类、课题研究类、科技类、学术类、体育和艺术类等。
课程实施	政治、历史、地理、物理、化学、生物、艺术、体育等学科提供可自主修习计划,按教学班上课,其他学科按行政班上课。	学生必须在每天开设的该类课程中选择一种,将选择同类课程的学生编成教学班进行授课。	学生依据爱好和兴趣自主选择,按照活动组、课题组、社团等组织形式开展以学生为中心的活动。

国家课程每天 6 节课,每节 40 分钟。属于必修和必选内容,意在为全体学生的全面发展夯实基础。语文、数学、英语、艺术、体育(必修部分)等必修课程按行政班上课,政治、历史、地理、物理、化学、生物等学科按新编教学班上课。该部分课程的目的是使学生全面完成必修课程和部分选修课程,为学生的发展打好共同基础,保证学生的全面发展。

该部分每天安排 1 节体育课,按照"1 节必修课 + 1 节选修课 + 3 节活动课"的结构开设,必修课安排教育部和北京市教委要求的必修内容,选修课根据学生兴趣和特长设置分项选修内容,活动课安排由学校统一组织的专项体育活动,使学生充分得到锻炼,切实保证学生每天一小时体育锻炼的时间和效果。

学科拓展类校本课程每天 1 节课,每节 70 分钟。该类选修课每一学科开设若干彼此独立、有明确教育目标和具体内容纲要的模块或专题,以必修必选课程为基础,满足不同学生的发展志向、兴趣爱好和差异化需求,意在促进学生学有所长、个性发展。每学期安排的模块或专题与必修课程和必选课程的相应内容相协调,反映学科内部的逻辑关系。

综合实践类校本选修课程安排在每天最后一节,每节 60 分钟,该类选修课包括社团类、课题研究类、科技类、学科类、体育艺术类等,每个类别按学校条件和学生需要开设一种或几种活动课,课程由学科组、教师和学生共同提出设置方案(含活动目标、活动内容、活动方式、时间安排、组织形式、物质条件等)。课程内容以"活动主题"的形式呈现,每种课程包含若干活动主题,每次活动围绕某一主题,在教师的引导下以学生自主学习、直接体验为主要学习方式,意在通过丰富多彩的主题活动为学生提供体验式、参与式学习经验,激发求知欲、体现主体性、提升创造性,形成系统的科学探究之态度与精神。通过各种各样的活动,充分体现学生的主体性,激发学生的求知欲,发展学生的爱好和特长;通过活动让学生广泛地参与到实践中,学会合作交流和自主探究,提高学生的创新精神和实践能力。

2. 丰富多样的人文资源

北师大二附中本着对人文教育的特色追求,在课程体系建设中,强调人文校本课程的开发和提供。从课程纲要到课程讲义再到校本教材,共同构成丰富多样的人文教育课程资源库。

至目前,学校已出版人文学科拓展类校本选修课程教材12本、人文综合实践类校本选修课程教材9本、学科教学优秀案例集4本、文科实验班丛书11本、班级文集和学生个人作品集20余本。人文校本课程与教育资源开发充分,满足了高中学生发展的选择性。

(1)国家课程的校本化实施

北师大二附中坚持国家课程教育教学的人文立场,深度挖掘国家课程内含的人文意蕴,注重学科教学中人文精神的渗透和人文能力的提升。一方面,教学处组织落实在教学评价课堂文化维度中渗透人文教育;另一方面,学生处管理协调将学科教学的人文属性作为学校德育工作的重要载体和途径。

正是基于国家课程的人文立场,学校各学科组正在或者已经编写了本学科课堂教学中渗透人文教育的实施纲要,并由学校整理为《北师大二附中学科教学渗透人文教育指导手册》,成为指导学科教学的重要依据。

学校收集和整理的《北师大二附中学科教学渗透人文教育案例选编》、《理科教学渗透人文教育》等文本已成为教师培训和学习的关键资料。

(2)拓展人文学科选修课程

北师大二附中学科拓展类校本选修课程中有丰富的人文类模块(参见表6.4),约占所有学科拓展类校本选修课程的一半以上,它们对开阔学生视野、拓展学生人文知识、厚重学生人文积淀具有重要作用。

表 6.4　北京师范大学第二附属中学人文学科拓展类校本选修课程数

分　类		每学期开设的人文类模块数
通选类	语言文学类	6
	文科综合类	5
	大学先修类	2
	学科工作室	2
特选类	文科特选类	8
	数理特选类	2
	项目特选类	2
	社科特选类	3
	数字特选类	1
	艺术特选类	4

（3）开设人文综合实践课程

综合实践类校本选修课程也有大量人文模块（参见表6.5），包括综合选修类和课题类、讲座类、社团类等形式，为学生提供了丰富多彩的学习与实践平台，其人文指向有助于提升学生的人文能力。

表 6.5　北京师范大学第二附属中学人文综合实践类校本选修课程数

分　类		每学期开设的人文类模块数
综合选修类	学术类	3
	文学类	3
	文化类	4
	职业类	2
	社科类	3
	体艺类	4
	生活类	2
	综合类	3

分　　类	每学期开设的人文类模块数
讲座类	6—8 个人文类讲座
课题类	40—50 个人文类课题
社团类	15—20 个人文类社团

（4）举行人文校本特色活动

北师大二附中结合学校育人传统、整合多种教育资源,构建了六个系列的人文校本特色活动(参见表6.6),包括大型主题活动系列、学论语和讲修养系列、班级综合竞赛系列、专题社会实践系列、青年志愿服务系列和党团特色活动系列。

表6.6　北京师范大学第二附属中学人文校本特色活动清单

类　　别		项　　目
全校	国旗下讲话	学论语,讲修养;学人文,讲修养;学先贤,讲修养
	大型活动	运动会、科技节、艺术节、"博学杯"人文知识竞赛、系列主题班会、绿色生活周、文明礼仪月、"质朴杯"十佳志愿服务、学生党校活动、专题社会实践活动、全国中学生中华优秀传统文化传承高端论坛
年级	高一	入学教育;拓展训练;"一二九"合唱比赛;篮球联赛;朗诵会
	高二	"方正杯"法律知识竞赛;"笃志杯"辩论赛;足球联赛;戏剧演出
	高三	高三成人仪式;毕业典礼;学长进校园;排球联赛

实施过程中,注重高中三年的整体规划,坚持全校集中的大型活动与根据年级特点安排的主题活动相结合、统一安排的活动与自主选择的活动相结合、必选活动与自选活动相结合等原则,为学生的人文实践提供了广阔的施展空间。

学校在专题社会实践活动中,特别强调学生"知行合一"、"读万卷书、行万里路",形成了长线与短线相宜、科技与人文相融的社会实践特征。短线课程包括走近两院院士、走进博物馆、走进历史名校、走进国家级实验室,以及参观故宫、国子监、爨底下村、名人故居等。长线课程包括江南名人故居行、徽文化考察、秦汉唐文化考察、晋文化考察、殷商文化考察、陕北老区文化考察、敦煌文化考察、京津文化考察等。

3. 课程体系的基本特点

纵观北师大二附中"6＋1＋1"课程结构及其实践,可以总结出该校课程体系的主要特点。

(1)三个模块互为一体

北师大二附中课程结构中,三个课程板块各有侧重,并关联形成一个有机整体。国家课程体现了必修必选课程的基础性,学科拓展类校本课程注重选择性,综合实践类课程则重点关注学生创新能力和实践能力。

三个课程部分通过各有侧重和相互关联有效地支撑了高中新课程改革提出的全面发展与个性发展兼备、实践能力与创新精神并重的培养目标。

(2)凸显国家课程重要性

北师大二附中根据学校资源与传统,在国家课程基础上开设学科拓展类校本选修课程和综合实践类校本选修课程,分别与学科领域、综合实践领域两类国家课程相对应。

其中,学科拓展类校本选修课程包括通选类和特选类两种,综合实践类校本选修课程包括综合选修类、讲座类、课题类和社团类四种(参见表6.7)。两个类别的校本选修课程,充分体现了校本课程与国家课程之间的关系,凸显国家课程的重要性,也是国家课程校本化的体现。

表6.7 北京师范大学第二附属中学校本选修课程结构

校本课程	分 类		课 程 实 施
学科拓展类校本选修课程	通选类	语言文学类、数学类文科综合类、理科综合类大学先修类、学科工作类	每学期开设模块约40个,学生根据自己的发展方向选修课程。
	特选类	文科特选类、数理特选类项目特选类、社科特选类数字特选类、艺术特选类	每学期开设模块约30个,学生根据自身的专长选修课程。

校本课程	分 类		课 程 实 施
综合实践类校本选修课程	综合选修类	学术类、文学类、文化类技术类、职业类、社科类体艺类、科学类、生活类综合类	每学期开设模块 40—50 个,学生根据自身的兴趣和爱好选修课程。
	讲座类		每学期 10—15 个讲座,学生可选择性参加。
	课题类		每年设置 80—100 个课题。
	社团类		每年设置 30—35 个学生社团。

（3）课程实施操作灵活

北师大二附中明确了不同板块课程的内容、目标、组织和管理形式,保证了各类课程的实施空间,有利于学校有序、高效地实施和管理课程,有利于教师实施和开发课程,有利于学生自主选择课程。

根据课程实施效果,学校也可以灵活调整课程设置,具有很强的可操作性。借鉴国内外课程建设经验,学校可以及时进行转化吸收,体现了学校课程的包容性与开放性。通过不同模块的匹配、调适和整合,构建出更契合学生发展的特色课程,使学校更加具有可持续发展的特性。这种通过不同板块间的课程匹配、板块内的课程整合和创造,构建出了适合不同学生发展的多样化特色课程或特选课程,使课程改革不断得到深化。

四、探索建构校本的欣赏型德育模式

人格是尊严、价值和道德品质的总和,健全人格的德、智、体、美、劳五育之间绝不能割裂。北师大二附中认为,国家德育目标要贯穿于学校德育的全过程,要体现于学校的各学科教学中,要融通于学校管理与服务的各个方面。要求全体教师参与到学校德育中来,根据学生成长的阶段特点,在不同阶段和不同教育内容中有所侧重。

基于此考虑,学校经过多年积累沉淀,构建了欣赏型德育校本模式。通过对德育内容、德育过程、德育情境、德育形式等进行系统建构,呈现道德之美、德育之美、师表之美和德育对象的人格之美,引发学生对道德和德育的主动欣赏,以逐步提升其道德境界和道德生活品质,从而最终形成完整人格。

学校从实践范畴的角度概括了欣赏型德育的管理模式、课堂教学模式、师生关系模式、主题活动模式以及环境立美模式。管理模式要注重愿景展现、文化凝聚、自主管理、机制保障等;课堂教学模式要强调学科中心、学科文化、教学民主性(双主体互动式)、教学适应性等;师生关系模式要强调平等和尊重、民主与亲近、对话与合作、师表与文化等;活动模式要注重审美化处理、真实性展现、引导性提升和自主性生成等;校园环境要注重协调性、文化性、交互性、人际中心、积极舆论等。

1. 欣赏型德育的基本原则

北师大二附中在通过主题活动模式实现欣赏型德育建构的过程中,在宏观层面始终坚持丰富性、有序性和自主性三大原则,明确了学校德育活动的基本要求。

(1) 丰富性原则

学校在德育活动的目标、内容、渠道上均坚持丰富性原则,以建构可供学生自由欣赏的多种价值情境。德育目标的丰富性要求学生人格的完整培养,使其实现身体与精神、个体与社会等全方位立体式的全人成长。

德育内容的丰富性要求从人类文明进步的知识、思想和精神的宝库中,尽可能全面地选择和整合材料载体,从不同方位、不同层次、不同角度体现人类文明发展的全貌。

学校将开展德育工作的基本渠道分为专门渠道和综合渠道两种,专门渠道包括升旗仪式、班会、团会、社团活动、志愿者行动、学校大型主题活动、每日午检、社会实践课程等;综合渠道包括审美化育人环境、课程体系、导师制体系等。专门渠道和综合渠道共同保障欣赏型德育实践路径多样化,丰富的德育渠道和形式能够增加德育过程创新的可能性,规避单调乏味和审美疲劳。

(2) 有序性原则

有序性强调德育内容、目标和渠道的张弛有度与协同互动,强调德育审美过程保持和谐的科学节奏。北师大二附中通过学校的整体有序满足学生生活学习的系统性节奏,通过具体教育活动的有序满足活动环节的有序推进(参见表6.8)。

表6.8　北京师范大学第二附属中学学年大型活动表

时　　间	活　　　　动	备　　注
8月底或9月初	入学教育系列	高一年级
9月1日	开学典礼	全校
9月22—29日	军训与团体拓展训练活动	高一年级
9月—10月	"我读过的一本好书"书评书展活动(先以班级为单位开展,11月初全校实物展评、网络展评)	全校
中秋节前夕	"中国人过中国节":中秋赏月会、音乐会	全校住校生
10月中上旬	"方正杯"法律知识学习与竞赛活动(预赛)	高二年级
11月中上旬	"方正杯"法律知识竞赛活动(决赛)	高二年级
11月中旬	主题班会公开观摩活动	全校
12月9日	"笃志杯"合唱比赛或辩论赛	高一年级
12月中下旬	"博学杯"人文知识竞赛(预赛与决赛)	全校
12月31日	迎新年文化活动(三个年级三种组织形式)	全校
3月5日所在周	绿色生活行动(志愿者行动)促进周系列活动	全校
4月中旬	共青团员年度评议	全校
4月30日前后	主题远足活动	高一、高二年级
5月中旬	成人仪式预备班会及成人仪式	高三年级
6月中旬	学生党员发展会及学生党校结业式	高二、高三年级
7月中上旬	各类班型的不同社会实践(7天)	高一、高二年级

就不同教育活动的目标、内容和渠道等德育要素的结构和谐而言,学校要求全校、年级、班级或德育选修课程组人员等实现德育主题多样化,不同层面的德育主题相配合。

学校同时根据学生发展需要,设计安排了若干全校参与的大型主题活动、具有本校特色的校训杯系列活动,以及一些自成系列的德育渠道(参见表6.9),这是基于时间序列活动的补充,增加了学生欣赏型德育实践路径的丰富性。

表 6.9 北京师范大学第二附属中学大型主题活动系列清单

活　　　　动		备　　注
大型主题活动系列 （全校参与）	每两年一届艺术节	3 月底或 4 月初
	每两年一届科技节	3 月底或 4 月初
	每两年一次文明礼仪月	3 月
	每年一次远足活动	每年 4 月 30 日
	每年一次运动会	每年 9 月 30 日
	每两年一次学代会、团代会	每年 11 月初
校训杯系列	"三色帆杯"球类比赛	体育活动课每年开展
	"笃志杯"一二九纪念活动	高一年级开展
	"博学杯"人文知识竞赛	全校开展
	"质朴杯"青年志愿者项目评选	全校开展
	"方正杯"法律知识学习与竞赛	高二年级开展
自成系列 德育渠道	每周一班会活动	以班主任为主设计开展
	每周二团会活动	学校与班级统分结合
	每周五社团活动	分三类管理
	系统化的学生党校活动	高二自主报名，为期一年
	每天的班级午检演说	各班自定演说话题系列
	文理实验班名家讲座，辐射全校	文理每月各安排一次

学校的大型活动和主题活动明确了时间与节奏，并通过北师大二附中的《学生手册》提前告知全体师生，不因缺乏统筹规划或临时考虑而随意增减活动。对于可预见的国家、社会重大主题教育活动，学校在学年教育计划中也有弹性安排，做到与学校课程或原有活动体系巧妙融合，但在总量上不增加学生负担。

（3）自主性原则

德育活动策划和组织通过学生的主动参与，来突出其主体地位，既包括学生骨干在活动策划、筹备和组织实施中的具体负责，也包括全体学生思想、认知与情感的真实渗透和参与。

这种自主性实现主要依赖三个方面（参见图 6.2）。其一，通过营造学生自主性发展的外部环境（硬环境和软环境），为学生的自主性发展提供时间、空间、平台、理念和制度保障；其二，通过兴趣激励、愿景激励、任务驱动和团队竞争等方法调动学生自主性发展的内在动力；其三，注重并发挥学生自主性发展中教师的引导与调节作用。另外，要积极发挥中学团组织和学生会的重要作用。

2. 欣赏型德育的活动方式

北师大二附中在宏观层面整体建构德育活动体系的基础上，通过实践也形成了微观层面德育活动实施与操作的方式，包括审美化处理、真实性展现、引导性提升、自主性生成等方式，由此对德育活动的发生机制进行了校本建构。

（1）审美化处理

所谓德育活动审美化处理，是指教师在德育活动中，关注学生德育需求的三个层面：道德认知、道德体验、道德审美，以培育和激发学生作为道德学习主体的内在道德情感，借助于艺术手段、形式，发挥艺术教育中的育德和辅德功能。同时，在活动中，教师超越艺术手段与形式，借鉴审美教育的方式方法，尊重学生建构道德的自主权。

北师大二附中在探索建立欣赏型德育模式的过程之中，充分注意到德育与美育的结合和交融，借助美育的思想让学生在德育活动中有收获，进而产生德育的最大效应。

（2）真实性展现

在德育活动中，教师的审美化处理有时候会出现形式脱离内容的情况，由此导致这种德育活动的真正目标迷失。教育目标、过程与结果之间的联系牵强。

事实上，真实性也是德育之核心。德育活动的目标可能是唯一的，也可以是多元的。一方面是德育结果与结论要真实，另一方面是使学生在德育活动中学会发现、比较、甄别与判断，由此产生自我的思想与道德的自主建构。

真实性展现，正是为了营造真实的教育情境和教育内容，这种真实性展现能够使学生进入教育情境，学会观察与分析，学会思想和建构。只有真实才值得欣赏，才具有教育意义。

所以，北师大二附中在建构欣赏型德育模式与活动时，始终注重真实性展示，杜绝传统的"假、大、空"说教。

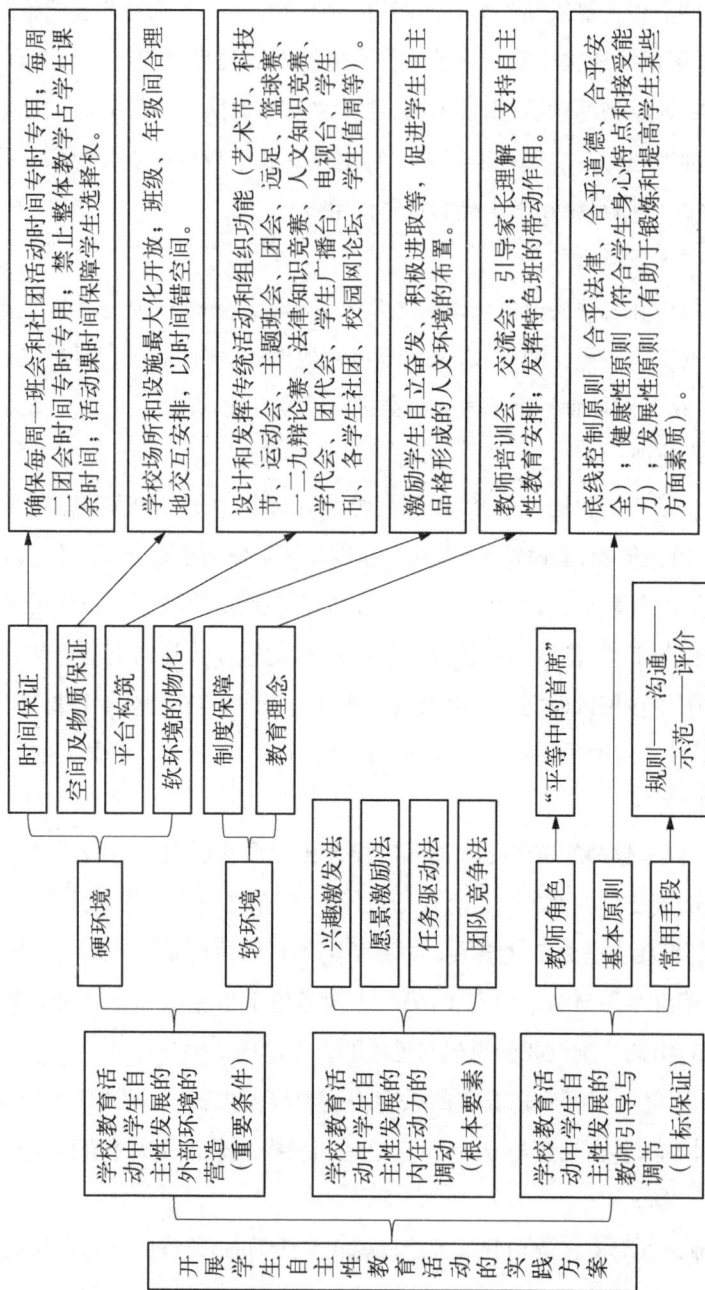

图 6.2 北京师范大学第二附属中学学生自主教育活动实践方案

开展学生自主性教育活动的实践方案

学校教育活动中学生自主性发展的外部环境营造（重要条件）
- 硬环境
  - 时间保证：确保每周一班会和社团活动时间专时专用；每周一团会时间专用；禁止整体教学占用学生课余时间；活动课时间保障学生选择权。
  - 空间及物质保证：学校场所和设施最大化开放，班级、年级间合理地交互安排，以时间错空间。
  - 平台构筑
- 软环境
  - 软环境的物化：设计和发挥传统活动和组织功能（艺术节、科技节、运动会、团会、远足、人文知识竞赛、二九辩论赛、团代会、法律广播台、电视台、学生广播台、校园网论坛、各学生社团、学生值周）。
  - 制度保障：激励学生自立自豪、积极进取等，促进学生自主品格形成的人文环境的布置。
  - 教育理念：教师培训会、交流会，引导家长理解、支持自主性教育活动的带动作用。

学校教育活动中学生自主性发展的内在动力与调动（根本要素）
- 兴趣激发法
- 愿景激励法
- 任务驱动法
- 团队竞争法

学校教育活动中学生自主性发展的教师引导与调节（目标保证）
- 教师角色 "平等中的首席"
- 基本原则：底线控制原则（合乎法律、合乎道德、合乎安全）（符合学生身心特点和接受能力）（有助于锻炼和提高学生某些方面素质）；健康性原则；发展性原则。
- 常用手段 规则—示范—沟通—评价

（3）引导性提升

德育不仅需要学生自主，也同样离不开教师参与。有效的德育活动是教师"教育引导"与学生"自主建构"的有机统一。在实践中，北师大二附中始终强调学生道德的"自主建构"与教师积极引导的结合，在引导中提升学生道德与品德的水平。

引导性提升中，教师是德育活动的积极参与者，是"平等中的首席"；在德育活动的各个必要环节，教师都需要及时引导和调节。在实践中，欣赏型德育既反对德育灌输，也反对道德放任。所以，教师要发挥"引导性提升"的作用，不仅要成为德育活动的设计者、组织者和执行者，还应当成为学生参与德育活动的欣赏者和引导者。

（4）自主性生成

自主性生成与引导性提升相联系。在德育活动实践中，教师的引导必须与学生的"道德欣赏和自主建构"相一致，而教师的引导务必时刻关注学生自主性的生成。例如，在实践中，一些老师可能习惯在学生自主性教育活动过程中不参与，却在结束时以"教师提升"为由设计角色机械地进行所谓的理论提升，这是不恰当的。

自主性生成原则就是要求教师与学生共同欣赏道德风景和分享美的感受，教师为学生指导欣赏角度和方法，由学生在自由欣赏中自主生成道德认知、情感和意志。教师可以在学生的自主性学习与讨论中，参与分享、交流与提问，分享不同感受和观点，适时提问。教师适时参与，但不充当裁判以及直接给出结论。

3. 欣赏型德育的主要方法

在坚持主题活动基本原则的基础上，北师大二附中在欣赏型德育实践中总结出了德育叙事法等六种方法，对教师采纳不同的德育方法，具有很强的指导价值。由此，在不同情景中，教师采纳合适的德育方法开展相应的活动，以增强德育活动的实效。

（1）德育叙事法

通过将故事所蕴含的德美以叙事的形式，而非道德规范的结论或逻辑推理的形式呈现给欣赏者，每个典型案例都是一个具体而真实的德美题材。因为通过故事将道德精神、道德规范、道德行为具体化为主人公的生活情境和故事情节，从而增加了德育的直观感，有利于道德学习主体的多角度欣赏，道德故事的发生、发展、高潮和落幕对欣赏者产生着情感的渲染和思想的启迪。

学校将"叙事"的主要特点概括为"叙说",拓展了现代技术条件在叙事中的应用,不同风格的叙事主体(教师)可以选择合适的表达方式,如直接叙说、借助演示文稿、配乐、网络音视频、自制音视频等。

(2) 道德两难法

在道德两难情境中,德育学习主体的欣赏兴趣是基于人们一般的道德常识在具体道德情境中所遭遇的困境而生发的,是通过道德冲突引发"选择未知",其本质是一种关于激辩、求知和解惑的道德智慧之美。

北师大二附中鼓励教师创设道德两难情境,以培养高中生的道德反思力,提升学生的认知思辨水平。如主题班会"当你遇到乞讨者",将扶危济困之德(施予)和赏善罚恶之德(拒骗)之间的真假难辨之困(冲突)在生动的实例中展现出来,以供学生探讨。

在引导性辩论中将施予的本质意义巧妙引入,避免了道德主体认知的浅化和选择的简化;主题班会"成长之境"引导学生就"逆境和顺境哪种环境更有利于成长"展开正反辩论,深化学生对环境在成长中的复杂作用的认识。

(3) 德美汇积法

学校要求教师关注学生的生活常态,通过适当的方式记录和探寻学生生活中点滴德行之美,做一个道德之美的摄影师。德美汇积法借助道德生活的快镜头、慢镜头和组合镜头,呈现学生日常生活的道德风景。

在学生成人仪式的预备班会上,有班主任把学生从高中入校第一天每个人写下而当下可能忘却的高中生活憧憬、对未来生活的理想、三年生活采撷等,以照片、录像和视频的形式呈现出来,配以动听的音乐和感人的散文,对学生产生了强烈的道德感染。

还有老师在"成长的价格"主题班会前,调查班级每位学生上高中以来家庭累计教育投入占家庭支出比例,将这笔经济账结合背后家人的情感和心愿展示给大家,对学生的心灵产生了强烈震撼,起到了良好的德育效果。

(4) 拓展训练法

学校鼓励通过呈现精心设计、兼具挑战性与趣味性的任务情境,使学生在完成任务的过程中产生认知与情感的冲击,引发反思和感悟,提升个性品质,增强团队精神。

北师大二附中每年高一新生的七日军训,学校会统一安排一整天专门用于拓展训练,这已经成为学生军训总结中提及最多的收获和感悟。而且,学校组织专门的教师长期开设"拓展训练"选修课,学生踊跃报名,班主任也会邀请"拓展训练"选修课教师把拓展项目带进课堂,用于班级建设和德育目标的实现。

（5）置境模拟法

教师通过特定的情境创设,让学生在模拟实践中以特定的社会角色自主判断、自主决策、自主参与。在情境模拟中,活动参与者与其他参与者发生着交互作用,教师引导学生分析活动的关键要素和环节,从而获得良好参与社会的道德智慧。

例如,学校教师在职业生涯规划指导"寻找未知的自己"主题班会中,邀请三位嘉宾组织模拟招聘会,帮助学生客观地审视自我和反思自我,在现实自我和期望自我之间找到未来的发展方向。学生参加"应聘面试",回答面试官的提问,同时学生就面试环节问答、学生性格、能力倾向和"霍兰德职业倾向测试"等进行激烈探讨。

（6）道德风景借用法

学校鼓励和组织学长或非校内同龄人来校构建德育之美,如学校邀请天安门国旗护卫队的官兵来校参加高三年级会,并组织学生现场专题访谈,官兵畅谈他们的志向、经历、追求和责任,对学生产生了积极的影响。

学校每年均会邀请高考毕业的学生代表按照对应的班级,给即将升入高三的学生指导如何快速进入高三状态,如何处理高三阶段的学业、社会活动、人际交往等问题。学校每年组织即将进入高二的学生代表在新生入学教育中,分组带领新生参观解读校园人文风物,指导新生如何适应二附中的校园生活,讲解自身的得失和经验。

4. 欣赏型德育的工作要求

北师大二附中的道德叙事法、道德两难法和德美汇积法等策略,最终汇聚为四种形式的道德美,分别是道德之美、德育之美、师表之美和作品之美,它们既可视为学校德育的成果与结晶,也能够作为学校推进德育工作的抓手。

（1）道德之美

学校认为,教育要勤于从那些感动的人、事和生活场景中挖掘蕴藏的道德智慧美、道德人格美等德育题材,学校教师从每个家庭给孩子的物质投入和非物质投入这样一个"价格"角度引导学生反思家庭的支持与期待,就是一个挖掘道德之美的过程。

（2）德育之美

学校认为,教育的过程和形式需要立美,教师应致力于增加情景细节、拓展艺术手段、增加内容多样性等,以此营造德育之美。诗歌、散文、音乐、故事等形式均可采纳,网络讨论、照片、视频、音频资料等多媒体技术要充分应用,以此丰富学生的道德体验,提升德育效果。

（3）师表之美

学校鼓励教师发挥道德教育的榜样作用,从自身的形体、言语、行为出发,为北师大二附中教师形象的塑造出策出力,表道合一、知行合一的教师形象形成了独具特色的校本师表之美,塑造了北师大二附中的师道形象。

（4）作品之美

学校将展现学生风采、体现学生人格的作品集中呈视,增强了学生的自信心,也为学生自我表现提供了舞台,如学校每周让学生集中推选三名学生担任旗手,在升旗仪式上向全校介绍旗手事迹,通过橱窗和校园网宣传旗手;学校每天中午的午检学生演讲系列活动也是作品立美的成功案例。

五、勇当新时代学校改革发展的示范者

当前,国家教育改革与发展进入关键期。党的十九大报告明确提出,要加快教育现代化,发展素质教育,办好人民满意的教育。为此,在新时代,北师大二附中必须充分认识到时代发展、国家发展、经济发展与社会发展等各个方面对学校发展提出的新要求和新任务。如何继续发挥学校改革发展在全国高中教育中的先行者、探索者、创新者和示范者作用,如何树立新时代学校改革发展新使命和新责任,不仅是北师大二附中的课题,也是所有示范性中学、重点中学面临的课题。为此,这里提出以下思考。

1. 坚定人文教育的特色发展

"坚持以人民为中心"的发展理念,在教育领域中尤为重要。当代教育正处于转型变革之中。高质量发展教育,并非只是升学率的提升和教育规模的扩大,更重要的是在于满足人民对美好生活的需求,更好地保障学生的获得感、幸福感和安全感。现代

科技快速发展,尤其是生产生活方式的变革,使教育更多地回归到人的全面发展。高中教育作为基础教育,更需要关注学生个体的全面发展和终身发展。其中,人文教育的价值和地位将越加显现。

北师大二附中立足于人文教育特色追求,创办了第一个得到国家教育部认可的文科实验班,创办了中国大陆第一个中学校园国学社,创办了全面、系统、科学的人文教育体系。早在1995年就率先提出"对学生加强人文教育、丰富学生的人文底蕴"的教育主张,在高中教育和学校发展上形成了带有鲜明烙印的二附中理论与模式。

目前,学校已经构建了"文科实验班课程方案",完成文科实验班特选课程教材的编写,制定并实施"文科实验班活动类校本课程整合方案",成立了文科实验班阅览室"文心书屋",组织实施了人文知识竞赛、百科知识竞赛等活动,通过校刊、班刊、国学社刊物和联系校外媒体杂志等途径共同搭建了学生的展示平台。

北师大二附中以人为本的教育实践取得了丰硕的成果。以人文教育为例,学校为重点大学输送了大量高素质文科预备人才,学校文科实验班高考的重点大学升学率连续保持近百分百的比例,毕业生较高的综合素质也得到了高等院校的普遍认可,并于2009年成为首批拥有北京大学校长实名推荐资格的学校之一。高考成绩连年在北京市名列前茅,文科和理科重点率始终保持高位。

但是,必须意识到,人文教育不能局限在文科教育,而是更需要聚焦学校全体学生的全面发展教育,将人文教育与思想道德素质教育、科学文化素质教育、身心素质健康教育完美统一。

需要将学校总结出的"习"(通过学习和实践养成良好的道德习惯,提升道德修养)、"熏"(靠教师自身的人格和学校的人文环境熏陶,使学生耳濡目染,潜移默化,达到润物细无声的作用)、"悟"(让学生在阅读和实践中自悟、体悟和感悟,进而产生顿悟)、"化"(由悟的积淀,达到内化,提升学生的人文精神和人文能力,再由人文精神和人文能力外化为行动,达到化的境界)等简练可行的人文教育思想与方法,全方位贯彻到学校教育、教学与管理中。

2. 牢记不忘初心的改革探索

北师大二附中作为一所历史文化悠久且有丰富办学经验的名校,在过去65年的办学历程中,始终以成人成事为使命感,积极开展教育改革与创新,在全国普通高中教育领域发挥了一定的引领和示范作用。

表6.10　北京师范大学第二附属中学实验班与特色班建设情况

实验班、特色班	实验目标及其要求
文科实验班 (创建于20世纪60年代)	满足那些对人文和社会学科表现出强烈学习兴趣、具有丰富阅读积累、具备较高文科学习潜能、基本确定为文科发展方向的学生的需求,旨在培养高素质复合型文科预备人才。
理科实验班 (创建于20世纪90年代)	满足对数学和自然学科有浓厚兴趣、具有扎实学科基础的学生的发展需求,旨在培养全面发展且专长突出的高水平理科预备人才。
项目式学习实验班 (创建于2011年)	满足那些喜欢在实践中学习、对科学研究充满兴趣的学生的发展需求,旨在为国家培养优秀的科学技术预备人才。
PGA国际课程班 (创建于2008年)	满足那些高中毕业出国学习与发展的学生的需求,培养具有中华文化基因、具有开阔国际视野的优秀学生。
数字化学习特色班 (创建于2013年)	用数字化学习资源丰富学生的学习方式,开展个性化学习,探索数字化时代学生培养的方式。

除上述改革探索之外,北师大二附中在拔尖创新人才培养研究、德育模式校本探索、高中生职业生涯规划与指导、学校课程体系建构、理科优秀生培养实践等方面也同样有积极改革的实践。例如,学校鼓励学生积极参与各类比赛,在全国青少年科技创新大赛、北京市创新大赛、北京市自然科学知识竞赛、北京学生机器人智能大赛、北京市高中生物理研究性学习实践活动比赛、全国中学生排球锦标赛、北京市运动会、全国中学校园舞蹈展演、北京市学生艺术节戏剧比赛等各类比赛中收获佳绩,展现了北师大二附中学生全面的综合素养。

正是这种敢为人先、勇立潮头的改革精神,确保长期来北师大二附中持续发展的源源动力。但是,新时代有新要求,如何以国家教育现代化发展的新要求,思考学校发展的新使命和新任务,将"成人"教育理念与"全人"教育目标落实到实处、体现出与时俱进的新观点和新思想、呈现出促进学生全面发展的新举措,则是学校必须回答的时代课题。

为此,要以"未来学校"为视角,设计北师大二附中学校发展的远景与规划,其中不仅包括学校人才培养目标和办学定位,更需要思考学校及其教育与外部世界之间的关系,必须在学校制度设计、课程与教学体系、教师与学生角色以及学校与外部机构关系等方面有前瞻性的科学定位。

作为国内一流教师教育大学附属中学,开展教育改革与教育实验,理应是学校成立之初衷、初心。充分借助北京师范大学在教育研究、教育实验与教育理论方面的专业力量,继续探索学校发展中的实践问题、理论问题和前沿问题,都应纳入学校发展的视野范畴。

3. 发挥示范引领的扩散效应

为落实北京市教育综合改革的目标,更好地实现教育均衡化,使更多的受教育者享受优质的教育资源,北师大二附中已经成为北京市西城区集团校之一,每一所集团校坚持"人文"、"自主"的学校文化,用文化涵养师生共同发展。坚持集团校之间的教育教学资源共享,用"求真务实　开拓进取"的二附中精神实现立德树人的目标。

北师大二附中是具有教育情怀和教育担当的一所高中,学校需要继续坚持"尊重学生自主,倡导人文教育,重视环境熏陶,强调道德实践"的教育主张。要充分利用人文教育的教育资源和教育经验,在传承中华优秀传统文化上发挥学校辐射作用。北师大二附中自 2015 年起自发组织"全国中学生中华传统文化传承高端论坛",至今已有四届,参与论坛的全国高中学校近 90 所。学校应该借助此类论坛的影响力和号召力,在更大范围内,培育中华优秀传统文化之践行人,培育更多优秀的德智体美劳全面发展的社会主义建设者和接班人。

第七章
"成人成才、和谐共进"的育人模式
——黑龙江省齐齐哈尔中学的探索

本章要点

地处东北的齐齐哈尔中学在实现由企业办学转向政府办学之后,学校的发展遇到各种新挑战,尤其是面对高中教育改革与发展的新形势。为此,学校立足促进全体学生全面发展的办学宗旨,以求真的思想,积极打造面向人人的学校育人体系。

努力打造促进人人成才的德育体系。在保持学校传统德育优势的基础上,积极引入学生发展指导,实施生涯教育指导,将学生的高中学习与未来的生活和职业紧密联系在一起。

聚焦学校教育质量的全面提升。将教学与育人在课程体系中结合,使求知与育人的要求在课程中体现;探索教与学方式的变革,创建各种形式的学习共同体,增加学生的学习积极性;采用开放形式,开展有效的校本教师发展与培训活动,提高师资队伍质量。

需要积极应对各种新挑战。在取得现有成绩的基础上,需要按照教育现代化的新要求,创造育人方式转变的示范,使学校发展模式具有更多可复制、可推广的经验和方法,成为更加突出的示范性特色高中。

黑龙江省齐齐哈尔中学创建于 1949 年,原名齐齐哈尔铁路分局第一中学。1976年成为省首批重点中学,2002 年被评为省级示范性高中。2004 年 8 月,学校归属地方政府,直属于齐齐哈尔市教育局。2018 年,全校共 47 个高中行政班,在校生规模总数 2 479 人,在编教师 167 人,其中高级教师 61 人。

近年来,在办学实践中,学校秉承"教人求真,学做真人"校训,坚持"求真教育"办学思想,力求形成"严谨、和谐、求实、创新"之校风、"勤敏、方正、博爱、敬业"之教风和"主动、活泼、博学、善思"之学风,在迈向"办成现代化特色鲜明、学生个性充分发展、面向世界视野开阔、成人成才和谐共进的示范化高中"特色发展中取得了新进展。

一、求真教育的学校办学定位

1. 学校办学理念

学校办学思想来源于学校的历史积淀。之前,学校属于企业办学,铁路系统的严谨规范给学校的管理与发展奠定了厚重根基,中国铁路文化让学校凝聚了鲜明的铁路情怀、整体意识和团队精神,敬业爱岗也成为了学校全体员工的普遍素养。

进入新世纪以后,尤其是自《国家中长期教育改革与发展规划纲要(2010—2020年)》颁布之后,在国家教育改革与发展的新形势下,面对普通高中教育改革发展新要求和考试招生制度改革新挑战,学校更加认识到,必须切实转变育人方式,必须更加重视立德树人根本任务的落实。

结合学校发展的实践探索,逐渐形成了"求真教育"的办学理念。所谓"求",即"学"与"探索"之意;所谓"真",则是一种真实的展现。"求真"就是一种对于真我的追求。由此,学校教育体现学生发展为本的要求和原则,注重唤起学生内在潜能,让学生成为更好的自己。

学校认为,求真教育思想要求学校帮助学生认识自己,使学生学会在社会中承担责任,在学生自我觉醒的过程中,将个人价值与社会价值和谐统一。为此,学校要最大限度地促进学生发展,为学生发展和学生选择提供最佳的支持与服务,在传递知识的基础上,指导、引导学生成长成人成才。

在实践中,学校要突破一元化成功误区。为每个学生提供适合的教育,尊重教育规律,尊重学生身心发展规律,结合学校基础与目标,开发多样化课程,为学生唤醒潜能与彰显独特性提供成长舞台。

在求真教育办学理念的指导下,学校为提高全体学生综合素质,大力实施学校教育改革与创新,积极推进课堂教学新模式,架构有助于学生全面发展的多元动力体系和多元课程体系。

2. 人才培养目标

求真教育思想让学校更加明确了人才培养目标,坚持以学生发展为本,以厚德励志为先,追求卓越,崇尚创新,为学生的一生幸福奠定坚实基础。

专栏 7.1　齐齐哈尔中学学生成才素质要求清单

能做好小事情;

会管理自己的时间;

不抱怨;

令行禁止;

挑战自己和同伴;

学会看到他人的长处;

克服个人困难,勇于承认错误;

如果你没有一个现成的答案,试着去发现;

缜密地思考问题、发现问题;

创造性地解决问题;

倾听、倾听、倾听,祝贺别人成功;

鼓励他人,给他人提供能力所及的建议;

会与他人协作、有团队精神;

热忱、真诚、自信、幽默;

坚持锻炼身体,有一项喜爱的运动;

研修一门艺术,培养鉴赏能力与高贵气质;

关注学业前景和人生规划；

坚守伦理意义上的价值观。

学校基于求真教育思想,本着学生发展所需,明确学校人才培养目标,并将它贯穿于学校教育教学的全过程中。

（1）学会学习

学校高度重视对学生求知能力的培养,希望培养出学会学习的人。为此,本着育人为本的理念,学校构建了以"求真知"和"做真人"为基本原则的多元课程体系,将学知识与学做人统一在一起。

同时,学校依照教人求真的理念,创新地实施学习共同体建设,力求将学生作为学习的主体,推进团队学习,在此环境之下培养学生的求知能力,从而真正成为一个学会学习、有独立见解的人。

（2）创新精神

学校认为,应当致力于创新人才、创新能力和科学精神的培养。学校教育教学过程中,必须注重对学生科学精神的培养,科学精神是学生养成创新意识的内容之一。

学校致力于为学生提供培养创新精神与能力的科技项目,为学生打造科技实践活动平台,积极开展航空航天模型、机器人、科技创新和科技实践活动,为学生创新意识的培养创造条件。

在培养学生的创新能力与科学精神上,学校也十分注重教师创新,学校依托多样化课题研究,加强教师研究能力的培养,力求以教师的科研精神影响学生。

（3）责任担当

学校认为,成人是关键,是学生发展的基础,学校帮助学生不断地探索为人之道,明确自己人生的价值追求,培养每个学生的责任担当能力。学校在各种活动尤其是大型传统活动中,始终将促进学生道德情怀的养成作为关键因素而予以考虑,在活动中予以渗透。

学校始终关注培养学生处理各种关系的能力,将责任意识的培养渗透其中。学校为全体高中学生开设系统的生涯教育与指导课程,引领学生明确正确的人生方向,明晰人生的价值目标,明了个人的社会责任。

学校在各类活动中培养学生的家国情怀。例如,开设"学习十九大,永远跟党走"十九大知识竞赛,旨在进一步在学生当中掀起学习十九大的热潮,使"十九大精神进校园"落到实处。邀请合肥工业大学军事教研室讲师李张兵博士为学生主讲"钓鱼岛争端"军事知识报告会,学生不仅增长了军事知识,也了解了当前时政,同时也激发了爱国热情。

(4) 身心健康

学校将学生的身心健康作为学生全面发展的重要内容之一。关注学生健康生活,高度重视学校体育与健康教育,努力为学生提供各方面的服务和支持,使学生呈现积极健康的生命状态。由此开展的一系列活动都以提升学生身体素质为目的,如远足拉练、体育节、鹤乡行、成人仪式、课间体育活动等。其中,已经连续十五年开展远足活动,不仅使学生的身体素质得以提高,还使其意志得以磨练。总之,学校开展多种与体育相关的活动,使学生可以通过多种途径来锻炼身体,达到身体健美的目标。

学校力求让学生树立"珍爱生命、尊重生命"的意识,开展"和谐鹤城、平安校园"主题系列活动,包括征文、安全知识讲座、安全知识竞赛、消防演习等。通过这些活动,学校让学生了解安全方面的知识,让学生知道如何更好地保证自己的生命安全,也使学生对生命有了更深层次的认识,更加热爱生命。

学校一直重视学生的心理健康发展。自2000年起就设立心理咨询室并配有专业心理教师,为学校心理健康教育的开展提供有力支持。学校开展一系列心理健康教育活动,让同学之间相互了解、彼此信任,使他们感觉到自己身处一个幸福和互助的大家庭,增强他们的安全感。此外,学校运用"心脑成像技术",帮助学生以正向积极的态度看待自身问题,借助心态改变促使自身进步。2017年起,学校实施高一年级艺体选课走班教学。其中,体育类课程分七个专业,分别是田径、篮球、足球、排球、武术、舞蹈及棋类。学校希望通过体育课程建设,更好地促进学生的健康发展。

3. 学校文化特色

齐齐哈尔中学致力于营造特色校园文化,不断提高文化含量和教育功能,逐步形成了布局合理、环境优美的绿色学校、园林化学校,使学校的每一处都体现育人的功能,不断打造和凝练学校文化。具体来看,学校文化特色包括以下三方面:国学为基的阅读文化、创新精神的科技文化和国际视野的开放文化。

（1）国学为基的阅读文化

学校将传承与发扬传统优秀文化，作为学校教育与人才培养的一个方面，从"国学育人"视角入手，把阅读文化作为突出主题，努力建设学校的国学阅读文化特色。

充分利用校内外资源，开创"国学课程"，让师生更好地体会民族文化的精髓所在。教师组建了"国学研修会"，学生成立了"国学社"社团；学校兴建了"师表厅"，把孔子塑像请进校园；建置了"国学室"，提供国学研讨座谈的场所；定期举办"国学讲堂"讲座学习活动，提升师生的国学素养和学校的人文韵味。学校还在"孔子课堂"项目中增加国学内容，提升中华传统文化的国际影响力。

学校还把阅读文化构建成为学校课程内容，从文化氛围、阅读指导、阅读活动等方面展开并形成系列。在学校主楼的二、三楼打造了两个阅读空间，将阅读作为生涯规划课程的一部分，在高一和高二年级开展阅读课程，让学生通过广泛阅读打开视界，让阅读成为培育学生核心素养的重要途径。

当然，国学内容并不是阅读文化学习的全部，而是其中的一个重要方面而已。学校每年以世界读书日为契机，在校园里开展读书活动，组织课本剧表演、诗歌朗诵等，培养师生良好的读书习惯，让读书成为一种风气、一种氛围。

学校还积极与齐齐哈尔市图书馆加强联系，成为齐齐哈尔市图书馆学校分馆，也是齐齐哈尔市中小学校中建立的第一个市图书馆分馆，实现内部资源网络的链接，使学生可以在学校的电子阅览室中查阅和下载来自市图书馆、省图书馆、国家图书馆、知网等的电子资源。

（2）创新精神的科技文化

培养学生的创新能力和科学精神，不仅需要课程与教学支持，也需要学校环境与文化的熏陶。齐齐哈尔中学在建设科技创新文化方面，立足于校内课堂教学，研发完善航天科技创新教育校本教材，开设相应的校本课程，使学校成为黑龙江省科普教育基地、齐齐哈尔市青少年科技活动示范学校。

学校充分利用和挖掘校友的影响力，建立"栾恩杰航空航天实验室"，为学生打造科技实践活动平台，积极建设科技创新特色校园文化；向学生普及科技知识，进一步营造崇尚科学、鼓励创新、尊重知识的浓厚氛围，努力提高学生的创新意识和实践能力。

学校还充分发挥教师作用,开展科技创新物理实验教学,通过教师自己动手制作的教具开展科技教学,该校物理教师自制教具在全国教具大赛中多次获得一等奖。学校还建立了数字化物理实验室,引进了 DIS 实验设备。

2017 年学校举办科普日,集科普、趣味、益智为一体,内容既有科技前沿专家科普报告会,也有学生"两机三模"科学嘉年华、首届"火星登陆"航天项目竞赛,以及"从地球到宇宙"、"脑科学"大型科普展览等活动。在这些活动之中,学生对科技的了解更加深入,其内在创新潜能得到更好的激发。

总之,学校从各个角度出发,力求把科技创新打造成为学校特色文化之一,为学校特色发展奠基。近年来,学校在国内国际科技创新活动中,连续获得殊荣,多名学生因科技创新被保送到国内一流大学。如在"第十一届黑龙江省青少年机器人比赛"中获得机器人创意项目第一名;有 7 个项目获得"第 29 届黑龙江省青少年科技创新大赛"一等奖;在"第十一届宋庆龄少年儿童发明奖"活动中吴泊同学获得决赛入围奖(黑龙江省高中组仅有 2 项入围决赛)。

(3) 国际视野的开放文化

齐齐哈尔中学在学校文化建设中,不仅注意到了传承和发挥中华优秀文化的重要性,培育和建立科技创新文化的迫切性,也关注到了面向国际与扩大学生视野的关联性。为此,学校在发展过程中,为满足学生发展的需要,不断加强学校的对外开放,使开放成为学校文化的特点之一。

2004 年,学校与北京师范大学合作,成为北师大外语实验学校;2007 年,学校加入中国—新西兰友好实验合作项目(FEC 项目),成立齐齐哈尔市首家"中新友好实验班"。2009 年正式成立了国际部,开展国际班特色课程,在走向国际化办学上有了实质性突破。几年来,学校还与新加坡理工大学、意大利都灵理工大学、米兰理工大学建立了意向合作关系;与美国蓝带高中缔结友好学校。

二、创新建设学校德育体系

齐齐哈尔中学高度重视学校德育工作,以"成人成长"为指导,重视教育学生探寻为人之道,利用各种大型传统活动打造良好的德育氛围,致力于校内德育氛围的营造,让学生在积极的环境中健康成长,构建有特色的学校德育工作体系。

1. 保持学校德育传统

学校研究新形势下德育工作的特点,基于学校自身发展情况,积极开创学校德育工作。

(1) 重视行为规范教育

学校认为,行为规范是国家对中小学生的基本要求,是学校德育的基础工程,是中小学生基本伦理道德教育和基础文明行为训练的主要内容,是提高学生思想道德素质的重要标志之一。行为规范教育的目的是为了让学生在现在和未来能更适应社会生存。

学校将学生的行为规范教育划分为两个重点部分:一是学生文明礼貌教育,二是学生良好行为养成教育。学生的文明礼貌与其日常生活息息相关,也与学生个人素质紧密相连。学校除重视引导学生文明礼貌之外,也高度强调良好行为的教育。其目的在于,通过对学生的日常教育,让学生潜移默化地受到道德教育的熏陶,从而不知不觉接受良好的影响,成为一个有道德的人。

学校要求班级文化建设重点要从班级物质文化建设转移到班级精神文化建设上,要求班级在开学初制定班级文化建设实施计划,确定班风主题,实施形式多样的班级文化活动,使班级精神得以树立,形成一个班风正、学风浓的班集体,以班集体建设带动学生行为规范教育与养成。作为学生行为规范教育活动之一,学校每学期都开展班级文化建设和班级竞赛活动,力求将外部行为规范教育转变为学生的自觉行动。

(2) 健全德育系统网络

齐齐哈尔中学始终关注学校德育工作系统,努力建设德育系统网络,组织多方面力量共同参与学校德育建设。

第一,完善制度入学,学校制定具体的《德育工作方案》,整体规划与布局学校德育工作活动及其要求。学校实行全员参与的德育管理。坚持全员德育原则,校长负责,教职工参与,实行教书育人、管理育人、服务育人模式。构建德育目标体系,健全德育管理机制,建立学校、家庭、社会三结合的育人网络,优化德育活动过程。

第二,组织专题教育活动,使德育活动有切入点。利用重大节庆日或纪念日,在学生中坚持开展相对应的主题教育活动。常规纪念日如清明节、五四青年节、教师节、国庆节、一二·九运动等,学校重大活动如开学典礼、远足、军训、毕业典礼等,学校都要认真安排,不失时机地在学生中开展各种思想政治教育活动。

第三,在常规学科教学活动中渗透德育,学科教学与德育相结合。学校要求教研组、备课组和学科教师等,必须将成人教育与成才教育有机地结合在一起,根据学科特点开展相应的德育活动,积极探索学科与德育结合的方式方法。要求教师在对学生传授知识和培养能力的同时,将良好的情感、端正的态度、正确的价值观自然融入到课堂教学过程中。教师在课堂中努力将积极的心态和思想方法传递给学生,给学生以智慧启迪和人生激励!

第四,注重家长参与,建构学校、社会、家庭三位一体的工作体系,形成三方协同教育合力。学校坚持每学期开好两次家长会,共同研讨学生成长问题,为家长开设学生成长助力课程。

第五,坚持规范学生评优活动。关注学生个性和特长发展,关注学生日常生活表现和成长过程,培养学生良好习惯,让每个学生找到奋斗目标,体验成功,激励所有学生奋发进取,成长为社会主义合格公民。学校决定开展星级学生评选活动,每学期评选一次,如足球之星、武术之星、阅读之星、创意之星、发明之星、航模之星、守纪之星、公益之星、社会实践之星、社区服务之星、研究性学习之星、游学之星、研学之星、语文学科之星、劳动之星等等。以学生中的先进事迹与先进人物,促进学生间相互学习和共同进步。

第六,建立学生生涯指导中心与成长驿站,积极开展社会实践教育活动、生涯体验活动、研学旅行等,将德育融合到学生发展指导和社会实践活动之中。学校开展师生结对,让每一个学生都有一位人生导师,指导学生进步和成长。

总之,齐齐哈尔中学建立了较为完善的学校德育工作网络体系,保障学校德育工作顺利开展和有效落实。

2.注重探寻为人之道

齐齐哈尔中学坚持做好常规德育工作的态势,努力不断创新,注重开展探寻为人之道的德育活动,注重加强与学生发展指导的融合。学校倡导学生自主管理,让学生自己养成良好的道德规范。努力把学校办成学生主动求知、生命健康成长的乐园。

从学生思想品德形成与发展的规律出发,学校制定了分年级德育活动内容体系,由此开展适合学生发展特点的德育活动。

在高一新生入校时实施养成教育系列,主要包括新生军训、法制教育、消防安全教育、远足拉练、亲情教育等。通过这一系列教育,使高一新生在入学之后能够很快地过渡到高中学习阶段,缩短学生初高中衔接时间,为整个高中阶段的学习与发展做好准备。

学校组织的高二年级德育活动主要包括成人教育和学生创意才艺展示。高二下承高一、上接高三,是一个过渡的关键阶段,需要为高三的学习与升学考试等提供良好的基础条件。在这一阶段,学校努力通过成人教育,让学生更好地了解自己所应当扮演好的角色;通过自主创意才艺展示活动,让学生完善自我认知,明了自我发展与追求的方向。

高三年级德育活动则集中利用生涯规划指导方式,将德育要求和方法与生涯教育指导联系在一起,以正确的世界观、人生观和价值观指导学生选择,激发学生内在潜能和发展动力。

学校注重以大型传统活动为依托,更好地开展德育工作。主要包括校园艺术节、体育节、读书节、英语节。这些大型传统活动都高度重视学生的思想政治教育,让学生在各种传统活动之中探寻自己的价值观,了解自己的人生方向,规划未来的目标。

3. 开设生涯规划课程

学校认为,德育课程活动与生涯规划活动都在于唤醒学生的生涯发展意识,让学生学会如何认识真实而独特的自己,不断提升自己与他人、与社会、与自然和谐相处的各种能力。学校总结学生学习情况后发现,学生所呈现出的学习效率低下,根本原因是学习动力源出了问题,即学生对自己的发展目标定位不清晰。为此,学校致力让学生懂得现在的学习和未来生活之间具体而实质性的联系。

(1)注重分年级实施

齐齐哈尔中学开设生涯规划课目标明晰,即让学生明确理想、确定目标,主动学习、充实高中生活,明确未来生活与发展的自身定位,进而实现自我人生价值追求。该校高中生生涯规划课分成三部分,即认识自我、职业探索与目标定位以及制定阶段性目标。

在开展职业规划之前,学校通过霍兰德职业兴趣测试、MBTI 职业性格测试、职业锚、职业价值观测试、职业能力测试等方式,尽可能让学生了解真实的自我,全方位地了解自我。

在学生有了明确的自我认识之后,学校让学生进行职业探索与目标定位。在专业职业测试基础上,进一步了解和研究具体的职业领域,努力帮助学生建立正确的三观,建立责任担当的志向。

最后的阶段性目标主要是指学校将学生的升学教育与他们将来可能涉及的职业领域相结合。找出目前与近期阶段性目标之间的差距,进一步制定学科学习计划,有针对性地提高成绩。

(2) 系统制定实施方案

齐齐哈尔中学在学生指导中,注重实施职业生涯规划课程。学校注重强调开展宣传工作,努力为学生提供相关各类职业知识情况,注意调动学生对未来职业的了解和向往。学校制定了关于职业生涯规划教育目标的具体规划,有较为详细的设计方案,确保职业生涯规划教育得以顺利展开。

表 7.1　齐齐哈尔中学生涯规划教育课程实施方案

时　间	年级	内　　容	形　　式	目　　标
8 月末	高一	开学前生涯规划宣传活动	讲座(最好是家长与学生共同参加)	使学生和家长认识到生涯规划的重要性;了解学校办学理念;明确家长责任。
第一学期9 月—12 月	高一	1. 创建职业社团。 2. 生涯规划课开展(内容包括生活规划、职业规划、心理规划、情感规划)。	1. 社团活动。 2. 生涯规划课或心理课堂(团体活动、小品剧、学生讲坛、职业影随、职业见习等)。	1. 以职业体验周形式,在校园内让学生体验各种职业的内容、形式和要求。 2. 使学生的梦想清晰化,真实感受到梦想是现实且可触及的。

时 间	年级	内 容	形 式	目 标
第一学期 9月— 12月	高二	1. 模拟招聘会现场。 2. 总结高一制定的生涯目标,修正目标并制定学习计划,为自主招生做准备。	1. 社团活动或班会。 2. 班会或生涯规划课。	1. 让学生们亲身体验各职业招聘要求,使学生有紧迫感。 2. 使学习不再盲目,清晰学习目标、制定学习计划。
	高三	模拟高考报志愿;制定一轮复习计划、制定阶段性目标。	生涯规划课或班会	把高三生活阶段化,做到把压力有效释放。
第一学期末 1月	各年级	总结上学期计划完成情况,制定寒假目标,设立学习小组与监督机制。	班会或生涯规划课	帮助同学们养成主动学习、自主管理习惯,假期学习小组定期会面,检查计划完成情况,评比优秀小组。
下学期 3月— 5月	高一	1. 开展心理课(情绪调节、症状测评、学习方法、人际交往、爱情观、性健康等)。 2. 筹备心理节(525心理健康日)。	1. 心理课堂(活动体验、小品等)。 2. 心理节以户外拓展游戏项目比赛为主,全年级参与,班级每个同学都能参与,涉及范围广。	1. 培养学生全面发展,提高学生人际交往能力、学习能力、自主选择能力等。 2. 在户外活动中群策群力,改善人际关系,提高解决问题的能力,缓解压力,增强团队凝聚力。
	高二	总结上学期计划,为进入高三做准备。	生涯规划课或班会	为高三有更高起点做准备,使学生提早有紧迫感。
	高三	做好二轮复习计划及学生考前心理调适;报考自主招生学校。	班会或生涯规划课	做到按部就班,跟上老师的复习安排。考试多,做好每次考试的总结工作。
下学期末 6,7月	高一	总结本学期内容,制定暑假目标,发挥学习小组作用。	班会或生涯规划课	进一步实现自主管理,总结提高。
	高二	制定暑假复习计划	班会或生涯规划课	做好高三总复习自我检验工作。
	高三	做好高考志愿填报工作	讲座或班会	实现生涯规划目标。

（3）开展职业实践体验

职业生涯规划课程并不只局限于向学生讲解具体生涯知识，也给学生提供职业体验机会，让学生参与职业实践探索，更加直观地感受职业特点与要求，为确定职业方向提供帮助。

职业实践体验涵盖面比较广泛，具体包含走进医院、走进交警队、走进中医体验馆等。带领学生走进医院是一次"生命的体验"与"健康的体验"，学生收获到对医生这个职业的具体感触，更是让学生体会到生命的价值。带领学生走进交警队，让学生体会到作为一名交警的感受，培养学生良好的道德品质，感受到职业规范性和一丝不苟做事的必要性，以及让学生了解到遵守社会规则的重要意义，培养学生的责任心。带领学生走进中医体验馆，则是一场国粹文化的洗礼。

学校自开设高中生职业规划教育实践探索以来，自编了校本教材《高中生职业规划实用手册》，多次举办并参加了有关的公开课及观摩课，促进学校职业生涯规划教育的探索。

为了促进学校生涯规划教育顺利开展，学校还开展了有关职业生涯规划教育的课题研究。学校出版了"生涯规划"方面的教材，多次为全省专兼职教师、学校教职工参与的生涯规划课提供培训与指导。

目前，高中生职业生涯规划课程在齐齐哈尔中学已发展成为体系完整、操作具体、多方合作的一项基础性校本课程。借助这项课程的实施，促进学校人才培养目标的实现，促进学生成人、成长与成才。

三、聚焦提升教育教学质量

1. 建立多元化课程框架

齐齐哈尔中学依据学校办学思想和人才培养目标，遵循国家教育改革与发展要求，基于普通高中教育发展与课程改革要求，努力构建校本化课程体系，提出了多元化课程体系框架，力求以课程建设提高学校整体教学质量和促进全体学生全面发展。

（1）两大支柱

学校从求真教育内涵出发，以"求真知"和"做真人"为课程体系两大支柱。在"求真知"框架下，开发出基础型课程与扩展型课程。其中基础型课程是最基本的课程，包含国家必修类课程和国家选修类课程。而扩展型课程相对来说则更具有开拓性，是基础型课程的补充，供学生进一步学习。扩展型课程主要分为两大类，即人文类扩展课程和理工类扩展课程。为了适应时代发展的需要，扩展型课程还包括国际化扩展课程，目的在于扩展学生的国际视野。

如果说"求真知"注重的是知识的传授与获取，那么对于"做真人"来说则更加侧重于对学生内心的熏陶。所以在"做真人"框架之下所开设的课程主要分为修身型课程和潜能型课程两大类，注重促进学生身心的修养。在修身型课程之下，分别是生涯教育类课程和涵养德行类课程；潜能型课程框架包括艺体素养类课程和创意设计类课程，它们都关注能力素质培养和内在潜力激发。具体课程框架结构如图7.1所示。

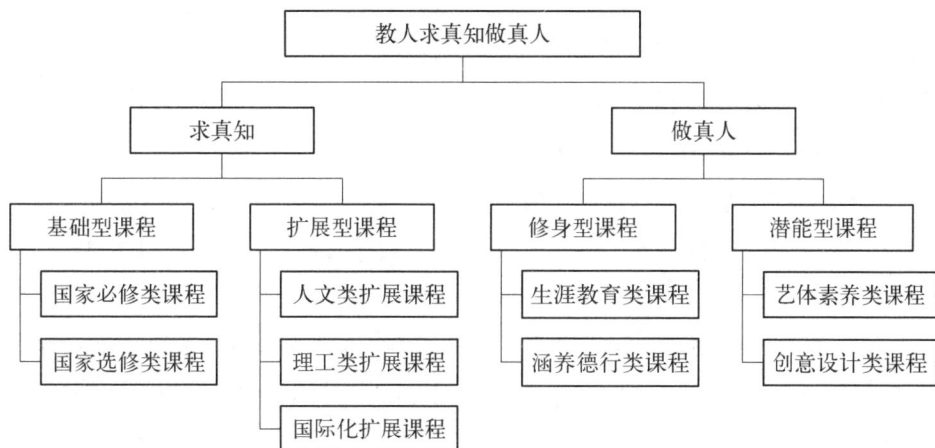

图 7.1　齐齐哈尔中学课程体系框架

（2）校本课程

显然，各部分课程涵盖面是很广的，其中国家必修和选修课程不再赘述。重点介绍一下课程框架中学校设立的校本课程类别及其主要内容。

人文类扩展课程包括"国学课"、"行星与地球"、"阅读课"、"生活与哲学课"等。从传统文化到生活哲学,体现了人文关注和学校培养学生深厚文化底蕴的追求。

理工类拓展课程包括"数学思维课"、"航模探究课"、"化学与生活"、"物理实验设计与创新"等,旨在培养理科思维。此类课程不只局限于"数学"、"化学"、"物理"等科目,而且注重这些学科与能力培养的结合,如数学思维课等。

国际化扩展课程主要包括"GAC 课程"、"欧美文化"、"模联活动课"、"留学指导课"、"中西方文化比较"等,关注培养学生的国际视野,了解中西文化的差异,让学生与世界进行交流和互动,提升国际交流能力。

生涯教育类课程包括"社会实践课"、"职业体验课"、"心理健康课"等。让学生更好地认识整个社会和社会的各行各业,为自己的职业选择和社会责任担当奠定良好基础。

涵养德行类课程包括"礼仪课"、"戏剧表演课"等,重视德行潜移默化的养成。道德教育不是说教,注重积极环境的创设,让学生在优良环境中健康成长。为此,学校开设礼仪课,让学生知礼节、懂礼仪。

艺体素养类课程包括"体育选修课"、"美术鉴赏"、"音乐欣赏"等,此类课程主要目的是让学生获取健康的身体素质和良好的艺术情操。以此类课程为依托,让学生在身体健康的基础之上更好地认识美、感受美并了解美。

创意设计类课程包括"生活科技课"、"机器人程序设计"等,注重学生创新性思维的养成,提倡创新意识与设计精神。比如"机器人程序设计"中,让学生自主进行机器人程序研发与创设,激发学生的创新精神与多种能力。

总之,学校在求真教育思想的指导下,建构合理且易实施的课程框架,同时在框架下开发出具体课程,该课程体系不仅符合学校特色,而且有利于促进学生发展。

2. 创新学习共同体形式

建设学习共同体是齐齐哈尔中学所倡导的一个教育学理念。在课堂改革和实验教学中,在培养学生基础知识和基本技能的过程中,学校逐渐采取"学习共同体"的方式进行教学实践。

(1) 基本内容

学校认为,"学习共同体"可以引导和培养学生在互助学习过程中提升独立思考、逻辑推理、信息加工、语言表达和文字写作等素养,有利于学生形成浓厚的学习兴趣和养成良好的学习习惯,培养终身学习的意识和能力。学校将学习共同体作为一种探究学生合作学习的方式,关注到每一个学生,尤其是学习成绩相对较差的学生。在实践过程中,让学习成绩好的学生与学习成绩差的学生一起学习,不让任何一个学生掉队。学习共同体还注重培养团队意识和合作精神。

该校学习共同体的基本模式是:第一,展示。学习小组展示研究成果,并汇报小组完成任务的情况,包括小组各成员贡献的描述。具体内容包括对"核心问题"的理解与子问题设置;小组活动任务安排;小组各成员是如何完成自己任务的;小组是怎样开展协作活动的;小组成果展示等。第二,自评。包括每个成员在本组内自评和小组集体自评,例如做了些什么、做得怎样、解决了哪些问题、还存在哪些问题、感兴趣的问题有哪些、有哪些疑惑、获得了哪些启示等。第三,互评。包括小组内部不同角色之间进行互评和小组与小组之间进行互评,以及小组成员对另一小组成员进行评价等。第四,总结评价。在教师的指导下,所有成员对该学习活动的过程、效果、应用价值等作出总体评价,主要针对学习目标达成度、学习方式和行为,为后续学习活动提供借鉴和参考依据。

所以,在齐齐哈尔中学,"学习共同体"是由教师和学生组成的学科学术团体,教师与学生的关系即教师是学生的助学者,学生是教师的助教团,师生之间是协作学习关系。以学科为基准,把学生组成数学、语文、英语等九个学科的学习共同体。

(2)学习方式

学习共同体的组建,首先是班主任与科任教师对学生进行分析。按照学生的认知水平、学习品质、思维特点、性别比例、兴趣倾向、交往技能、守纪情况等因素进行分类,将班级学生分为 A、B、C 三类。其次,建构学习共同体。根据"组内异质,组间同质"原则,将全班学生按照 A、B、C 分类进行合理搭配,通过教师分配与学生自愿组合方式来组建,其中 A、C 类学生是教师分配,B 类学生是自愿组合。每班组成 6 个"学习共同体",每组一般 5—8 人,有组名、口号、小组公约及职责分工。

"学习共同体"处于动态管理中,学生在高中三年的六个学期里要分别参与六个学科的"学习共同体"。除学习共同体的团队学习之外,在推进学习共同体的实践上,还有其他一些方式,包括"访客"学习方式、"漂流本"学习方式和导师制管理方式。

"访客"学习方式很能体现出学生之间的交流,主要是一种学习交流与经验共享,是班级内部"学习共同体"之间、班级之间"学习共同体"、年级之间"学习共同体"的访问学习交流。学习共同体与学习共同体之间互通无疑是展现学习共同体的精髓之所在。

"漂流本"学习方式体现学生在知识上的互相交流。学习共同体在学习过程中记录对知识点的梳理、知识结构的构建、思维导图的设计、方法技巧的归纳、典型习题的积累等等成果,以"漂流本"的形式在学习共同体之中与之间进行传阅,使新的学习资源得以共享,使其他学生得到更多学习资料,进而更好地提高学习质量。

导师制管理是指导教师与学生之间建立良好的谈话交流。导师根据学生自身的情况与学生进行一对一的交流互动,帮助学生解决问题,并增加对学生的关注。这里分两个阶段:第一阶段是班主任和学习共同体负责人来确定每天参与谈话的学生;第二阶段是学生自由选择谈话教师。学校设计"教师与学生谈话记录卡",学生要把每天的谈话内容及感受写在记录卡上,由此促进师生密切交流,提升教学与辅导的精准性。

(3) 教学策略

齐齐哈尔中学建立的学习共同体,拥有自身的教学策略,主要包括"双轨备课"、"思维导图"、"二次批改作业"、"学习管理"和"三环节"讲评课等方式。

"双轨备课"主要是为教师提供指导和支持。"双轨备课"即备课组集体备课和教研组集体备课。备课组备课流程由年级备课组负责组织,内容是备课标、备"学习共同体"提供的问题、备教材的二次开发、备考试、备习题。这里需要教师收集"学习共同体"的问题,需要集体备课,即主备人发言、集体研究、形成共案、教师二次备课、形成个案。教研组备课流程由学科组负责组织,内容是解决学科内三个备课组的教学困惑,学习研究大学教材,更新教师的知识结构,提高教师的业务素质。

"思维导图"运用于课堂教学之中,在课前、课中和课后三个阶段体现"学习共同体"的参与。在课前准备上,有两张思维导图,一是教师设计的思维导图,二是学生参与"学习共同体"研讨而成的思维导图;在课中,各"学习共同体"展示思维导图并共同参与修改;课后"学习共同体"共同整理出新的思维导图,而且所整理出的最终成果要用"漂流瓶"等方式公布。

"二次批改作业"就是让学生参与批改作业,在批改中实现再一次学习。在教师批改作业的基础上,学习共同体再次批改学生的作业,并且批改后要做出"批改总结",包括呈现优秀试卷、好的解题方法、存在的问题等,整理后发给任课教师。显然,这并不仅仅是一种作业批改过程,更多的呈现了学生讨论交流的过程。在讨论与交流过程中,好的解题方法得以探讨,对作业存在的具体困惑也得以呈现。同样,教师批改也可以是批阅"学习共同体"批改后的试卷,这样,教师也可以发现更多的问题。这种作业批改,能够让学生学到相关联的东西。

"学习管理"改变了原先班主任直接管理每个同学的情况,而是由教师管全班同学到教师管"学习共同体"。在每个班级中,管理层级是:班主任——班级"学习共同体"总负责人——六个"学习共同体"组长——全体同学,是一层一层递进的过程。在这个新学习管理体系中,班主任有了新的任务:与科任教师组建班级"学习共同体";与班级学生一起设计座位;负责指导"学习共同体"活动评比工作;定期组织"两会",即"学习共同体"一周一次总结会,班级一月一次总结会。班主任角色十分重要。

"三环节"讲评课主要是针对考试试卷分析的课。第一环节是精心准备。教师梳理试卷中的问题,对试卷的答题情况、分数情况等进行综合分析;在考试结束后向学生下发参考答案,由学生自评或者互评、学习共同体互评,让学习共同体带着研究成果走进课堂。第二环节是精准讲评。教师利用 5 分钟时间对考试成绩进行分析,之后教师对试题讲评进行分工,学生讲学生能够讲的,教师讲教师应该讲的。第三环节是精彩分享。把学生优秀试卷展示在班级文化墙上,展示得分率高的试卷和答题规范性好的试卷。

总之,齐齐哈尔中学创新并发展了"学习共同体"。在学习共同体之中,所有人相互依靠、相互促进并且相互影响;学生与教师得以更加融合,学生真正参与到学习之中,形成了真正适合学生成长的课堂与教学。

3. 打造高质量师资队伍

齐齐哈尔中学高度重视学校教师队伍建设,十分注重教师培养,激励教师的教学热情,培养教师职业神圣责任。从思想深处关心教师,从职业发展激励教师。在业务常规上,侧重规范。在学习培训上,立足长远。做到培训有目标、有专题。实现提升理念、开阔视野、解决问题、促进工作的目的。

（1）实施多形式教师培训

学校将教师培训作为提高教师质量的重要途径,开展各种形式的教师培训与学习活动,使教师在学习与培训中得到发展和提高。

第一,利用各种资源对教师进行专业培训,提高教师的业务及管理水平。学校邀请大学教育科研人员共同开展课程观摩与研讨活动,实施教学法培训,定期组织教师业务培训,促进教师教学水平的提高。

仅2016年,学校外出培训教师59人次,参训领导、教师达到179人次。其中省外33人次、省内67人次和市内79人次。这些培训包括送教师去北师大附中进行为期一个月的专项学习实验室管理与课程开发;赴浙江余姚中学学习新课程改革相关学校实践,去北京、哈三中、哈师大附中、大庆实验等地接受生涯规划教育和学科素养培训。

第二,选派优秀教师出国进行业务进修和国际素养的培养。学校不仅注重培养学生的国际化视野,也注重提升教师的国际化视野和素养。近5年来,学校组织教师多次考察欧美教育,每年向美国、英国、加拿大等选派教师进修学习,拓宽办学的国际视野,提高了学校管理水平和教师教学水平。

第三,组织教师编写校本教材,在教研中获得进步。结合学校创设的课程框架及其校本课程要求,组织教师在学习基础上,研发相应的校本课程。例如,为了弘扬国学文化,学校组织了教师编写国学校本教材,同时也邀请了中国人民大学国学院教授指导编写,在课程研发中,发挥教师的能力。

专栏7.2 齐齐哈尔中学的"抽签点名课"

这是学校教学研究与教师培训的一种方式。教务处专人负责,每天由一位学生抽签。抽签方式是先抽年级,再抽学科,然后抽取教师。一个工作日抽取同一学年同一学科的两名教师。抽签结果发布在微信群和公示板上。

当日被抽中学科没有课的教师必须听课,其他学科教师尽量听课,之后组织评课议课。教务处统计学科教研室听课率((实际听课人数/应听课人数)×100%),统计结果每周一在微信群中公布。

（2）注重对教师的人文关怀

学校高度重视对教师的人文关怀，营造良好的工作氛围。学校向全体教工提出了快乐工作、幸福生活的工作目标。倡导平衡工作与生活的理念，组织开展"请你一定要幸福"的教师培训与学习系列活动。

学校还关心关注教师的思想状态和健康状况，让教师学会了解自己、发现自己。当教师遇到职业困惑甚至产生职业倦怠时，适时适当地给教师引领和开悟，让他们释放压力，缓解疲惫，为教师提供发展动力和事业激情。学校关心教师积极心态的建立，特邀齐齐哈尔医学院教授来校进行心理引导，让每一位教师学会调整情绪，保持健康心态。

学校通过解决实际困难和满足教师需求来提升教师的工作幸福感。例如，为班主任提供免费早餐，宿舍楼开放五个教工休息室，使得教师在高强度教育工作的同时，有比较良好的休息设施，缓解紧张工作的压力。学校定期慰问生活负担较重的教师家庭，以及探望染病教师，及时送去安慰与支持。

（3）在研究中提高专业水平

齐齐哈尔中学十分注重开展教师研究工作，奉行"问题即课题、工作即研究、成果即发展"的教师发展与教育研究指导思想，积极引导教师自觉地将日常教学工作中的"小问题"转化为"小课题"，做到研究内容来源于教学，研究过程植根于教学，研究成果服务于教学，努力提升教师的创新能力，让教师成为一个有创造精神的人。

第一，学校引导教师在思想上明确教育科研的重要性，提高教师对教育科研在教育教学实践中重要性的认识。

第二，培养教师坚持问题导向的研究思路。学校设立校本研究课题，提供经费支持，采用招标制，重点研究学校发展与教育教学中的关键问题、重点问题和短板问题，以这些课题为依托促进教师开展研究，鼓励多出成果、出好成果。

第三，创建与培训相结合的科研培训模式。学校要求每位教师根据自己的教育教学实际，每年至少写一篇高质量的教学论文和教育教学心得，论文不能脱离学校的教育教学实际。学校教科室加强对科研课题的管理，特别是立项、研究、结题的过程管理。学校会定期出版教师教育笔记和教育成果、论文集，让教师看到自己的研究成效，分享研究的喜悦。

第四,坚持课堂教学改革研究。将课程改革与教师研究结合起来,以教师研究带动课程建设,以教师研究带动"学习共同体"教与学的变革。将科研与课堂改革结合起来,真正使每一位教师成为研究者,成为"学习共同体"的创新参与者。

通过教师研究,齐齐哈尔中学的教学模式发生了诸多变化,出现了一些新模式:集体备课——"三轮循环备课"模式;课堂教学——"导学评"高效教学模式;学生学习模式——"学习共同体"模式;探索"微课",建立翻转课堂,开创"慕课"学习方式等等。

第五,建立科研成果奖励制度。学校建立了教师科研奖励制度,极大地激发了教师科研的积极性和主动性。学校对在教育教学"问题研究"成绩突出者给予特别嘉奖,并作为职称评定、推优评先的优先条件。据统计,齐齐哈尔中学获得"十三五"市级大课题 17 项、小课题 37 项,每个老师至少参与一项课题研究,仅 2016 年度全校就有 105 篇论文获得了各种奖项。

四、新形势下学校发展策略

纵观齐齐哈尔中学近年来的努力与发展,学校在创建特色学校、办好人民满意的教育道路上取得了进展。首先,办学条件得到较大改善。西校区教学楼投入使用,新建的多功能报告厅、学生电视台、航空航天实验室、少年星观测站、数学教室、地理教室、齐市图书馆齐中分馆、电子阅览室、中医药文化体验馆等开始发挥作用,实现了校园网络现代化、后勤管理社会化。同时,求真教育办学理念得到确立,立德树人根本任务得到有效落实,学生发展取得成效;在人人争做研究型、专家型教师方面也涌现出一大批积极分子,学校成为了黑龙江省首批生涯规划教育试点校、综合素质评价试点校,示范校建设顺利通过了省教育厅的评估验收,国际化办学逐步走向规范化。经过全面改革,学生高考取得佳绩。2018 年高考中,全校理科(不含艺体生)一本达线率 50.83%,二本率达线 96.81%;文科一本达线率 37.96%,二本达线率 92.37%,两项指标创历史新高。

不可回避的是,齐齐哈尔中学在实践中仍存在着诸多问题与困难,在发展中面临诸多挑战,需要解决和应对。其中包括如何进一步把办学理念深入融合进学校管理与学校发展的全方位和全过程中?如何彰显学校人才培养目标特色?如何真正将教师队伍建设作为学校的基础性工作,打造更加高素质、专业化的创新型教师?如何有效地发挥学校示范性使命而带动区域基础教育发展?总之,作为一所具有历史的高中学校,不仅要在示范性特色学校建设上率先践行,更需要在迈向国家教育现代化2035的新征程上做出新探索。

1. 全面落实立德树人根本任务

习近平总书记在党的十九大报告中系统阐述了新时代中国特色社会主义思想,提出了治国理政的新方略。在学校的改革与发展中,按照党的十九大精神和新时代中国特色社会主义思想,必须始终坚持走中国特色社会主义教育发展道路,牢牢把握教育改革与发展的正确方向,尤其要加强党对教育工作的全面领导,贯彻落实立德树人根本任务,培养德智体美劳全面发展的社会主义建设者和接班人,为中华民族伟大复兴培养人才。

为此,要进一步丰富和充实"求真教育"的办学思想,要把人才培养目标中的"责任担当"作为关键;将学校德育体系创新与德育工作推进,作为学校改革与发展的优先事项和重要领域,实现以德为先、五育共进的学校发展格局;强化每个教师作为"引路人"的重要角色,在学科教学育人方面迈出更大步伐,产生和传播经验与模式。

必须将全面落实立德树人根本任务作为学校发展的使命,在学校发展中处理好各方面关系,形成教书育人合力,以培养和践行社会主义核心价值观,作为学校教育教学工作的主旋律。在培养学生形成良好的个人行为规范和思想道德品德的基础上,培养学生为实现"中国梦"而奋斗的精神,以培养学生形成正确的世界观、人生观和价值观,推进学生的全面发展。

2. 实现教师在学校中当家作主

2016年习近平总书记在考察北京八一学校时指出,各级党委和政府要关心教师,让广大教师安心从教、热心从教、舒心从教、静心从教,让广大教师在岗位上有幸福感、事业上有成就感、社会上有荣誉感,让教师成为人人羡慕的职业。

很显然,教师要获得真正地位和尊严,首先需要教育系统内部形成尊重教师的良好氛围,尤其是教师工作的每个学校,更应该创造一个重视教师、关心教师和发展教师的氛围与机制。

为此,学校要在坚持对教师进行人文关怀的基础上,着力强化教师高尚师德的培养,突出教师敬业精神与创新精神培育,按照国家"高素质、专业化、创新型"的要求引进、培养、培训每一位教师,为学校特色发展和高水平发展提供人力资源保障。

在学校管理上,要更多地倾听教师的声音;在教学上,要更多地激发教师创新;在德育工作中,要组织每个教师的参与和发挥每个教师的作用。总之,率先创建一个和谐积极的教师生活、教师工作与教师发展的学校环境,体现教师在学校中当家作主的地位,使学校在人才培养上,学生人才辈出与名师人才辈出并举,这应该成为一所示范性高中应有的目标追求。

3. 创建高中育人方式转变示范

当前,普通高中学校发展与改革面临着诸多新课题,尤其是考试招生制度的改革。每所高中学校都必须全面而系统地了解国家教育发展与改革的形势与趋势,要认真学习和领会实施高考改革的出发点,不能再以"应试"的思维应对新高考。

作为一所示范性特色高中,需要在转变高中育人方式上发挥先行探索与示范引领的作用,需要以全面落实立德树人为出发点,聚焦教与学的变革。齐齐哈尔中学在这方面已经有了比较好的探索,如"学习共同体"的创新发展。

学校需要在课程建设的基础上,创新发展教育教学活动中的人际关系,将学生与学生、教师与学生都发展成为和谐的多元的学习伙伴关系;在学习共同体的基础上,探索建立更多的学习关系,促进学生的合作学习、协作学习和团队学习。这种新型关系将有助于促进每个学生的学习参与性、主动性、积极性。

要将传统的学生管理、班级管理方式,发展成为学生自主管理与自我管理,或者相互管理;要转变班主任传统的工作方式和工作范围,教师要成为引导者、帮助者和支持者,而不是简单的说教者、主导者、控制者。

要切实巩固和强化学校文化的三方面特色,使学校文化成为学校培养人才的重要保障和有效支持。要将这种学校文化更多地体现在课程建设、课堂变革、活动引领、教师示范等各个方面。

总之，要有信心转变高中育人方式，创造学校自身的经验与模式，并与更多的学校分享。

4. 继续加强学校发展的开放性

纵观齐齐哈尔中学的发展，学校已经意识到了因所在地理位置边远的不利条件，十分重视学校与外部机构的联系，注重走出去和引进来相结合的开放与合作的实践行动。面向未来，学校还需要进一步发展这种对外开放和交流合作，以办学的开放性促进学校的高质量发展。

首先，对标全国一流知名高中，追求学校高层次发展，而不只是局限在本市或者本省。要与这些高中建立实质性的合作关系，既要引进他们成功的经验与方法，也要与他们开展相互的协作，包括校本课程共享、教师合作研究、学生短期游学（访问）等等。

其次，建立高层次人才组成的学校发展咨询委员会。吸收知名校友、学者专家、政府官员等多方面人士参与，定期研讨和规划学校发展事宜。学校发展要有一个系统而长远的规划，不能停留在解决当下实际问题，而是更多地面向未来。要在三年规划的基础上，制定学校发展的十年规划纲要，将学校发展置于国家教育现代化发展的大背景下，推进学校现代化建设。

再次，建立学校教育改革专家工作组。继续深化和推进与大学及其教育科研工作者的合作，建立可持续发展机制，促进学校教师与教育专业工作者之间的互动，包括教师参与重要科研项目、专家们定期来学校开展教育教学观摩、诊断与交流活动，使学校改革与发展各项活动都有可靠的理论基础和专业引领，增强学校改革的有效性和针对性。

最后，需要将学校国际部教育教学与整个高中部教育教学进行有效衔接，使更多的学生感受到国际特色课程与教学的影响，让国际视野的开放文化，真正成为学校每个人都能感受到的学校特色文化。

第八章
"品质同文、多元发展"的育人模式
——浙江省诸暨市牌头中学的探索

本章要点

浙江省诸暨市牌头中学是一所具有百年历史的农村高中学校。近年来,学校以促进学生发展为导向,积极应对各种挑战,努力创造促进每个学生发展的育人模式,主要经验是:

▶ 重新确立办学定位。基于学校悠久的办学传统,结合当下学校面对的困难,将办学目标再次明确为促进师生发展,聚焦学生的品德、文化和素养等方面的培养及其质量(即品质)。

▶ 注重以德育为抓手。学校实施全方位的德育工作活动,将德育思想、工作与方法融合到学校工作的各个方面,建立完善的德育网络,以德育引导学生的发展。

▶ 建设校本课程体系。将国家课程作为学校课程的基石和核心,以不同的拓展类课程为学生提供选择的机会,以专长课程为学生的特长发展提供条件。

▶ 推进基于差异的教学变革。以分层走班作为应对学生差异的教学方式,将特长培养作为促进学生差异发展的教学方式,采用"临界提升"策略缩小学生差异,用学分认证体现差异评价。

浙江省诸暨市牌头中学是一所百年名校,在长期办学过程中,形成了"同仁集成,以文兴国,以教育人"的办学理念,确立了"培养厚德崇学、尚美竞先的高品质社会人才"的培养目标。近年来,学校积极探索新时代背景下的课程、教学、德育以及学生发展等特色办学模式,以全面贯彻立德树人根本任务和全面提高学生综合素质为目标,在建立农村特色高中方面迈出了坚实步伐,成为突出学生个性、挖掘学生潜能、使全体学生得到多元发展的浙江省一流示范性学校、体育特色学校、全国大学生篮球联赛人才培训基地以及全国外语实验学校。

一、学校办学基础、理念与体系

1. 农村高中的办学困境

牌头中学的前身是 1886 年兴办的"同文书院",距今已有 130 多年历史。"同文"取"同仁集成,以文兴国,以教育人"之意。经过 130 多年的传承与发展,牌头中学培养了大量优秀人才。学校悠久的历史、深厚的文化底蕴,逐步形成了"矢志笃行,追求卓越"的同文精神。

但是,由于学校地处农村,早先只是一所普通的农村高中。进入 21 世纪以后,随着高中教育的发展,尤其是普通高中教育扩展、民办高中学校不断涌现,牌头中学与全国其他农村普通高中一样,学校发展面临各种新挑战。

最突出的就是,城市优质普通高中的扩招、一些民办高中的无序竞争以及家长的选择性入学,使牌头中学的传统生源结构发生变化,优质生源的减少和新生源的出现,导致学生学业水平参差不齐。尽管牌头中学办学历史悠久,但毕竟是农村中学,学校在硬件条件与优秀教师方面难以与城市示范性学校相比。

同时,生源结构的变化,也导致学生学习动机与学校目标的差异性。尽管大多数学生的品行端正、学习基础较好、兴趣较为广泛,在艺术、体育及创造性等方面有特长,旨在追求进入理想大学的目标;但是学校中也存在小部分学生缺少学习自觉性、意志毅力薄弱、学习动机不足、目标不清晰的现象。

面对学生群体中的这种差异,需要思考如何有效利用教育资源和教育经费,实现新形势下学校的新发展。为此,牌头中学结合自己学校生源特点和需求,以面向全体学生和促进每个学生的成长成才为导向,走上了多元化、特色化办学道路。

牌头中学结合自己的办学传统,聚焦探索促进学生个性化发展的路径,挖掘每位学生的发展潜能和可能性,致力于学生多元化培养,以满足每个学生的发展需要,将实现教育公平、促进学生可持续发展、为学生终身学习奠基,作为学校办学追求的基础。

2. 办学理念的重新阐述

"同仁集成,以文兴国,以教育人"是牌头中学在长期办学实践中形成的办学理念。面对当前社会经济发展的新形势与教育改革发展的新要求,牌头中学对这一办学理念予以了新的阐释。

(1) 整体协同,开放发展

"同仁"两字在学校初创阶段意为"同行仁德",旨在"为使南乡弟子幼有所学"而捐资办学,共同践行仁德。之后,又引申为"无论远近亲疏,均一视同仁",即平等相待,教育公平。

在当前教育普及化的背景下,学校将"同仁集成"赋予了新内涵:"同心同德,兼容并包",即鼓励师生个性养成与多元发展。而且,这种集成不仅只是牌头中学一家之事,也是整个牌头教育的协同发展。为此,在牌头中学的倡导下,牌头幼儿园、小学、初中、高中建成了"同文教育共同体",共同致力于区域基础教育整体发展,集同文教育之大成。

另外,学校认为,"集成"要求学校办学兼容并包,广泛学习和借鉴本地区之外的先进教育思想理念与经验方法,做到善取他山之石,以攻己之玉。显然,牌头中学将协同发展与开放发展新理念引入到了学校办学理念之中,由此拓展了学校的办学思路。

(2) 秉承文化,提升素养

"以文兴国,以教育人"突出了"文"和"教"的重要性。办学之初,办学者希望通过文化教育达到"济苍生,安社稷,图富强"的目的。在当今时代,学校将继续秉承这一文化传统。

学校提出,必须通过文化活动的教化、感化与内化,不断实现学生的"道德自觉"和"文化自觉",让学生具备较强的动手能力和较高的职业素养,主动求知、严谨思维的科学素养,尊重自己、尊重他人、尊重规范的道德素养,关心他人、自我审视的人文素养。培养学生的爱国情怀,让每一位学生学有所成、学以致用、德行高洁,具有较强的学习能力、实践能力、创新能力以及较强的社会责任感和社会服务意识,积极投身于国家建设,凸显新时代下的教育使命。

学校结合全面实施素质教育和高中课程改革的要求,注重通过课程建设,鼓励学生差异发展和个性发展,让不同学生在不同课程的学习与实践中,得到符合学生个性特点和社会进步要求的充分发展;简而言之,即通过文化教育让学生得到充分发展,对国家来说成为有用之才,对社会来说成为合格公民,对个人来说能够享受幸福生活。

(3) 以德为先,成就品质

面对普通高中学校之间的办学竞争,牌头中学始终坚持"以教育人"的办学理念。近年来,在学校发展面临困难的情况下,还是始终强调以德为先,"先学做人,再做学问"。强调学校办学中,教师与学生的品德养成和道德修养。学校认为,为人师者,必先端其德,以德正其身,方能学高为师、身正为范;为学生者,必先知礼仪、懂孝悌,方能使学有所用,真正成为拥有健全品质的人。

为此,在实践中,学校通过具有特色育人工程与相关课程的开发、开设,为学生的道德发展提供有力支撑,让学生不断实现由"自我中心"向"习俗道德准则"、由"习俗道德准则"向"理性道德"的转化,不断提高学生自我管理、自我教育的能力,从而逐步养成学生的道德自觉,形成具有学校特质的道德品质。

此外,学校还通过育人文化、管理文化、课程文化等富有成效的形式,不断培养学生的生活品质、行为品质、学习品质、创新品质、管理品质,从而形成具有学校特色的"同文品质"。

3. 办学目标的重新定位

好学校要教育与培养出好学生,关键在于要有好的教师队伍。牌头中学的办学目标注重"人"的发展,而且这里的"人"既包括学生,也包括教师。学校要促成教师和学生的自我价值觉醒,致力于自身价值的实现。

为此,牌头中学提升并丰富办学理念,结合学校发展规划,将学校办学目标定位于"办一所能促成学生、教师自我实现的高品质名校",超越以往精英教育的办学目标定位。学校认为,办学目标涵盖学生、教师、学校三方面,其核心是自主追求高品质,实现学校的内涵大发展。

(1) 人才培养:厚德崇学、尚美竞先

通过多样化的同文品质课程,通过学校富有历史积淀的同文品质文化,通过主体化的同文品质育人,实现共性品质与特色品质的有机结合;在共同提高的基础上促进个性发展,把学生真正培养成为厚德崇学、尚美竞先的全面发展而又个性鲜明的高品质社会人才。

厚德,即培养学生的道德品质;学校倡导"厚德然后崇学","先学做人,再做学问",致力于培养学生崇德、尚德,成就正义、诚信、友善的道德品质。崇学,即在厚德基础上,学校再培养学生的学习品质,让学生肯学、爱学、善学。

尚美,即崇尚和追求真理之美、科学之美、生活之美、文化之美、精神之美、生命之美等等;彰显人的生活品质,让人生更加美好,更富诗意。竞先,指向培养人的领导品质,是指让学生发展特长、发挥优势、自我实现,并学会与时俱进、开拓创新、锐意进取、超越自我,放眼世界,成就智慧人生。

高品质则主要指:求真务实的态度,报效祖国的情怀,协作创新的精神,阳光和谐的风采,放眼国际的视野。

为此,学校要求学生形成"刻苦治学、弘扬特长"的学风。"刻苦治学"是学校百年一脉传承的可贵学风,在现当代还必须继续保持,在学习上要肯学、爱学、善学。而"弘扬特长"则是适应新课程改革的要求,体现促进学生多元、多样化发展,让不同潜质的学生都得到应有的发展。为此,学校致力于篮球特色、科技特色、音美特色、书法特色等全方位建设,不断挖掘和创建特色办学资源,为学生弘扬特长提供相应的环境。

(2) 教师队伍:敬业爱生、开拓创新

教师队伍建设是课程建设与特色创建的主要基础。要不断提高全体教师的课程开发能力与课程实施能力,进一步推进全体教师的专业发展与职业素养,不断提升全体教师的同文情怀,实现每个教师的人生价值。牌头中学提出了"敬业爱生,开拓创新"的教师队伍建设目标。

爱岗敬业是教师的基本职责态度,敬业也是爱岗、勤于职守的前提,是教师精于业务、兢兢业业、开拓创新的动力源泉。教育是爱的事业,师爱是教育的前提。百年老校"爱生"有着深厚的历史传统,教师必须在其教育理念和教育行为上,处处、时时、事事都体现着对学生的爱。

同时,百年老校的师资队伍必须奋发进取、不断提升,给学生树立榜样;还要在坚守传统的基础上创新,守正出奇,出奇制胜,使学校教育成为常新常青的事业,教师创新要成为推动学校事业发展的生命力所在。

(3)学校风气:勤奋求实、守纪明礼

学校是教师工作和学生学习的场所,是教师和学生共同生活的场所。所以,创造一个人文和谐的校园,非常重要。学校文化、学校管理、育人方式以及教育教学设施设备,都是改进教育教学和促进师生共同发展的重要因素。

牌头中学自创办以来,一直贯穿着"勤奋求实"的办学之风。勤奋,是成就事业的前提,"求实"内涵极其丰富,既是教育教学内容的求真、求先进,也是做人做事的恪守正道。学校办学追求先进文化、先进思想以及先进的科学知识,体现在学校教育质量、教育特色、教育内容、教育教学方法、教学条件手段等的不断提升上。"守纪明礼"体现了牌头中学"以教育人"的办学理念,也是当今强调依法治校的需求。

总之,牌头中学在办学目标上将学生、教师和学校三者有机地结合在一起,努力实现三者之间的相互联动、相互促进,全面提高学校教育教学效率,不断提升学校的影响力和辐射力。在管理上,学校深入推进精细化、自主化管理和内涵式发展,完善学校组织机构,推进校园文化和校本课程的建设,全面细化工作流程,明确工作目标、任务和要求,激发社会、家长和教职工的主动性、积极性;强化师资队伍建设,加快教师专业化、多样化发展,推进"有效"课堂建设,培育特色型、研究型和创新型教师,努力使学校管理机构有特色,教师优秀有特点,学生发展有个性,不断丰富学校教育教学的品质内涵。

二、全方位学校德育的实践探索

为了实现培养高品质人才的办学目标,牌头中学首先注重改进和加强学校德育工作,以德育工作改革与发展引领学校教育教学工作的全方位改革和发展,增强学校德育的针对性和有效性。牌头中学突破原有死板而僵化的德育模式,确立全方位学校德育的任务和路径,如通过社团和校园节等综合实践活动发展学生个性和培养学生品质。

1. 规划引领学校德育

牌头中学高度重视学校德育培养的计划性,《牌头中学德育三年工作规划(2017—2020)》全面规划了学校德育的建设目标和具体措施。实践表明,这一规划确保了学校德育的有效落实。

(1) 德育工作目标

牌头中学在规划中明确提出,以社会主义核心价值观教育和思想道德建设为主线,按照"四个全面"战略布局要求,围绕创建省教育现代化县(市)总目标,以全面提高育人质量为核心,以德育队伍提升和高品质学生培养为重点,遵循教育规律和学生成长规律,科学规划各阶段德育内容和要求,抓机制创新、抓文化熏陶、抓队伍培养、抓活动载体,促进学校德育工作健康发展,并形成一套切合学校实际、易于操作的有效德育管理新模式,为打造平安校园、文明校园、和谐校园而努力。

为此,学校加快完善德育管理机制。制定各项工作制度,使德育工作运行机制更加规范有序;完善学校、家庭、社会三位一体德育工作网络,寓德育于各科教学之中,寓德育于各种活动之中,寓德育于各项规章制度之中,寓德育于环境建设之中,形成人人可德育、事事皆德育的良好局面。

同时,学校着力构建德育内容新体系。重点构建以社会主义核心价值观为核心的思想品德教育,以塑造人格为中心的品德心理教育,以良好的行为规范为重点的养成教育为主要内容的三维德育体系。

(2) 校本德育课程建设

结合高中课程改革,学校致力于开发特色校本德育课程。根据"以生为本"的理念和以德育教师为课程开发主体的原则,设立德育课程开发委员会,制定德育校本课程目标,调查分析学校德育课程资源,设计、组织实施德育校本课程,并及时评价反馈德育校本课程的进展情况和实施结果,努力追求学校德育工作的课程化、特色化。

学校先后开设校本德育课程有"同文之子"、"求学路上"、"扬帆起航　感悟生命"、"外交礼仪"、"变形·呼唤·感恩"、"孝道文化"、"重温峥嵘岁月,传承革命精神——诸暨红色革命之旅"、"德育专题教育"等。学校还注重优化传统德育活动课程,在军训、运动会、艺术节、业余党校等传统活动中体现德育,最大限度地追求德育活动的有效性和时效性。

（3）加强德育工作队伍建设

牌头中学注重加强德育工作队伍建设,为德育管理人员、班主任、心理健康教育教师、生活指导老师、生涯规划老师等加大专业化培训支持力度,逐步形成一支素质全面、师德高尚、信念坚定、业务精湛的学校德育专业队伍。

学校制定完善的德育工作制度、检查考核制度和奖惩制度,组建由教育专家、优秀班主任、心理健康辅导专家及德育处教师组成的德育骨干团队,努力为学生提供全方位的德育指导。学校还通过开辟班主任论坛,培养优秀班主任队伍,组织开展德育论文撰写与德育课题研究,实施德育专题培训和外出交流考察活动,提高教师的德育能力,开阔教师的德育视野。

同时,学校注重教职工政治学习和业务学习的结合,深入开展以理想信念教育为重点的师德专题教育,大力弘扬"敬业、爱生、奉献"的教师职业核心价值观。贯彻执行《中小学教师违反职业道德行为处理办法》和《诸暨市学校师德教育工作考核办法》、《诸暨市教师师德考核办法》,建立和完善师德教育、宣传、考核、监督相结合的长效机制,要求教师每年阅读一本师德专著,撰写师德感悟,不断提升教师师德修养。

2. 完善德育工作网络

牌头中学建立了学校德育领导小组,建立了由校长室牵头,德育处、团委、学生发展指导中心、班主任团队等各个部门协作参与的德育工作网络,在实践中渗透"教书育人、管理育人、服务育人"的德育理念。

学校注重配备系列设施设备硬件,努力美化细化德育环境。如心理咨询室、生涯规划室、智慧录播室、社团活动室都配备专业仪器,包括职业测试软件、心理测试仪器、创客实验仪器等。学校还通过美化校园大环境和教室、寝室、餐厅等室内环境,为学生提供提高品德、道德和思想修养的情境。借助"美丽校园"建设,大力加强以精神文化、物质文化、制度文化、行为文化、课程文化建设为核心的校园文化建设,由此完善和丰富德育内容,提升德育品质。

学校每学年评选一次"学习之星"、"文明之星"、"劳动之星"、"艺术之星"、"体育之星"、"爱心之星"、"环保之星"等,让每个学生都找到自己的方向,充分体现"人人有发展,个个能成材"的目标。注重评选过程的教育功能,让每个学生发现自己和他人的闪光点,激发学生的进取心。学校还结合诸暨市、绍兴市的美德少年评选,努力使美德少年榜样产生示范与辐射作用。

3. 社团活动彰显德育

牌头中学始终认为,德育并不是空洞的说教,而是与日常教育教学活动等联系在一起的。学校社团活动,必须贯穿德育的目标与方法,在培养学生个性与兴趣的基础上,促进学生良好思想品质的养成,让学生在志同道合的氛围中,得到有效的品德教育与思想指导。

学校目前主要有 15 个个性化社团活动,比如同文文学社、同文之声合唱团、篮球队、创客实验室、电子制作社、生涯社、商业社、书法社、剪纸社等,每个社团围绕相应主题开展丰富多彩的活动,培养学生制定计划、组织活动、协调合作的能力,并在活动中渗透服从指挥、一丝不苟的工作态度,增强队员间的相互信任和责任意识。

牌头中学不仅为学生创建了培养兴趣的社团,还为学生展示自己的特长提供了机会。学校使六大校园节,即科技节、体育节、艺术节、感恩节、生涯节、国际文化节常态化,为学生的特长发展提供了平台。

科技节展现学生创新能力,培养学生的科学研究素养和严谨求实的态度、探索与创新的精神,为高品质学生的成长助力。

体育节以运动会为中心,以会标设计、口号设计、征文摄影等体育文化素质为比赛内容,与学校各种社团活动衔接,充分展示学生良好的体育素质和学校在体育方面取得的成果,享受体育运动所带来的成长与快乐,体悟运动精神带给学生的收获。

艺术节的系列活动是将德育过程、德育对象、德育文化艺术化的过程,用潜移默化的方式影响学生的心灵,进行道德教育。艺术节作为展现全校师生魅力的舞台,最大程度地覆盖所有学生,为学生们绽放自己的魅力提供了机会。

感恩节开展一系列感恩主题活动,如故事演讲、主题征文等,还积极促成家校合作,要求家长一起参与感恩实践活动,最大程度唤起学生内心真、善、美的情感共鸣。学校以感恩的情感培养为基础,从小处着手,由小及大,由自己辐射至家国,提高学生的综合素质,凸显学校德育特色。

生涯节是学校利用各种资源,开展各种活动,为学生生涯规划制定提供适切的专业指导,为学生生涯规划实施提供及时的反馈,对学生的个性化学习和发展进行激励和引导的平台。

国际文化交流节是以"国际化"推动"特色化"发展的举措,旨在多元化培养学生,开拓学生国际视野,理解不同文化差异,为学生综合素养的成长和发展提供机会;培养的不仅是为高考做准备的学生,更是适应未来成长和社会发展的高品质人才。

4. 推进学生发展指导

牌头中学在多年的办学历程中,坚持把"品质同文,多元发展"作为学校工作的主线,将学校工作统筹到学生发展指导整个框架之下,从而为"坚持优质多样,打造品质牌中"办学方略奠定基础。

(1) 建立组织体系

为了更好地开展学生发展指导工作,学校设立一个由校长直接领导的"学校学生发展指导工作委员会",校长任委员会主任,是学校学生发展指导工作的总指挥,整合校内外各种资源。委员会成员由校级领导,校办、教务、德育、后勤、安管、年段、学生发展指导中心等处室主任组成。分管学生发展指导工作的副校长任秘书长,负责日常联系和协调工作。

2014 年 12 月,学校成立诸暨市第一个学生发展指导中心,下设生涯指导部、学业指导部、生活指导部、心理指导部、活动指导部等五个部门,每个部门设 1 名负责老师,并由教务处、德育处给予业务指导,分别由一名校级领导分管。具体详见图 8.1"诸暨市牌头中学学生发展指导工作组织系统"。

(2) 明确工作任务

学生发展指导工作主要包括生涯指导、学业指导、生活指导、心理指导、活动指导五个工作领域,分别对应精彩人生、高效学习、优雅生活、健康心理和创新思维等五维同文品质。

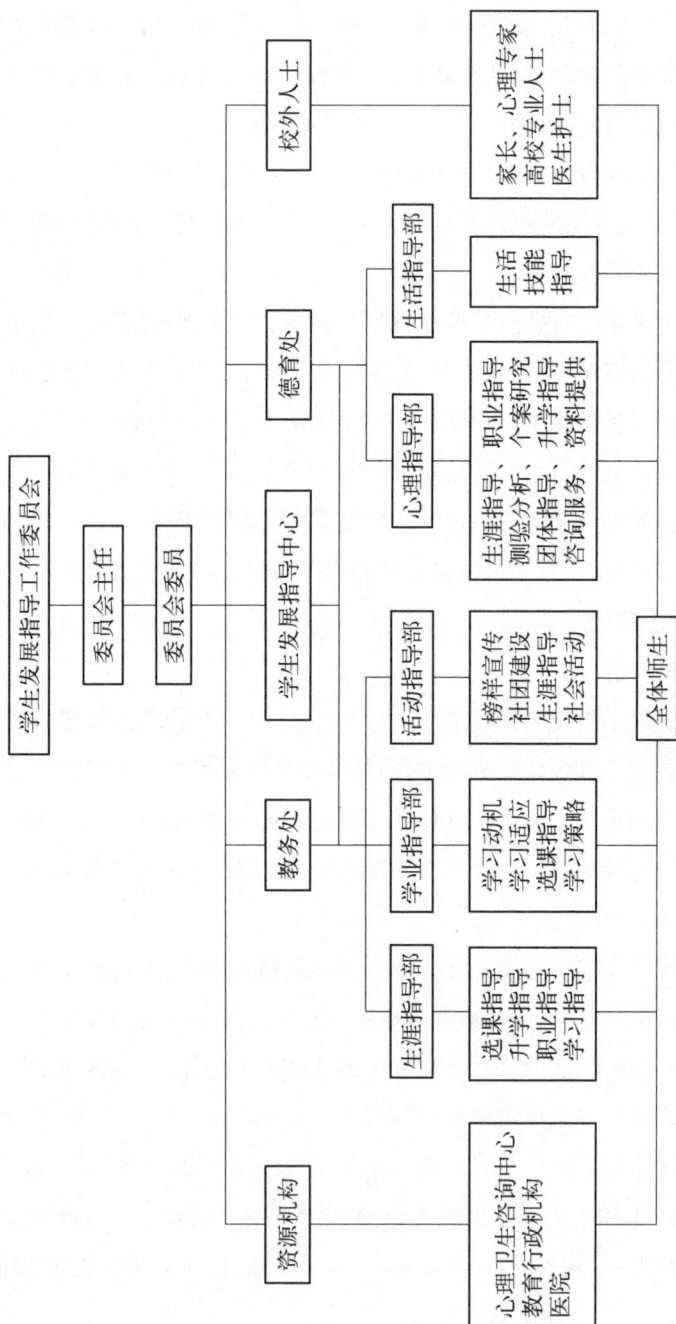

图 8.1 诸暨市牌头中学学生发展指导工作组织系统

在生涯指导上,完善生涯规划课程体系,层层推进生涯课程内容,加强高一至高三不同年段生涯课程内容衔接工作。同时,开发《学生发展指导教师手册》,还尝试生涯规划学科渗透,推动全员生涯教育局面形成,如举办学科渗透教学大赛、征集学科渗透优秀案例、编著一本案例集等活动,在活动中表现突出的教师,学校对其进行表彰、奖励。

在学业指导上,注重激发动机,学会时间管理,提高学习效率;编写《品质同文——诸暨牌头中学优秀学子风采录》,发挥优秀学子的榜样示范作用。在生活指导方面,树立榜样示范,倡导优雅生活,培养规则意识。在心理指导上,强调主动调控与健康心理,结合德育主线,确定与学生心理成长相关的主题班会。在活动指导上,重视动手动脑,培养创新思维。

通过生涯教育引领,学生在选科、走班方面顺利推进,首届新高考成绩突出,尤其是选考科目成绩提升显著。在 2017 年的德育考核中,学校荣获绍兴市十佳德育工作先进集体。

三、建立立体化的学校课程体系

课程是学校教育的核心,反映着一所学校的价值追求和培养目标。丰富的课程是学生对学习内容进行个性化选择和学习的基础,为不同需求的学生提供适切的课程,是实现学校多元化发展的重要途径。

1. 三层课程体系框架

牌头中学基于对学校历史的发展、学校学生的实际差异以及新课程改革的总体目标,积极建构学校课程体系,开发和建设丰富的学校课程,为学生提供更多可广泛选择的课程,为学生个性发展提供充足机会。

在课程建设上,主要包括必修课程校本化实施和选修课程校本化建设这两方面。选修课程分为知识拓展类、职业技能类、兴趣特长类和社会实践类四大类。每位学生每学期的选修课课时不少于总课时数的 25%。按照《浙江省深化普通高中课程改革方案》,结合牌头中学的实际,比例和学分分配如表 8.1。

表8.1　诸暨市牌头中学课程总体设计表

必　修			选　修		
学习领域	科　目	学分	类别	内　容	学分
语言与文学	语文	10	知识拓展类	包括必修拓展课程、大学初级课程、学科发展前沿课程、学科研究性学习等。	至少48
语言与文学	外语	10	知识拓展类	包括必修拓展课程、大学初级课程、学科发展前沿课程、学科研究性学习等。	至少48
数　学	数学	10	知识拓展类	包括必修拓展课程、大学初级课程、学科发展前沿课程、学科研究性学习等。	至少48
人文与社会	思想政治	8	知识拓展类	包括必修拓展课程、大学初级课程、学科发展前沿课程、学科研究性学习等。	至少48
人文与社会	历史	6	知识拓展类	包括必修拓展课程、大学初级课程、学科发展前沿课程、学科研究性学习等。	至少48
人文与社会	地理	6	职业技能类	包括生活技能、职业技术、地方经济技术等课程。	至少48
科　学	物理	6	职业技能类	包括生活技能、职业技术、地方经济技术等课程。	至少48
科　学	化学	6	职业技能类	包括生活技能、职业技术、地方经济技术等课程。	至少48
科　学	生物	6	兴趣特长类	包括体育、艺术、健康教育、休闲生活、知识应用等课程。	至少48
技　术	信息技术	4	兴趣特长类	包括体育、艺术、健康教育、休闲生活、知识应用等课程。	至少48
技　术	通用技术	4	兴趣特长类	包括体育、艺术、健康教育、休闲生活、知识应用等课程。	至少48
艺　术	艺术或音乐、美术	6	社会实践类	包括调查探究活动、社会实践活动、校园文化活动等课程。	至少48
体育与健康	体育与健康	12	社会实践类	包括调查探究活动、社会实践活动、校园文化活动等课程。	至少48
专题教育		2	主要包括国家有关部门和教育部规定普通高中必须组织开展的各类教育内容。		

　　牌头中学的总体课程结构与体系安排为"两大板块、三级层次、六个类别"。两大板块分别为必修和选修,三级层次为核心课程、拓展课程和专长课程,六个类别是指除必修之外选修课的分类。选修课程中的"拓展课程"分为"学科拓展类课程"、"职业体验类课程"、"社会参与类课程"三类;"专长课程"分为"科技创新类课程"、"尚美健体类课程"、"社会领袖类课程"三类,共六类。在结构图中大致呈"品"字形分布。牌头中学希冀通过这些课程的实施得以培养"厚德崇学、尚美竞先的高品质社会人才",如下图8.2所示。

　　此外,牌头中学从整个课程体系中抽取、提炼出一系列特色课程,形成学校课程体系亮点——"同文特色课程群",体现学校办学特色。同文特色课程群分为:"同文魂"

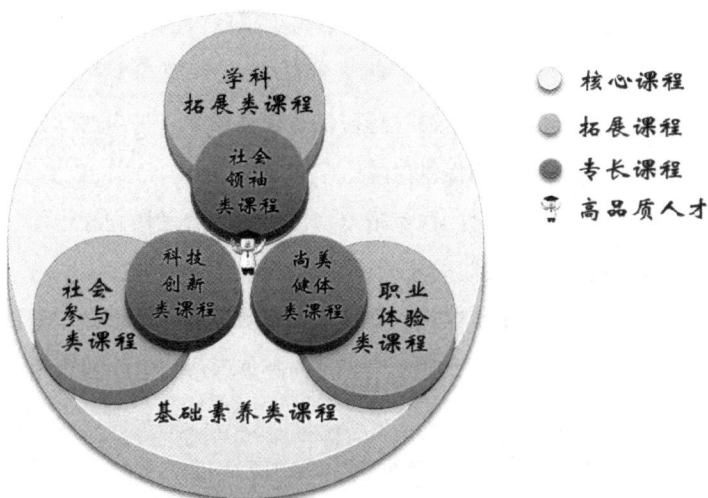

图 8.2 诸暨市牌头中学"品质"课程体系框架

系列、"爱国情"系列、"科技心"系列、"体艺风"系列和"国际行"系列等五个系列的课程群。每一个系列安排三个不同且呈现一定梯度的主题,之下再设置相应的特色课程。这五大特色课程群分别对应培养学生求真务实的态度、报效祖国的情怀、协作创新的精神、阳光和谐的风采、放眼国际的视野等特质,涵盖学生素质的德、智、体、美、劳的方方面面。

2. 基石:基础素养类课程

牌头中学的核心课程就是基础素养类课程,包括语文、数学、英语、思想政治、历史、地理、物理、化学和生物等国家必修课程及专题教育,以培养学生的基本学习能力和道德能力为目标。在组织和实施必修课程的教学实践过程中,充分考虑了本校学生认知水平和学习需求差异,确定了必修课程校本化实施标准和要求,即通过课程分层、分类,增强学生对学习内容的选择性和适应性,更好满足学生个性化学习与发展需要。

首先,严控每周课时总量,保障学生自主学习的时空选择性。

牌头中学严格遵守浙江省教育厅有关规定,统筹安排国家课程,每学年必修课程开设科目不超过 8 门;严格控制每周课堂教学时间不超过 26 小时,即按每课时 40 分钟计,每周 39 课时,不在周末和节假日补课;控制每个学科必修课程的周课时数不超过 4 课时；建立和实施普通高中学生发展指导制度，加强人生规划教育。根据浙江省新高考方案要求，不再实行文理分班，实施学生自主选择，根据个性特长分层走班，根据学生兴趣爱好自主选择选修课。通过这些措施保证学生可选择的学习时间和空间，为学生的个性化学习与实践活动提供保障。

其次，明确高中三年的整体性，并着眼于每个年级的阶段性。

牌头中学从高一到高三，按阶段规划学生的必修课衔接与延伸学习，按学业基础与学科兴趣特长规划拓展与培优课程。高一注重必修课的初高中知识衔接，高三注重高校自主招生真题解析。学有余力的学生可选择拓展课程提升学科水平，优秀学生可挑战培优课程，为今后的专业学习奠定基础。目前，该校数学、物理、化学 3 门学科已编出初高中知识衔接教材，其中数学拓展课程经过几年的教学实践效果显著；各学科在实践基础上都已形成比较成熟的培优教材。

再次，整合教学内容，强化分层作业与个别辅导。

牌头中学既关注全体学生，又重视不同学生发展要求。为了满足学生个别化需求，课程实施中充分关注学生个体差异，开设分层课程，实施走班教学；指导学生选考选课，实行必修课的选课分层走班、行政班与教学班并存管理，学生必修课走班有序推进，因材施教激发每个学生的潜能。同时，推进作业有效性的实施，结合学生认知水平，学科备课组尝试精选题目自编资料，形成校本习题集。教务处开展教学资源库建设工作，制定了管理办法，加强管理与考核，以保证校本习题集的优质，满足学生的个体发展需求，提高作业规范性和适切性。

针对性地将国家必修课程校本化为"培优"和"补弱"系列，对基础薄弱学生放慢教学速度，降低难度，减少作业量，重视基础知识和基本技能的学习、训练，对基础好的学生提高复杂思维能力的训练，满足学生的多样化学习需要。

最后，重视教学素材开发和积累的校本化，鼓励师生自主学习。

牌头中学根据新课程"以人为本"的教学理念和学生个体差异实际，积极探索学生研究性学习，获取课程资源的校本化开发（如图 8.3），积累了很多乡土教学素材，通过寻找与教学内容有关的整合点，形成了研究性学习乡土教材。这种素材开发方式在物理、化学、生物等操作性较强的学科中以实验探索的方式进行。

图 8.3 诸暨市牌头中学研究性学习课程开发流程图

为推进"翻转课堂"实施,学校建立了视频课资源库——"星课程"网站,投入人力、物力和财力建设智慧录播教室,为教师录播视频课提供了硬件设备。2014 学年"星课程"积累信息技术微课视频 29 个。2015 学年"星课程"成为了"视频课、微型课超市",把学校建设成了数字化示范校园,为必修课程校本化实施提供了资源平台和现代信息技术,为师生自主学习和个性发展提供了资源和机会。

3. 选修:三种拓展类课程

拓展课程是牌头中学选修课程的重要组成部分。这类课程开发除了教师报名、教研组团队合作等形式外,还采用了课程"认领"制度,就是通过多途径挖掘本地稀缺课程资源,广泛发动有兴趣教师开发这些课程,既传承特色,又发挥教师特长。

这种拓展选修课体现了本校及本地区特色。开发的途径渠道多样,包括校校、校企(单位)、校社合作等。学校还与杭州电子科技大学、浙工大国际交流中心、浙江农林大学暨阳学院、上海卓识成就教育集团、诸暨市特殊教育学校、浙江青湖农业科技有限公司、诸暨技师学院、诸暨市教研室、天马学校、荣怀学校等单位签订了课程引进合作意向书。学校还不断地引进校外课程和职业技能课程。牌头中学所开设的具体拓展课程如表 8.2 所示。

表 8.2 诸暨市牌头中学学科拓展类课程清单

1. 社会参与类	
1) 20 世纪中国优秀女性选讲	2) 同文校园环保金点子
3) 外交礼仪	4) 舌尖上的诸暨
5) 孝道文化	6) 散文创作入门
7) 走进家乡——诸暨	8) 长寿之谜
9) 走访校友	10) 化学污染防治

1. 社会参与类	
11）围棋入门	12）化学与养生
13）食品与健康	14）诸暨方言
15）生活保健	16）药品治疗与家庭用药安全
17）中药与养生	18）情景写作
19）人类疾病与健康	20）求学路上
21）英语戏剧表演	22）了解毒品　远离毒品
2. 学科拓展类	
1）清代十二帝漫谈	2）高二物理竞赛辅导
3）魔术中的物理	4）数学文化任你游
5）古希腊罗马神话——英雄人物	6）宇宙星之谜
7）东亚三国近现代史	8）中国古代小说欣赏
9）物理学史	10）这是真的吗
11）生命科学研究中的模式生物	12）印象黑木耳
13）生活中的数学	14）休闲英语
15）走进历史	16）新闻中的化学
17）走近数学	18）数学与生活
19）中国近现代革命史	20）高二历史竞赛辅导
21）有机化学发展史集萃	22）英语时文赏析与解读
23）英语口语	24）口语教学之情景英语
25）新材料作文写作指导	26）看电影学英语
27）小说欣赏	28）人生 AB 剧
29）戏剧创作与欣赏	30）初等代数
31）物理与魔术	32）柴米油盐酱醋茶——透过生活看化学
33）物理学与人类文明	34）高二数学竞赛辅导
35）物理趣味小实验	36）生活中的数学视角

2. 学科拓展类	
37) 物理课本知识的拓展应用	38) 生活中的光学
39) 文化万花筒	40) 生活话题与思维训练
41) 魏晋风度与当下	42) 认识香烟,创建无烟环境
43) 未来的能源	44) 趣味文言文欣赏
45) 趟进数学的历史长河	46) 学音标,背句子
47) 坦然谈染	48) 清代人物漫谈
49) 诵读技巧	50) 魔幻数学
51) 数学知识深化与延伸	52) 中国现代文学名家作品拓展阅读
53) 数学之旅	54) 科学的足迹
55) 数学与真善美	56) 二战风云
57) 数学文化赏析	58) 化学之香
59) 数学思想方法大观	60) 化学谣言粉碎机
61) 数学名题趣题赏析	62) 高中数学竞赛培优教程
63) 数学解题指导	64) 高中数学高效学习策略
65) 数学故事	66) 高一物理竞赛辅导
67) 数学的奥秘——数学家的故事	68) 高一数学拓展课程
69) 世界十大最美经典物理实验欣赏	70) 高考自主招生数学考点大全与真题解析
71) 不可不知的人体奇异相对性状	72) 中国世界文化遗产荟萃
73) 英语词汇的趣味记忆	74) 跟着莎士比亚学英语
75) 通过英剧夏洛克感受英式英语	
3. 职业体验类	
1) 浙江特色产业之路	2) 浙江块状经济的地理之旅
3) 利用网络资源开展地理实践和活动	4) 高中生涯指导课程
5) 花卉栽培	6) 环境与生活
7) 管窥大学规划人生	8) 摄影

3. 职业体验类	
9）国兰的栽培与欣赏	10）盆景制作
11）简单零食制作	12）家用锁修理
13）装饰画的图案设计	14）蔬菜培养
15）浙江名酒——同山烧	16）发酵与食品制作
17）投资理财一点通	18）花样年华——折纸艺术
19）视频剪辑大师初步	20）小动物饲养

每门选修课程都充分利用了当地资源,结合学校、师生实际,为发展学生的核心素养、增加学生的选择性,为实现学生的个性化学习提供资源,为牌头中学培养多样化的人才,为发展学生的兴趣爱好提供课程基础。

第一,社会参与类课程,包括历史与现实等社会调查研究、参与各类社会实践活动,加深社会理解,培养学生的社会责任感,成为拥有社会品质的人。通过礼仪课程,加强礼仪培训,增强学生对礼仪知识的理解,培养礼节素养。

第二,学科拓展类课程。主要从国家选修课程模块中选用,还包括必修拓展课程、学科发展前沿课程、学科研究性课程等,是必修知识的拓展与延伸,旨在培养探究能力、协作能力,为学生进一步学习打下扎实的基础,为学有余力的学生提供更大的发展空间。

第三,职业体验类课程。主要是指面向社会的职业课程、面向高校的专业课程,以及通用技术和信息技术的拓展性应用课程,旨在增强学生的动手能力,帮助学生掌握一定的职业技能,培养专业倾向,为适应社会和大学专业学习奠定基础。这类课程有:生活技能课程,主要是家政、理财等课程;地方经济技术课程,主要是与地方产业发展紧密相关的各种特色经济技术课程,如充分利用同山镇的旅游事业,开发开设了"浙江名酒——同山烧"、"浙江特色产业之路"等相应的课程,为地方旅游业的发展培养接班人。

4. 特色:三方面专长课程

专长类课程是选修课程的重要组成部分,简称专长课程,与社团活动相结合,努力实现"活动即课程"的效果,又分科技创新类、尚美健体类和社会领袖类等方面内容,如表 8.3 所示。

表 8.3　诸暨市牌头中学的专长课程

1. 科技创新类	
1)算法教程	2)基于 Arduino 的创意作品开发
3)flash 小游戏制作	4)excel 必学秘技
5)电子制作	6)简易机器人制作
7)我的微电影	8)牌头镇新能源探索
9)牌头镇环保设备探究	10)趣味生物
2. 尚美健体类	
1)合唱训练	2)排球技术
3)广场健身舞	4)篮球技术与技巧
5)风景速写	6)篮球基础(一)
7)篮球技术	8)篮球基础(二)
9)篮球规则与裁判法	10)合唱艺术
11)太极与养生	12)创意生活 DIY
13)书法欣赏与实践	14)创意生活
15)足球技术	16)剪纸
17)羽毛球技术	18)服饰搭配
19)乒乓球技术	20)中国画
21)英语原声优秀影视作品鉴赏	22)英语美文欣赏
23)英文美文欣赏	24)英美文学选读欣赏
25)英语小说赏析	26)英语歌曲赏析
27)女性文学	28)垂钓
29)中国地域差异与民歌艺术	30)校园植物赏析

3. 社会领袖类	
1）抗日名将	2）人际交往中不得不知的英语俚语
3）同文之子	4）高中生与法律
5）中共党史	6）心理游戏
7）向名人学品格、智慧	8）口语交际与表达
9）爱国·勤学·励志·修身	10）寻找最美大学
11）变形·呼唤·感恩	12）心理学与生活
13）圣经名篇选读	14）初级日语入门
15）魅力新加坡	16）演讲
17）扬帆起航　感悟生命	18）重温峥嵘岁月，传承革命精神
19）英语：跨文化交际1	20）时事热点面对面
21）英语：跨文化交际2	22）在英语阅读中成长

科技创新类课程主要是机器人、科技、电子制作、物理、化学等实验探究，旨在培养学生的动手实践能力；自然探索类课程，指对地理、生物等课程进行探究的课程，旨在培养学生对自然界的认识和探究兴趣，培养学生热爱家乡的情感，提高对自然界的认识和探究能力。

尚美健体类课包括体育特长类课程，目的在于在培养学生优秀身体素质的基础上，发挥学生体育特长，培养体育素养；通过艺术特长类课程，培养学生的音乐、美术等特长，培养艺术素养；通过审美课程，培养学生的审美观，提高欣赏品位和艺术品位，培养美学修养。

社会领袖类课程有领导力课程，旨在提升学生的心理认同，助其树立远大理想，培养创造力、影响力、判断力、责任感、计划性、大局观，提高情商，建立和谐人际关系，培养正能量，促进正迁移，培养未来具有卓越领导能力的人才；有跨文化课程，旨在通过对国外文化的涉猎，对学生进行文化熏陶，增进国际理解，培养跨文化素养；有多种语言课程，提高交流、沟通能力，以适应未来国际化社会需求；还有伦理课程，包括养成教育、法制教育、感恩教育、安全教育、生命教育、心理健康教育等各类德育课程,为培养学生的道德修养服务。

四、大力推进基于差异的教学变革

牌头中学认为,教学是学校教书育人的重要途径和手段,以学生为中心的教育理念,必须在教学方式上体现出来。为此,学校要求教师在教育活动中,关注学生的能力与素养,注重学习方式转变,促进学生个性化学习。

1. 师资培养:重视教师发展先行

要改变课堂,首先要从改变教师开始。为使各级各类教师能在原有基础上提升专业水平,实现自身价值,牌头中学制定了《牌头中学师资队伍建设方案》以及详细的教师考核方案,以更细更实的举措,不断完善教师队伍建设。

《牌头中学师资队伍建设方案》提出了教师"分层培养"的思路,将全体一线教师按照年龄和职称分成四个层次:3 年以内新入职教师、35 周岁以下未评上一级职称的老师、40 周岁以下未评上高级职称的教师和 40 周岁以上已评了高级职称的教师。根据教师的不同层次,学校分别出台了"新教师专业成长三年工程"、"中青年骨干教师优先发展工程"、"名优教师培育工程"及"高级教师提升工程"等培养方案,进行有侧重点、有针对性的培养。

为使培养方案更加细化,学校再次制定相关配套方案,如"牌头中学听评课制度"、"牌头中学课堂研究方案"等。以"组内公开课"、"校级精品课"、"市级调研课"、"校内常态化听课(推门课)"、"新教师汇报课"等不同的听评课形式,增加教学研讨的时间、机会,并将每周三晚确定为业务学习时间,促使教师不断提高专业素养。

在明确各级教师培养方案的基础上,学校制定了《牌头中学教师绩效考核方案》。根据不同年级、不同班类,分别制定详细的绩效考核方案,使每位一线教师都能明确自身的起点和目标。同时学校制定了《牌头中学教师教科研奖励细则》,将教科研奖励细分为:"获奖论文的奖励办法"、"公开发表学术论文的奖励办法"、"文学作品的奖励办法"、"课题研究的奖励办法"以及"其他项目的奖励办法"等几类。其中"其他项目"包括命题比赛、青年教师规划大赛、班主任基本功大赛、优质课比赛、综合素质比武、精品课程评比、教坛新秀、学科带头人等。

通过教研结合，以研促教的办法，学校师资队伍得到大力发展。近年来，学校不断有老师获得各级各类荣誉称号，其中有两位教师获得全国优质课一等奖，多位老师获得省市模范班主任和省五星级优秀教师称号。王惠丰老师荣获 2016 年度浙江教育"十大新闻人物"称号；袁启木老师被评为省教坛新秀、长三角名师。

2. 分层走班：实行有差异的公平

牌头中学位于乡镇，距离诸暨市区有一段距离；面临城市高中和私立高中的办学竞争，在招生方面没有优势。尽管在整体上学生的学习基础尚可，但学生中存在参差不齐的差异现象。大部分学生学习主动性高、学习兴趣广泛、有明确的目标规划；但也有部分学生，学习基础薄弱，学习意志力和主动性欠缺。

进入 21 世纪以后，如何做到使每位学生都得到充分发展，使每位学生都能学有所成，实现人生价值，实现教育公平和取得教育高质量，成为了牌头中学办学中优先考虑的问题。为此，学校组织全体教职工研究和学习中外教育教学先进理论与案例，引进专家专业指导，开展"大学教授进校园"活动；走出校门参观交流学习，探讨如何确保每个学生的发展。

2007 年，牌头中学结合学校实际，提出了"坚持优质多样、打造品质牌中"的发展战略，并开始探索实施学科分层走班教学，即学校根据《浙江省深化课程改革方案》要求，在开足开齐必修课程的前提下，整体实施分层教学。在国家必修课程方面，充分保障学生有选择权，并尽量保证每一位学生的自由选择。学校实行必修课的选课分层走班、行政班与教学班的并存管理，以促进学生必修课学习的最大成效。在校本选修课方面，成立选课指导中心，指导学生全面认识自己的个性和潜质，自主选择适合自己的课程。学校坚持以学生发展为本、学生自主、因材指导和可持续发展的原则指导学生选课。下图 8.4 是牌头中学校本选修课的实施流程。

所有学生进入高中后都有一个固定的导师，导师一般由本年级任课教师担任，通过双向选择确定。导师对学生选课负有第一责任，全面负责学生的咨询与选课，指导学生合理选择课程与合理分配学分。班主任负责本班全体学生选课工作的指导、选

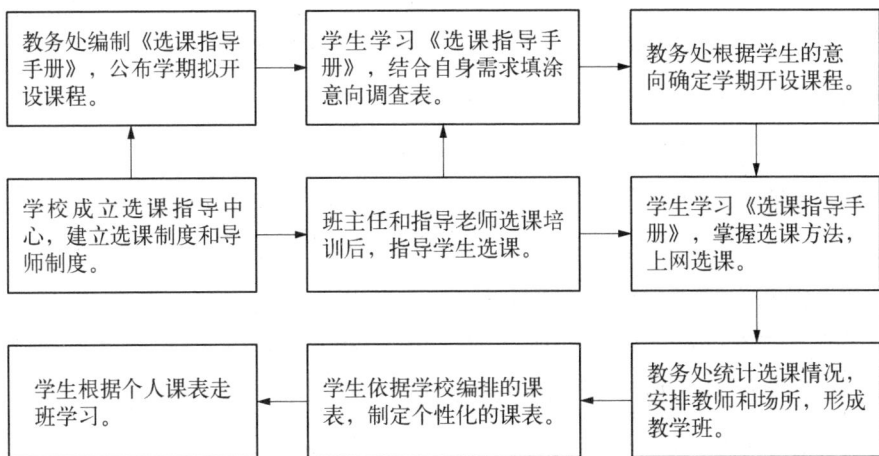

```
教务处编制《选课指导        学生学习《选课指导        教务处根据学生的意
手册》,公布学期拟开   →    册》,结合自身需求填涂   →   向确定学期开设课程。
设课程。                    意向调查表。

        ↑                          ↑                           ↓

学校成立选课指导中           班主任和指导老师选课        学生学习《选课指导
心,建立选课制度和导   ←    训后,指导学生选课。   →   册》,掌握选课方法,
师制度。                                                上网选课。

                                                           ↓

学生根据个人课表走           学生依据学校编排的课        教务处统计选课情况,
班学习。          ←        表,制定个性化的课表。  ←  安排教师和场所,形成
                                                        教学班。
```

图 8.4 诸暨市牌头中学校本选修课实施流程

择、汇总等工作,并负责与家长沟通和联系。

牌头中学从学生实际出发,根据学生差异情况,对全体学生进行分层,再根据每个层级学生的特点而因材施教,力求使每个层级的学生都能够得到充分发展,为实现学生的终身学习和可持续发展奠基。

3. 特长培养:促进个体差异化发展

高中阶段是学生个性发展和特长发展的重要阶段,是学生自主发展和差异化发展的时期。牌头中学针对学生群体中的个体差异,从为学生终身发展奠基的角度出发,充分注重培养学生的特长,努力关注部分学生的积极潜能和优势潜能,努力使每个学生都有自己的特长和优势。

首先,根据学生特长设置科学合理的培养与管理方案,努力使这些学生成为特长生,使他们在升学与发展中具有自身优势。这些特长主要表现在体育、艺术、创新创造、音乐等方面。特长生既要学习文化课,也要学习专长特色课。学校合理把握了文化课和专长特色课之间的关系,强调学生对两者学习时间的合理安排,为他们顺利考上理想院校创造良好的条件和基础。

其次,牌头中学对这些特长生的培养不仅仅停留在传统式基本技能的训练上,而是注意用发展的眼光看待特长生的培养,在新课程理念指导下,强调学习内容多样性,

选择利于学生接受的学习方法和多元组织形式,如兴趣小组、社团活动、艺术节展示、冬令营和夏令营等,举办各种活动展示学生们的学习成果等,从而激励学生参与特长生的学习兴趣和热情,促进学生想象力、创造力的发展。

再次,尊重并承认个体间差异。注重尊重和保护学生个性发展的动机、兴趣,允许学生自由发展个性,承认学生的个体素质差异及其学习与发展结果的差异存在。给予学习进步比较慢的学生更多的指导,充分肯定每个学生所展示出来的进步和潜力,为他们营造相对宽松的学习氛围。

最后,培养学生终身受益的爱好。牌头中学对特长生培养,不止是为了学生升学,更强调培养和教育他们成为有正确价值追求、目标方向,有完美人格,拥有自主学习和终身发展能力的人。

此外,学校将体育艺术方面的特长生培养与学校的美育改革与发展相结合。以立德树人的高度,充分挖掘学生潜力,培养学生的个性与兴趣。

4. 临界提升:缩小个体间的差异

在高中学校中,普遍存在一些学生的"临界"现象,主要是指他们具备一定素质,在高考中有希望考上理想大学,但也必须做出相应的努力。这些临界的学生往往叫做"临界生"。实践表明,临界生的受教育水平是衡量一个学校教育教学质量的关键。

新高考改革背景下,牌头中学不仅仅将临界生限定为与高考相关的学生,也包括学考临界生以及高考一段、二段、三段临界生,并为临界生及全体学生提出具体指导。

专栏 8.1　牌头中学"临界生"发展指导工作细则

1. 高三临界生集体辅导和个体辅导(学业指导部)

2. 高三三位一体报考指导

　　1)报考指导讲座(1 次在寒假前,1 次在寒假后)

　　2)面试指导讲座(分 4 次讲解)

　　3)模拟面试(学生自己担任考官和面试官)

3. 高三提前招生报考讲座

　　1)报考指导讲座(1 次在寒假前,1 次在寒假后)

2）面试指导讲座（分4次讲解，校内老师和校外老师结合）

3）模拟面试（学生自己担任考官和面试官）

4. 自主招生报考指导

1）讲座

2）笔试语数外强化指导

3）自荐信指导

牌头中学注重掌握临界生认知差异和个性特点，关注临界生情感体验。例如，在高考前夕，学校组织相关成绩学段临界生，采用作业面批、学法指导、集中辅导、文化课集中训练等方式，进行有针对性的教学。在此过程中，教师积极关注学生，发现并赞赏学生身上的闪光点，真诚表扬学生的进步，让学生感到受尊重和被爱护，产生师生情感共鸣。

学校鼓励临界生参加各种活动，以兴趣提升自信。利用篮球、音乐、文学、科技等社团和五大校园节，为这些学生提供了发挥特长的平台，让他们收获荣誉，收获自信和热情以及对未来的规划和梦想。

在实践中，学校十分重视建立和谐的师生关系。要求教师尊重每位学生的个性特长，并为他们提供无私帮助，激发学生的自信和学习热情，推动他们不断进步，并最终在高考升学中找到适合自己的领域。

5. 多元评价：建立学分认证制度

牌头中学鉴于学生差异性及其相应的选课体系，建立了学分认证制度，对每个学生在学习和活动中的成绩予以科学的评价。在学分认证中，认证内容与类别多样，注重引导学生综合素质的提高与特长优势的培育。表8.4是牌头中学各类活动的认证方法。

这种学分认定方法和规则旨在促进学生多元发展、全面发展，致力于学生综合实践能力的提高，为不同学生的学习成果给予了合适的认可，也为学校实施分层走班提供了参考。

表8.4　诸暨市牌头中学各类活动认证方法一览表

类　别	认　定　依　据	计分办法
调查探究活动	参与学习课题研究方法。	修满18学时(最少12小时)为1学分。
	完成课题,提交开题报告、过程记录、结题报告、信息搜集记录、心得体会、评价结论等材料。	完成一个调查探究课题为2学分。
社会实践活动	参加校外社会实践活动并提供活动计划、活动记录、活动总结以及活动所在单位提供的证明。	参加校外社会实践时间折合成学时,修满18学时为1学分。
校园文化活动	参加校园文化活动并提供活动名称或社团名称、活动内容、活动记录、活动总结等材料。	各类活动时间折合成学时,修满18学时为1学分。

　　这种认证制度为新高考改革中的"三位一体"、"自主招生"提供了支持,激发了学生参与的积极性,激发了学生特长发展的主动性,激发了那些学科成绩并不出色的学生多元化升学的信心。实践表明,牌头中学的这种制度取得了显著成效。在"三位一体"、"自主招生"中,2014年全校只有2人成功入学,而2016年达到40余人,2017年达到70余人,2018年达到90余人,升入全国名校的学生大幅度上升。

五、学校发展成效与未来展望

　　在一系列改革探索中,作为一所农村中学的牌头中学不仅继续保持着不断发展的趋势,教学质量稳步提升,在多样化办学的道路上也不断走出特色。2018年高考中,高考上线率接近99.0%,学业考合格率达到99.6%。

　　1.学校特色发展初见成效

　　(1)科技创新教育产生影响

　　学校拥有一个专业的"创客实验室",作为浙江省首批创新实验室,社团成员已拥有10余项国家实用新型专利,社团成员荣获"国际青少年创客挑战赛"特等奖,前后4人获"创意智造"类全国一等奖。2015年陪同习近平总书记访美的最年轻成员金洋和作为大学生创业代表在乌镇互联网大会上受到习近平总书记接见的金稼其,都曾是牌头中学电子制作社和创客社成员。

同时,学校在参加各类电子制作、信息技术、机器人等比赛中成绩斐然:2009 年,被授予"全国青少年电子制作锦标赛先进集体";2010 年被评为省青少年电子制作锦标赛先进集体;2011 年代表浙江省参加全国电子制作锦标赛,并取得了一金、一银、一铜的优异成绩;2012 年,在全国第 13 届"未来伙伴杯"中国智能机器人大赛上,8 人次获全国一、二、三等奖。

此外,近年来在全国青少年信息学奥林匹克联赛初、复赛中,累计有 34 人次获一、二、三等奖;在浙江省、绍兴市青少年电脑机器人足球赛、投篮赛、灭火赛中,累计 30 多人次获一、二、三等奖。在学科竞赛中,近三年共有 130 余位同学在各类全国级学科竞赛中获奖,有 338 位同学在各类省级竞赛中获奖。学校连续多年荣获"诸暨市人民教育基金"奖励第一名。

"创客实验室"在省内外产生反响,相关新闻多次登上浙江教育在线、浙江新闻以及搜狐、新浪等门户网站。《浙江教育报》《绍兴晚报》《诸暨日报》等纸媒也进行了专题报道。"创客"名播全国,全国各地前来参观访问的教育同行络绎不绝。

(2) 体育特色学校名副其实

作为"省体育特色学校",学校致力于发展篮球特色教育。学校篮球运动队多次参加市、省及全国级各类比赛,屡屡摘金获银。2011 年荣膺第八届全国中学生男子(甲组)篮球锦标赛冠军;多次获浙江省青少年篮球锦标赛冠亚军;八次蝉联绍兴市中学生篮球锦标赛冠军,先后多人被授予"国家一级运动员"称号,三年中有 10 余名运动员保送到全国多个重点高校。学校成为了"全国大学生篮球联赛人才培训基地",学校已向北大、浙大等高水平篮球队输送了大批篮球精英。

(3) 各种特长生不断涌现

近年来,学校的音乐类、美术类考生高考升学率接近 100%。校合唱队和舞蹈队多次获得省市大奖。其中合唱队曾夺得过绍兴市第六届合唱大赛特等奖和"美丽中国"浙江省经典歌曲合唱大赛优秀奖,青年画家翁晶琳被钱江晚报整版报道,楼昃择同学出席安徽卫视和韩国 MBC 电视台并参加了"星动亚洲"节目的录制,顺利进入中国传媒大学。

同文文学社成员李杲中已经成为了《钱江晚报》总编、浙江报业集团副总编,王兼蓉成为了网络作家。商业社成员黄金婧获得上海卓识国际未来商业领袖峰会"杰出首席执行官"和"最佳做市商奖",徐晓璐获得"年度最佳投资经理"称号,蒋陈洋获得"杰出首席执行官"、"最佳学员"、"优秀公司"等荣誉。

在多元发展的指引下,牌头中学在学生全面发展、特长发展和优势发展方面,取得了令人瞩目的成效。

2. 学生生涯教育体系形成

牌头中学从全面提高学生综合素质的角度,建立了聚焦学生发展的生涯教育体系。从学生兴趣爱好和个性特长出发,指导和引导学生最优化升学与发展,探索建立了多渠道有特色的普通农村高中生涯教育之路。

(1) 多渠道开展生涯知识宣传

除常规宣传外,学校开设公众微信号"高中升学规划";建立各年级家长微信群,及时解答子女学习与升学的问题;建立各年级升学交流群,及时发布各种素质拓展的活动信息、交流升学信息与观点,并开设网络公开课;还邀请毕业生参与建设"牌中名校升学交流群"、"牌中三位一体报考群"、"牌中志愿填报答疑群"等,帮助在校学生解决一些生涯决策问题。

(2) 分层次推进生涯课程内容

高一采用必修课的形式,每周一节,开设"高中生生涯规划"课程,主要是自我探索和外部世界探索。高二继续以选修课形式开展生涯教育,分别由校内生涯辅导团队老师、省内高校老师现场讲授,以及学生自主在网络上学习相关课程。高三主要以讲座形式开展,围绕自主招生、三位一体、提前招生、高考志愿填报等,为学生提供各种升学信息。

(3) 组织活动增加生涯体验

通过举办生涯规划书评比、家长进校讲职业、学长返校讲高校、教授进校讲专业、真人图书进校园、生涯规划专家报告、留学专场讲座、艺术类专业报考指导、走进高校体验大学、面试模拟大赛、生涯探索大赛、牌中达人挑战 100 秒决赛、校园商业模拟挑战赛、高校招生办进校园面对面志愿填报咨询等各种活动,有效增加学生的生涯体验。

通过了解职业特点与发展趋势,提高学生规划未来的能力,为学生的终身发展奠基。

在生涯教育的指导下,学校取得了一系列的实质性成果。金王芳老师的"高中生生涯规划"被评为诸暨市精品选修课,王惠丰老师参与编写了《高中生生涯规划》、《生涯规划训练手册》等教材。

3. 学校发展继续努力的方向

作为一所农村高中,如何在现有办学的基础上,进一步再接再厉,成为新时代的高品质学校,将是牌头中学当下必须思考的新课题。尽管学校已经取得了诸多成绩,但在发展的道路上,仍有很多新形势与新问题需要学校积极应对。

(1)学校发展需要重新定位

牌头中学是一所历史名校,始终坚持扎根本乡本土,培养了一大批优秀人才。但是,随着当今整个社会与经济发展的转变,在城市化的进程中,人口流动日益加快;党的十九大提出了乡村振兴战略,传统的城乡差异与城乡布局将发生巨大变化;如何发展农村教育,尤其是农村高中教育,对于地方政府而言,可能就是一个问题与挑战。

显然,牌头中学需要面对这些变化与政策不确定的因素,只有以自身的努力和新成就,才能获得学校发展的更大空间。学校必须以特色发展为追求,这种特色应该更多基于学校所在的区域特点,而不是模仿或者复制城市高中学校的做法和实践。创建新时代人民满意的高质量高中学校,走出新时代农村高中发展的新道路,成为中国农村教育现代化的示范校,正应该是牌头中学的目标追求。

(2)积极应对外部环境变化

名校有优秀的学校文化传承,要在新形势下保持并发展"品质同文"品牌,则需要学校积极应对外部环境的变化,在传承中不断创新与变革。

当前,普及高中阶段教育步伐加快,普通高中学校之间存在竞争,学生入学的选择空间增大,而且学生学习需求多元化增强。作为位于乡镇的高中学校,牌头中学既没有地理位置优势,也没有优越的办学条件,更没有民办学校的机制,学校必须以更坚定的办学信念、更为科学的学校管理、更为高效的教育教学、更为和谐积极的校园文化、更为杰出的办学成果,吸引学生、培养学生和发展学生,留住教师、发展教师和成就教师,打造出师生共同发展的人文学校。

（3）拓展生涯教育的覆盖面

生涯教育已经成为牌头中学课程与教学及其德育的重要方面之一,并已形成了比较完善的体系。但是,生涯教育必须突破已有的生涯规划教育、升学指导和生涯体验,还需要增加职业教育内容,包括职业技能的培养,需要增加创新创业导向的劳动教育,更需要把生涯教育引入到日常课堂学科教学之中。

生涯教育需要面向全体学生,促进每个学生全面发展与终身发展。在保持生涯教育与德育相结合的基础上,生涯教育需要与学科教学相联系,在日常学科教学中注重对学生的人生指导和方向引导。生涯教育需要与劳动教育紧密联系,增加生涯教育中的劳动参与、劳动训练和劳动工作,更好地发挥劳动教育的人生指导作用。

此外,职业教育包括的职业技能培养应该进入牌头中学的课程体系,进入其生涯教育的范畴。实现职业教育与学术教育的渗透与融合,是现代高中学校发展的一个重要方向。全面提高普通高中学生综合素质,其中理所当然包括职业教育的介入。普职融合的教育,将是农村高中发展的选项之一。牌头中学有必要考虑将地处乡镇的不利条件转化为推进普职融合教育的有利条件。

第九章
全球高中教育发展年度透视

本章要点

中等教育如何面对变化的世界，应对科学技术快速发展、经济产业转型和社会变迁的挑战，如何应对人口变化与人的发展所带来的新情况，是整个国际教育界关注的焦点之一。当前，世界各国在高中阶段教育政策和实践方面的改革举措与发展趋势，表现为以下方面：

▶ 着力培养面向 21 世纪的高阶能力，以通用性能力为重点，聚焦自主性、创新能力、合作与交流能力等。

▶ 在高中教育普及的背景下，各国开始重新确认高中教育阶段职业、技术方向教育的重要性，并提供特别的支持，将"就业准备"提升到与"升学准备"同样重要的地位。

▶ 调整高中课程结构，增强课程的多样性和选择性，支持学生的个性化发展，形成学校特色。

▶ 通过对弱势群体的特别支持、对特别项目的支持，加强学生发展指导，提供丰富的资源支持学生的开放探索和教师的专业发展，从而使高中教育更能适应学生的个体差异。

▶ 改革高校招生制度，更好的发挥对于高中教育的引领性作用，同时考虑高校的自主权。

社会、经济、科技的变化,对全球化世界中的教育发展提出了新挑战,诸多挑战是同处全球化时代各国普遍面对的,特别是在人工智能迅猛发展背景下的教育目标定位和学习方式变革,其中包括中等教育的改革与发展。中等教育如何面对变化的世界,应对科学技术快速发展、经济产业转型和社会变迁的挑战,如何应对人口变化与人的发展所带来的新情况,是整个国际教育界关注的焦点之一。当前,世界各国高中教育发展究竟经历着什么样的变化? 有哪些共同的趋势与特点? 对于中国高中教育发展又有哪些启示? 为此,本文盘点了全球高中教育发展现状与进展,以期助益我们思考未来发展路径。

一、高中教育目标的重新思考

2018年末,在麻省理工学院发布的首轮录取榜单上,学校根据"学术能力、人格特质、全球愿景"三个方面筛选的来自世界各地——从阿拉斯加到津巴布韦——的学生中,不见我国内地高中生的身影。近年来,常青藤各高校以及斯坦福大学等著名高校在中国学生录取和评价方面的言行屡受关注。这与PISA测试引发的对于我国学生成绩的"震惊"形成了鲜明的对比。这其中固然有多种原因。但是,必须思考的是,国际大学乃至整个社会,如何看待教育目标? 如何评价教育结果? 哪些是中国教育必须关注和学习的呢? 要在下一代身上重点培养哪些品质和能力?

全球化和科技竞争加剧,以大数据、人工智能为热点的信息技术狂飙突进,迅速改变着人们的工作和生活方式。这对多方面重新思考教育发展目标定位提供了背景。

首先,工作岗位提出新要求。随着人工智能技术的发展,现在的工作岗位中有很大比例预期在不久的将来会被人工智能取代。其次,科技发展使工作和生活的变化速度更快,带来诸多新机遇,也带来很多新要求,特别是对于适应能力、创新能力等方面的要求。再次,科技发展为教育发展方式提供新可能。如技术环境支持泛在学习和个别化学习,教育规模的扩充(比如高中教育的普及),全球化进程中种种新问题的影响(如移民问题、环境问题),都让教育理论家、决策者和实践者不得不重新思考要培养学生的哪些能力与素养。

在此背景下,教育要培养学生的哪些能力与素养,成为人们探索教育问题新的出发点,对于高中教育目标的重新定义自然也包含在其中。

美国21世纪学习合作组织(Partnership for 21st Century Learning)提出的21世纪学习框架,重点强调:(1)学习与创新技能;(2)信息、媒体与技术技能;(3)职业与生活技能。其中,学习与创新技能包含了批判性思考和问题解决能力、交流与协作能力、创造与革新能力(合称4C能力)。[①] 这一广为引用的框架凸显了对于通用性能力的重视,可以说是通识教育目标的新版本。

美国私立高中联盟推出的学生综合素质评价新模式,则显得更为雄心勃勃。这一模式关注学生8个方面的表现:分析与创造性思维;口头和书面表达等复杂沟通能力;领导力和团队协作能力;数字化和量化分析能力;全球视野;适应性、主动性和冒险能力;正直和道德决策力;思维习惯。这一方案得到了包括众多著名大学在内的"入学、资助及成功联盟"的支持,正从理论立场、评价模式走向评价实践,进而引领高中的变革。[②]

澳大利亚高中教育中融入"三大跨学科优先项目"(原住民历史和文化、融入亚洲、可持续发展)和七大"关键能力":读写能力、运算能力、信息技术能力、批判性与创造性思维、个人与社会能力、道德理解、跨文化理解。[③]

日本强调高中教育要发展学生"能与具有主体意识的各类人群相互合作的态度及能力,即主体性、多样性和合作性"以及"能够获得知识与技能,自己发现问题,探究解决方法,并且把成果展示出来的能力,包括思考力、判断力和表达力"。这符合当前日本《国家课程改革》所要求的能力指向,即:学习和运用所学于生活的动机;知识和技术能力的获取;思考、判断和表达自我的能力。[④]

概而言之,从整个基础教育,特别是高中阶段教育的发展来看,目标上将通用性能

---

① Partnership for 21st Century Learning. Frameworks for 21st Century Learning. [EB/OL]. 2019 - 04 - 02. http://www.battelleforkids.org/networks/p21.

② 柳学智.美国高中评价学生的新模式:对传统理念、标准和方法的变革[J].中国考试,2018(04):10-12.

③ The Australian Curriculum, Assessment and Reporting Authority (ACARA). Senior Secondary Overview [EB/OL]. 2018 - 12 - 14. https://www.australiancurriculum.edu.au/media/3627/ss_info-sheet_overview.pdf.

④ 徐兆兰.日本高中与大学衔接体系改革及其借鉴意义[J].当代教育科学,2018(01):85-89.

力作为重点,聚焦自主性、创新能力、合作与交流能力;这些能力超越具体知识,是多领域通用的、多维度的(包含了知识、方法、态度等),与高阶技能和行为相关,是应对复杂而真实的问题及现实世界不确定性所需要的能力,是 21 世纪知识社会中个人成功的关键。

相对于基础知识、基本技能的掌握和熟练化而言,这些能力更关注通用性和创造性,更关注运用知识技能在各种不同的情境中创造性地解决问题的动机和能力,是典型的高阶能力。相应地,各学习领域的学习目标则超越了具体知识和技能,关注学科的核心概念,探索真实实践发展领域的一般能力和通用能力。

美国科学教育标准将科学课程内容聚焦于学科概念和跨学科大概念,并进一步强调学生参与科学和工程技术实践,即学生进行科学研究、解决现实问题、从事工程与技术项目,期望学生像科学家、工程师那样进行真实性的、专业化的实践,从而发展科学探究与实践应用能力。[①]

其实早在 1945 年,哈佛委员会在研判教育未来时,美国高中教育已经有了快速发展,他们还忧心忡忡"六个人中就有一个没有上高中",那个时候美国高中阶段入学率达到 83%(六分之五),在现在看来也算是挺高的,"进入高中的人中有一半中途辍学"这一问题倒是确实值得忧虑。他们认为,"高中不再是昔日意义上的'预备学校',高中所面临的最艰巨的任务是,如何尊重众多学生在智力、背景、家境、兴趣及期望等方面的差异,并作出相应的反应"。为此,委员会开出了通识教育的药方,提出着重培养有效的思考能力、交流思想的能力、作出恰当判断的能力和辨别价值的能力。[②] 四分之三个世纪过去了,考验哈佛委员会的问题历久而弥新,今天仍在考验着我们的智慧,而今天的教育发展目标也正是通识教育目标的更新版。

教育的时代性要求在高中教育的改革中表现为聚焦于自主性、创新能力、协作交流能力、批判性思维等技能与素养的培养,这些是适应 21 世纪发展所需的高阶能力。

美国目前有 20 多个州参与了 21 世纪学习合作组织行动,这一行动影响了数千名

① National Research Council. *A framework for K - 12 science education: Practices, crosscutting concepts, and core ideas*. Washington, DC: National Academies Press, 2012.
② 哈佛委员会著.哈佛通识教育红皮书[M].李曼丽译.北京:北京大学出版社,2010.

教育者和几百所学校,21世纪学习示范学校达100余所。比如,宾夕法尼亚州南里海学区(Southern Lehigh School District)高中部是21世纪学习示范学校,在2007年启动变革之前是传统的公立学区,以记忆事实性知识为主要特征。最近10年来的变革坚持以21世纪能力发展为导向,聚焦于三个方面的探索:(1)技术变革学习:通过使用以学生为中心的、模拟真实职场任务、基于问题学习的策略,扩大学生参与;技术作为泛在工具提升学习的技术能力和进行研究、合作、创造、交流的能力。(2)基于项目的学习:教师按照课程项目模版进行21世纪技能教学,学生合作解决问题、创造产品、共享知识;(3)基于21世纪技能评价量表进行评价,重点评价创造力和创新、交流与合作、研究和信息素养、批判性思维及问题解决和决策、数字公民、技术操作。[①]

可见,21世纪能力发展已经从一个教育发展的目标选择,切切实实变成了教育创新的实践方案构建。高中阶段作为基础教育和高等教育的衔接点,正成为构建面向21世纪高阶能力教育体系的重要部分。可喜的是,2017年我国印发的《关于深化教育体制机制改革的意见》中提出,"要注重培养支撑终身发展、适应时代要求的关键能力",包括认知能力、合作能力、创新能力和职业能力,新修订的高中课程标准贯彻了学科核心素养培养的重点,这些和世界教育发展普遍注重21世纪关键能力的趋势是一致的。

二、双重准备与技术教育崛起

在过去,职业高中往往被视为被迫选择的去向,普通高中则以升学准备为最重要的甚至唯一的任务。其实,如何更好地为这个年龄段的学生定向是中等教育发展史上一直争论不休的问题。在技术时代,这个问题更加复杂,也出现了新的应对模式。

从全球范围看,高中阶段教育普及在发达国家中已经基本实现。根据OECD(经济合作与发展组织)《教育概览2018》统计显示,2016年OECD国家的15—19岁人口中(大致相当于高中教育阶段)有85.0%的人在校读书。我国2017年高中阶段教育的

---

① 邓莉,彭正梅.美国学校如何落实21世纪技能——21世纪学习示范学校研究[J].外国教育研究,2017,44(09):51-71.

毛入学率达到了 88.3％。高中教育普及之后面临的新挑战是，侧重于大学预备教育功能的高中教育模式远不能适应时代发展需要。各国高中教育发展普遍面临升学准备和就业准备的双重任务和艰难选择，决策者和学校不得不去面对这一现实：希望升入大学特别是高水平大学的学生数高于实际升学人数。在一些国家，这种倾向一直主导着高中教育，从而使得更多的学生在高中毕业进入职业生涯时没有享受到适合其发展需求的教育。即将升入大学的学生，也会面临着大学专业和未来职业生涯的选择问题。

在这一背景下，各国开始重新确认职业、技术方向教育的重要性，并提供特别的支持，将"就业准备"提升到与"升学准备"同样重要的地位，技术教育的崛起特别值得关注。

最为典型的是英国推出的 T-Level 课程（技术学程），这是雇主参与设计的课程，侧重发展企业所需的技术能力，学生除了学习数学、英语和数字技能这些核心科目外，还将在自己选择的领域学习专门的技能。两年制课程结束后，学生可以获得全国认可资格证书，证明学生在哪些技术领域取得了学业成就，也可以抵三门英国高中 A-level（普通教育证书高级水平）的科目。[①] T-level 毕业生既可以选择就业，又可以选择继续升入大学。这一学业证书的推出，旨在培养更专业的技术性人才，提高就业人员竞争力，适应不断变化的人才市场需求。这种新型课程与 A-Level 并行，更侧重技术领域发展，支持就业，又兼顾了"升学准备"。

同时，重新强调"全面发展"，支持为学生未来学习和生活做好全面准备，成为另一个路径。即在培养学生的过程中，学校为学生提供多元、丰富的学习经验，而不是仅仅限定在升学准备甚至考试准备上。

加拿大新斯科舍省开展了"为未来生活做准备"的实践，是自 2015 年开始为期 5年的教育改革项目。其中，高中教育（9—12 年级）目标包括：（1）在全省增加"发现机会"项目，使 9 年级学生学习相关贸易、技术和学徒制职业项目；（2）在 10 年级，要求学生学习 21 世纪公民知识；（3）为 12 年级学生增加获取法语学习证书的机会；（4）设立

---

① Department of Education, UK. Introduction of T Levels［EB/OL］. 2019 - 04 - 02. https：//www.gov.uk/government/publications/introduction-of-t-levels/introduction-of-t-levels.

创业奖,鼓励高中生创业;(5) 为高中生开发基于社区的学习项目;(6) 要求所有高中生毕业前完成职业生涯规划;(7) 从 2020 年起,将完成 3 门高中数学课程作为毕业要求。①

美国通过的《让每个学生成功法》在 2015 年纠正《不让一个孩子掉队法》对于课程的窄化之后,提出全面的教育要包括英语、阅读和语言艺术、写作、科学、技术、工程、数学、外语、公民与政府、经济学、艺术、历史、地理、计算机科学、音乐、生涯与技术教育、健康与体育等,由州或地方教育部门决定,目标在于为所有学生提供更为丰富的课程和教育经验,改变了之前侧重学术能力发展的倾向。

自 2003 年全美第一届高中教育峰会之后,美国开始推进"向大学与职业过渡计划"的做法,发挥社区学院、技术学院作用,让学生在学术发展和技术教育方面都能有充分的准备。源于美国加州的兼顾学术发展和职业发展的关联学习(lined learning)模式受到关注,在其课程设计中,除开设州公立大学录取所需的学术性课程要求之外,还开设多种门类的技术、职业类课程。②

当前,无论是在美国还是在欧盟,在高中阶段都重视和支持 STEM 课程,其中包含对于技术教育和工程教育的重视。主要的直接动因是为面向未来的科技竞争培养更多的科技人才。

总之,双重准备与技术教育的崛起,是高中教育普及后的必然选择,是教育面向所有学生发展的内在要求。

三、课程丰富与学校特色互动

高中教育目标的调整与对职业技术教育的重视,需要相应的课程与教学支持。高中课程结构和高中学校发展需要为学生的个性发展、全面发展做出应对。显然,学校特色建设和高中多样化发展是选择之一。

---

① 吴慧平,何舫.加拿大基础教育改革的新趋势——新斯科舍省的《3R 教育行动计划》评述[J].外国中小学教育,2016(02):5-9.
② 慕彦瑾,段晓芳.美国加州高中关联学习:缘起、运行与评析[J].比较教育研究,2018,40(09):51-58.

在大多数国家,高中阶段是学生分流与教育多样化的开始。高中阶段学生开始尝试探索,并选择自己未来的发展之路。所以,课程多样性和选择性是高中课程发展的大趋势。高中的多样化发展也需基于课程多样化,不同学校根据其所处的情境和愿景给自己定位,在此基础上设计相适应的课程结构并付诸实践。学校的课程自主权越大,多样化发展的条件就越充分,也更有可能通过集中而系统开发的系列化课程,在特定领域中支持学生的特长发展,形成学校的办学特色。为此,一些国家和地区通过降低必修课学分比例或者毕业基本要求而赋予学校更多的课程自主权,以支持高中教育特色建设和多样化发展。

日本的高中课程中,必修部分只占30%左右,其余课程由学生根据自己的兴趣爱好自主选择。由此可见,日本高中学生的课程选择权之大。近年来日本鼓励各地创办特色学校和新型高中(综合学科高中、普通科学、分制高中、初高中一贯制学校),突出办学特色化和个性化,发展"弹性而多样化的高中教育"。[①]

美国纽约州则规定,高中毕业学生最低课程要求是修读22个学分,包括英语4学分、社会研究4学分、科学3学分、数学3学分、外语1学分、艺术1学分、体育2学分、健康0.5学分、选修课3.5学分,通过纽约州组织的考试即可毕业。[②] 实际上,高中学生修读课程学分大大高于这个数量,一些学校也开设了包括AP课程(大学先修课程)在内的大量选修课供学生选择。纽约市布朗克斯科学高中仅生物学领域的选修课就有15门之多。就高中学校特色领域而言,州内就有科学高中、技术高中、美国研究高中(文科见长)、艺术高中等,这些学校的特色学科课程动辄几十门,其多样化和精细程度似乎是专科领域的大学课程。

美国新泽西高技术高中的工程技术类课程包括:工程设计导论、计算机集成制造、计算机科学与软件、AP计算机科学、工程原则、生物工程与环境可持续、民用工程与建筑、工程学、工程设计与开发、数字电子技术等。如此一来,学校特色自然彰显。

---

① 刘晓萍.高中学费无偿化:日本高中教育改革政策动态[J].上海教育科研,2016(10):47-50+64.

② New York State Education Department. New York State Diploma Requirements Applicable to All Students Enrolled in Grades 9-12[EB/OL]. 2018-12-10. http://101.96.10.63/www.nysed.gov/common/nysed/files/programs/curriculum-instruction/currentdiplomarequirements2.pdf.

值得注意的是,大量选修课并不意味着简单的丰富性和开发及选择上的随意性。在美国的一些高水平高中,AP课程在选修课程中占了很大比例,以及比AP内容更深的后AP课程、荣誉课程等,学校对于选修课程的精深性要求重于丰富性。为了更好地支持学生对专业方向的选择和体验,相应的探索是通过提供丰富的组块课程为学生提供选择可能。如纽约高中设置的"职业群"课程,将生涯与技术教育课程框架分为若干大类,再将课程序列化,与这些大类加以衔接。

这一方向的探索主要是为了帮助学生更多地了解专业与职业相关领域,对自己的志向、兴趣、特长有更多自我认识。纽约布朗克斯科学高中有8位毕业生获得诺贝尔奖,目前在全世界绝无仅有。这所学校开设的选修课数量多、门类丰富,AP课程就有30门左右,从AP微积分、物理、化学,到AP文学、经济学、音乐理论、艺术史,还有若干后AP课程、荣誉课程,学生经过特别许可可以修读这些课程代替常规课程,充分体现课程的选择性和选修课程的精深性。这些选修课程主要集中在科技领域,并成为了学校特色。在课程组块化方面,学生可以成组地选择数学和计算机科学、生物学、自然科学的选修课程(学校的生物学部和自然科学部是分设的)。在自然科学领域,鼓励学生在完成基础必修课程之后,在化学、物理学、工程学、药学和法医学等5个领域选择一组课程学习。[①]

四、适应学生差异的多元支持

一段名为《控诉教育》的TED视频曾红遍网络,演讲者引用了爱因斯坦的话,每一个人都是天才。如果你以爬树能力来评价一条鱼,它将一辈子相信自己是个笨蛋。今天的教育制度是不是不仅要让鱼爬树,还让鱼儿爬下来,并参加长跑比赛?在流水线式的、工业化的学校教育体系中,是否应该支持学生的个别化发展?

适应学生差异、支持每一位学生的发展,这是几乎人人认可的教育理念。前面提到的促进升学与就业"双重准备"和增加课程选择性,也可以看作是为了适应学生的个

---

① The Bronx High School of Science Course Guide 2019[EB/OL]. 2018-12-10. https://bxscience.edu/pdf/Course%20Catalog.pdf.

体差异。在支持特定学生群体与引导学生做出个人发展决策方面,国际上近年来有不少举措,有效地适应了学生差异,有力地促进了高中教育发展在入学机会、学习过程和学习结果上的公平。这些支持是多元的,主要包括以下几个方面:

(1) 对特殊弱势群体的支持

许多国家从教育公平出发,强调为资源匮乏及有特殊需求的学生提供更多资源或机会。日本为支持区域及处境不利群体接受高中教育,2010 年起就开始实行公立高中免学费制度和私立高中就学支援金补助制度。除了减免学费外,一些国家和地区还通过午餐补助、专项资助等方式资助学生。① 这对于贫困家庭学生接受高中教育尤为重要,因为在不少国家高中教育并非义务教育。

(2) 对特定教育项目的支持

近年来,美国和欧洲多国对于 STEM 教育发展予以特别支持。美国为 AP 课程、IB(国际文凭课程)和教育技术项目等提供支持;日本为超级全球高中、IB 课程等提供支持,旨在培养未来社会发展和科技竞争所需的领导型、精英型人才。这种支持表明了政府对于领导型人才培养的重视,这在理论上也不违反公平的原则。一是社会经济地位不利的学生更可能从中受益,因为他们在没有这类支持的情况下享受高水平教育的机会更少,二是这类公共投资具有正外部效应,投资之收益不仅仅为学习者个人所享有,也能贡献于整个社会,公共资金的支持符合经济学原理。

(3) 开展学生发展指导,支持学生自我认识与未来选择

欧美各国在高中学校普遍配备专职学生发展指导教师,专门为学生提供多个方面的咨询指导,包括学业指导、心理指导、生涯发展指导等,并协助学生选择相应课程。美国各州高中课程和考试有较高自主权,但是州计划中必须包括初高中衔接、高中教育和高中后教育衔接,将严格的学术性学习、生涯与技术教育、工作学习和生涯咨询指导予以整合。在这个过程中,学校给予学生个别化的指导与支持。最近法国也启动了"学生计划"(Plan Étudiants),为高中毕业班配备两名教师,为学生提供学业指导和职业生涯规划课程。

---

① 刘晓萍.高中学费无偿化:日本高中教育改革政策动态[J].上海教育科研,2016(10): 47 - 50 + 64.

（4）提供丰富资源支持学生探索和教师专业发展

无论是政府部门，还是各种教育机构、专业团体、教育公司、与教育相关的科技公司、教育领域的非盈利机构等，都支持学生和教师的学习与发展。常见途径就是提供丰富而可及的学习资源，特别是网络资源。法国数字大学（France Universiteé Numérique，简称 FUN）通过开设免费慕课（Moocs）为高中生提供在线专业选择指导，大学老师和精英专业学院老师通过慕课帮助高中生提前了解大学各专业的学科设置和教学内容，甚至提前修读部分课程。

通过为学生提供持续发展指导，引导学生更好地认识自己和找到适合自己的生涯发展方向。2014 年和 2016 年日本中央教育审议会在咨询报告中提出了高中教育和大学入学选拔者改革、大学教育一体化的改革举措；对于高中教育，强调要在课程目标中明确高中生面向社会时需要什么样的资质和能力，并强调课程整合和应对学生多样性，在教育目标、课程内容、学习方法（注重探究学习、发现和研究问题）方面实现高中与大学的衔接。一些日本学生从小学到大学自由选择研究同一主题，找到并最终从事与自己的研究相关的职业。在实施过程中，要求教师从帮助学生发现问题、解决问题的维度出发，从主体性、协同性角度改善学生的学习方法；在评价过程中，多维度、立体化促进每一个个体健康而充分地发展；对于将要走上工作岗位的学生，学校通过采取多样化、针对性的教育方式，为学生入职做准备，对于重修生、需要特殊帮助的学生以及拥有优秀才能或鲜明个性的学生都给予不同支持等。[①]

五、大学招生自主权与引导性

在美国一些高校的招生中，SAT 满分学生也会被拒。最近，芝加哥大学、哈佛大学等大学宣布不再强制要求 SAT 成绩，美国国家公平与开放测评中心致力于推动结束标准化考试的误用和缺陷，2018 年有 1 000 多所大学不再依据 ACT 或者 SAT 成绩录取学生。这一行动正在增强大学招生方式的多样化、开放性和自主性，对高中教育

---

① 徐兆兰.日本高中与大学衔接体系改革及其借鉴意义[J].当代教育科学,2018(01)：85 - 89.

产生引导性作用。当前,我国高考改革正牵动着亿万家庭和高中师生的神经,其中核心的就是整个高校招生制度的变革。对于大学自主招生,究竟应该怎么做?

谈论高考改革,实际上是在谈整个高校招生制度的改革。这个问题涉及面广,包括教育系统内外众多因素。近年我国热议的焦点话题包括三个方面:一是如何评价学生的学业成绩、综合素质和发展潜力。这个看似纯粹技术的问题,实际上也涉及教育目标的定义(如关注学科知识还是注重高阶能力)及教育公平的考量,不同的评价方式对不同背景的学生影响不一样。在 21 世纪能力受到更多关注的情况下,评价越来越注重问题解决能力、创新能力等。二是如何通过高考和高校招生制度改革引导整个基础教育健康发展,尤其是高中教育。这方面的主要举措是,探索如何更合理地将学生的平时成绩及综合表现纳入高校招生的评价体系之中。三是如何建立公平的制度,在有效选拔学生的同时又促进社会公平的实现。这方面的关注和探索聚焦于:如何增强高校招生的专业性和过程的公平性;如何在不同背景(社会经济地位/阶层、种族、性别等)的学生群体间保持公平,进而促进教育公平和社会公平。

欧美诸国及日本、澳大利亚等在制度上主要是基于大学的自主性,尤其是私立大学,加之学生评价部分由专业性或者其他独立机构进行,在大学招生方面相对多元化,较多地由大学基于其教育价值观和自身传统进行并不断调整,不过整体上是以学术水平考试、平时学业成绩、综合表现及能力等方面的不同组合为依据,在具体评价手段上也比较多样化。

法国将在 2021 年举行高中会考改革,旨在提升高中学生学习的投入和水平,并增加学生个人专业选择的选择性和课程选择的选择性。2018 年秋季入学的法国高中学生,将按照新方案调整课业安排。改革内容包括增加平时成绩比重至 40%,其中 10%取决于高二、高三的学习成绩,30%由高二、高三阶段学校组织的统一考试成绩决定;取消会考的文、理和经济社会分科,高三毕业会考科目减少到 4 门:法语、哲学和 2 门任选科目。① 这一改革直接面对前面所说的第二个问题,也与另外两个问题密切相关。这种改革虽然由于其精英化倾向以及学生选择提前等原因遭到一些反对,但是在

---

① Un nouveau baccalauréat en 2021 [EB/OL]. 2018 - 12 - 10. http://www.education.gouv.fr/cid126438/baccalaureat - 2021 - tremplin-pour-reussite.html.

促进学生选择和个性化发展方面的意图是显而易见的。新开发的高等院校招生平台支持高中学校和高等院校为学生提供专业选择方面的信息和咨询指导,也提供了高中教师评价学生的工作平台和高校录取学生的信息平台。

大学招生中学生评价方面的一个重要趋势是对于学生21世纪能力的关注。前文提及的宾夕法尼亚州南里海学区评价制度和美国私立高中联盟推出的学生综合素质评价新模式是典型代表。这些基于真实性评价、档案袋评价等方法的学生评价体系在理论界受到广泛认可,被认为有助于选拔人才并很好地引导了高中学校的教育。

此外,英国A-level考试改革中,除了更新所考学科内容外,AS-level(A-level课程的第一年)被视为具有单独的评估资格,成绩不再纳入A-level之中,所有的考试被放在课程结束之时,而且非考试的评价只在知识、技能和理解无法有效通过考试评测时才采用,非考试评价的比重会降低。[①] 概而言之,A-level的评价改革对于内容仍保持高度关注,且更加重视终结性考试。从这种对比可以看出,评价和招生的探索仍然是多元的,甚至在方向上各不相同。

结语:变革是高中教育发展的必由之路

纵览当前国际高中教育发展动向,可以发现,全球对于教育的核心追求是不变的,只是在不同时代背景下呈现出新的面貌和版本,且各国又因发展过程中的具体问题而有所侧重。

教育促进人的全面发展,在高中教育改革中表现为,对于升学和就业的双重准备,尤其是对于技术和职业教育的支持;当今世界的教育时代性要求在高中教育的改革中聚焦于自主性、创新能力、协作交流能力、批判性思维等技能与素养的培养,这些是适应21世纪发展所需的高阶能力。以学生为中心的教育理念在高中教育中突出表现为,顺应学生发展基础与发展目标的不同而进行差异化支持;大学招生制度也一直在努力探索如何更好地评价和选拔学生,由此引导基础教育育人方向。

---

① Department of Education, UK. GCSE, AS and A level reforms[EB/OL]. 2019 - 04 - 02. https://www.gov.uk/government/collections/gcse-as-and-a-level-reforms.

在看似热闹的高中教育改革背后,我们仍能看到向教育基本规律和核心职能的回归。

教育发展与变革随时发生于当下,面向未来,但具体行动又都是置身于特定社会和历史情境中。如何将上述变革融入到现有教育体系中是全球面临的共同挑战。教育分权的国家尤为需要在高中教育发展新目标方面凝聚共识,通过法案、行政命令、倡议和政策杠杆(如财政措施、专设项目)提出实现路径,通过学区、学校的自主行动探索和推进迈向新目标的多元实践路径,在这一过程中专业团体及各种社会力量有着不同程度的参与。美国2015年通过的《让每一个学生成功法》赋予了各州和学区更大的设计课程的灵活性,支持高中学生在大学和就业两个方向上的准备,如在州的许可下学区可以自主选择采取何种高中考试以及确定新的课程内容。私立高中联盟提出的评价方案受到顶尖大学联盟的认可、各种专业团体和商业机构提供面向高中教育新目标的教育实践方案和产品,都是这一趋势的体现。值得注意的是,有着分权传统的国家,像美国、加拿大、澳大利亚、德国等,在高中教育整体发展和课程编制及评价系统上都日益重视全国范围的协调统筹。当然,注重集中统一的国家,同样强调明确高中教育发展的目标和行动。

在国际高中教育的改革中,改革举措融入到了原有教育治理体系之中。从长期来看,整体性系统变革令人期待;但是,在短时间内总是从具体变革行动开始的,或许会遇到与既有系统不适应的问题。但无论怎样,高中教育发展中的变革是必然的。

后　记

2017 年 3 月,教育部等四部门联合印发《高中阶段教育普及攻坚计划(2017—2020 年)》,全面部署我国高中阶段教育普及的目标、要求和步骤,该文件具有里程碑意义。之后,全国各相关省市区纷纷颁布省级普及攻坚计划。2017 年党的十九大召开,再次强调优先发展教育事业。加快教育现代化,办好人民满意的教育,同样是高中阶段教育改革与发展的时代使命。

本年度报告坚持了系列报告撰写既定规范,从宏观与微观、政策与实践、国内与国外等角度入手,力求客观全面地介绍高中教育改革与发展成效。"加快普及高中阶段教育"是本年度报告的核心内容之一。为此,报告系统地介绍了全国各地实施普及高中教育攻坚计划的政策进展,介绍了东部地区辽宁省和西部地区云南省普及攻坚的进展与成效。同时,本报告选择了不同类别的四所高中学校,系统地介绍了这些学校聚焦学生素养提升而实施学校改革与发展的探索实践。报告还介绍了关于高中教师绩效工资实施情况的调查报告,以及国际高中教育的发展。

感谢参与本报告撰写的各位作者,正是大家的努力,才使报告顺利完成。感谢接受调研的单位和人员,尤其是四所案例学校。没有你们的支持,报告是不可能完成的。感谢华东师范大学出版社对本报告的出版支持。

本年度报告是 2016 年度教育部人文社科重点研究基地重大项目"学生发展与综

合素质评价：普通高中学校发展研究"(项目号：16JJD880018))、教育部哲学社会科学研究重大课题攻关项目"普及高中阶段教育研究"(项目编号 16JZD046)的研究成果之一。

最后,期待各位读者继续对本报告的不足予以指正。

朱益明

教育部人文社科重点研究基地华东师范大学基础教育改革与发展研究所

图书在版编目（CIP）数据

中国高中阶段教育发展报告. 2018/朱益明等著. —上海：
华东师范大学出版社，2019
ISBN 978 - 7 - 5675 - 9646 - 7

Ⅰ.①中⋯ Ⅱ.①朱⋯ Ⅲ.①高中－教育发展－研究
报告－中国－ 2018 Ⅳ.①G639.21

中国版本图书馆 CIP 数据核字（2019）第 202857 号

中国高中阶段教育发展报告(2018)

著　　者	朱益明 等
策划编辑	彭呈军
审读编辑	王丹丹
责任校对	赵智芳
封面设计	卢晓红
版式设计	刘怡霖

出版发行	华东师范大学出版社
社　　址	上海市中山北路 3663 号　邮编 200062
网　　址	www.ecnupress.com.cn
电　　话	021 - 60821666　行政传真 021 - 62572105
客服电话	021 - 62865537　门市(邮购)电话 021 - 62869887
地　　址	上海市中山北路 3663 号华东师范大学校内先锋路口
网　　店	http://hdsdcbs.tmall.com/

印刷者	上海龙腾印务有限公司
开　本	787×1092　16 开
印　张	15.75
字　数	245 千字
版　次	2019 年 12 月第 1 版
印　次	2019 年 12 月第 1 次
书　号	ISBN 978 - 7 - 5675 - 9646 - 7
定　价	48.00 元

出版人　王　焰

（如发现本版图书有印订质量问题，请寄回本社客服中心调换或电话 021 - 62865537 联系）